MARKETING
» APLICADO

F224m Farias, Cláudio.
           Marketing aplicado / Cláudio Farias, Caroline Duschitz, Gustavo Meneghetti de Carvalho. – Porto Alegre : Bookman, 2015.
           xi, 252 p. : il. ; 25 cm.

           ISBN 978-85-8260-277-5

           1. Marketing. I. Duschitz, Caroline. II. Carvalho, Gustavo Meneghetti. III. Título.

                                                        CDU 658.8

Catalogação na publicação: Poliana Sanchez de Araujo – CRB 10/2094

**CLÁUDIO FARIAS
CAROLINE DUSCHITZ
GUSTAVO MENEGHETTI DE CARVALHO**

2015

© Bookman Companhia Editora, 2015

Gerente editorial: *Arysinha Jacques Affonso*

Colaboraram nesta edição:

Editora: *Maria Eduarda Fett Tabajara*

Processamento pedagógico: *Sandra Chelmicki*

Ilustrações: *Tâmisa Trommer*

Capa e projeto gráfico: *Paola Manica*

Imagens da capa: *PureSolution/BigStock.com*

Editoração: *Estúdio Castellani*

Reservados todos os direitos de publicação à
BOOKMAN EDITORA LTDA., uma empresa do GRUPO A EDUCAÇÃO S.A.
A série Tekne engloba publicações voltadas à educação profissional e tecnológica.

Av. Jerônimo de Ornelas, 670 – Santana
90040-340 – Porto Alegre – RS
Fone: (51) 3027-7000   Fax: (51) 3027-7070

É proibida a duplicação ou reprodução deste volume, no todo ou em parte, sob quaisquer
formas ou por quaisquer meios (eletrônico, mecânico, gravação, fotocópia, distribuição na Web
e outros), sem permissão expressa da Editora.

Unidade São Paulo
Av. Embaixador Macedo Soares, 10.735 – Pavilhão 5 – Cond. Espace Center
Vila Anastácio – 05095-035 – São Paulo – SP
Fone: (11) 3665-1100   Fax: (11) 3667-1333

SAC 0800 703-3444 – www.grupoa.com.br

IMPRESSO NO BRASIL
PRINTED IN BRAZIL

Os autores

Cláudio Farias
Bacharel em Administração, com habilitação em Marketing, pela Universidade Federal do Rio Grande do Sul (UFRGS). Mestre em Economia pela Universidade do Vale dos Sinos (Unisinos). Professor e Pesquisador na Área de Ciências Sociais Aplicadas no Instituto Federal do Rio Grande do Sul (IFRS/Campus Porto Alegre).

Caroline Duschitz
Bacharel em Comunicação Social – Relações Públicas pela Pontifícia Universidade Católica do Rio Grande do Sul (PUCRS) e em Administração pela Universidade Federal do Rio Grande do Sul (UFRGS). Mestre em Administração com Ênfase em Marketing pela UFRGS. Professora na Área de Ciências Sociais Aplicadas no Instituto Federal do Rio Grande do Sul (IFRS/Campus Porto Alegre) e no Centro Universitário Ritter dos Reis (UniRitter).

Gustavo Meneghetti de Carvalho
Bacharel em Publicidade e Propaganda pela Universidade Federal do Rio Grande do Sul (UFRGS). Mestre em Economia pela Universidade do Vale dos Sinos (Unisinos). Professor na Área de Ciências Sociais Aplicadas no Instituto Federal do Rio Grande do Sul (IFRS/Campus Porto Alegre). Consultor de empresas na área de Marketing.

Apresentação

O Instituto Federal de Educação, Ciência e Tecnologia do Rio Grande do Sul (IFRS), em parceria com as editoras do Grupo A Educação, apresenta mais um livro especialmente desenvolvido para atender aos **eixos tecnológicos definidos pelo Ministério da Educação**, os quais estruturam a educação profissional técnica e tecnológica no Brasil.

A **Série Tekne**, projeto do Grupo A para esses segmentos de ensino, inscreve-se em um cenário privilegiado, no qual as políticas nacionais para a educação profissional técnica e tecnológica estão sendo valorizadas, tendo em vista a ênfase na educação científica e humanística articulada às situações concretas das novas expressões produtivas locais e regionais, as quais demandam a criação de novos espaços e ferramentas culturais, sociais e educacionais.

O Grupo A, assim, alia sua experiência e seu amplo reconhecimento no mercado editorial à qualidade de ensino, pesquisa e extensão de uma instituição pública federal voltada ao desenvolvimento da ciência, inovação, tecnologia e cultura. O conjunto de obras que compõe a coleção produzida em **parceria com o IFRS** é parte de uma proposta de apoio educacional que busca ir além da compreensão da educação profissional e tecnológica como instrumentalizadora de pessoas para ocupações determinadas pelo mercado. O fundamento que permeia a construção de cada livro tem como princípio a noção de uma educação científica, investigativa e analítica, contextualizada em situações reais do mundo do trabalho.

Cada obra desta coleção apresenta capítulos desenvolvidos por professores e pesquisadores do IFRS cujo conhecimento científico e experiência docente vêm contribuir para uma formação profissional mais abrangente e flexível. Os resultados desse trabalho representam, portanto, um valioso apoio didático para os docentes da educação técnica e tecnológica, uma vez que a coleção foi construída com base em **linguagem pedagógica e projeto gráfico inovadores**. Por sua vez, os estudantes terão a oportunidade de interagir de forma dinâmica com textos que possibilitarão a compreensão teórico-científica e sua relação com a prática laboral.

Por fim, destacamos que a Série Tekne representa uma nova possibilidade de sistematização e produção do conhecimento nos espaços educativos, que contribuirá de forma decisiva para a supressão da lacuna do campo editorial na área específica da educação profissional técnica e tecnológica.

Trata-se, portanto, do começo de um caminho que pretende levar à criação de infinitas possibilidades de formação profissional crítica com vistas aos avanços necessários às relações educacionais e de trabalho.

Clarice Monteiro Escott

Maria Cristina Caminha de Castilhos França

Coordenadoras da coleção Tekne/IFRS

Ambiente virtual de aprendizagem

Se você adquiriu este livro em ebook, entre em contato conosco para solicitar seu código de acesso para o ambiente virtual de aprendizagem. Com ele, você poderá complementar seu estudo com os mais variados tipos de material: aulas em PowerPoint®, quizzes, vídeos, leituras recomendadas e indicações de sites.

Todos os livros contam com material customizado. Entre no nosso ambiente e veja o que preparamos para você!

SAC 0800 703-3444

divulgacao@grupoa.com.br

www.grupoa.com.br/tekne

Sumário

capítulo 1

Introdução ao marketing............................ 1
Contextualização do marketing...........................3
    Produção 3
    Vendas 5
    Clientes...5
Conceito de marketing...7
    Marketing para qualquer tipo de empresa...8
    Interatividade do marketing 8
    Necessidades e desejos 10
    Comunicação com o mercado 11
    Solução para os clientes 11
    Miopia em marketing 12
    Trocas 12
    Satisfação do cliente 13
    Fidelidade e lealdade do cliente................. 14
Escopo de aplicação do marketing 14
    Marketing como filosofia 15
    Marketing social 15
    Marketing de relacionamento 16
    Marketing de bens/produtos 17
    Marketing de serviços................................. 18
    Marketing digital.. 19
    Marketing institucional 19
    Marketing de eventos 19
    Marketing imobiliário 20
    Marketing de pessoas 20
    Marketing político 20
    Marketing de lugares 20
Ética em marketing 21

capítulo 2

Comportamento do consumidor 23
Comportamento do consumidor:
  conceitos e relevância 24
Processo de tomada de decisão de compra.... 28
    Tipos de tomadas de decisão de
      compras 30

Fatores intervenientes no
  comportamento de compra............................. 31
Papéis individuais em compras familiares....... 36
Comprador organizacional.................................. 37
Principais tipos de compradores....................... 38

capítulo 3

Microeconomia aplicada ao marketing.... 43
Afinal, para que servem as empresas?............. 45
Teoria elementar da demanda 46
    Bens substitutos e bens complementares . 49
    Demanda, tipos de bens e renda do
      consumidor... 50
    Gasto do consumidor e demanda de
      mercado.. 50
Teoria elementar da oferta 51
Equilíbrio de mercado 53
Mercados, competição e estratégia 54
    Estruturas de mercado............................... 54
    Estruturas de mercado dos fatores de
      produção 57
    Outros elementos estratégicos entre
      economia e marketing 59

capítulo 4

Análise de mercados................................ 65
Classificação básica dos tipos de pesquisa...... 67
    Pesquisa bibliográfica................................. 67
    Pesquisa experimental 67
    Pesquisa descritiva 67
Coleta de dados e informações 69
    Busca de dados no macroambiente 72
    Busca de dados no microambiente 74
    Composição de dados dos ambientes
      macro e micro... 77
Dimensionamento de mercado 78
    Pesquisa demográfica e geográfica............. 80
    Pesquisa psicográfica.................................. 80

Análise no mercado *Business to Business* (B2B) 80
Métodos para quantificar o mercado 81
Estimativas B2B 83

capítulo 5
Segmentação e posicionamento 87
Segmentação de mercados.............................. 88
Etapas do processo de segmentação 89
Vantagens da segmentação de mercado... 94
Estratégias de marketing direcionado 96
Diferenciação e posicionamento 97
Diferenciação 97
Posicionamento...100

capítulo 6
Produto 105
Conceitos-chave sobre produto.......................106
Níveis de produto...107
Classificações de produtos...........................110
Decisões sobre sortimento de produtos
e linhas 112
Gestão de marcas 114
Agregação de valor por meio das marcas 114
Ciclo de vida dos produtos 117
Estágios do ciclo de vida do produto 117
Tarefas do marketing no
gerenciamento dos produtos...............120

capítulo 7
Preço 125
Estratégias de precificação.............................127
Elementos determinantes das
estratégias de preços 130
Oferta e demanda..130
Objetivos da precificação.............................131
Estrutura do setor e organização da
concorrência 132
Ciclo de vida do produto 132
Métodos de estabelecimento de preços........133
Preço de *markup*.. *133*
Preço de retorno-alvo 135
Preço de valor percebido 136
Preço de mercado 136
Preço de licitação 137
Desnatamento 137
Preço de penetração 137
Preço de prestígio 138
Outros métodos de estabelecimento
de preços 138

Reações às mudanças nos preços dos
concorrentes 139

capítulo 8
Canais de distribuição 145
Canais de marketing.......................................147
Eficiência e eficácia dos canais de
marketing..150
Níveis de canal 151
Funções do canal..153
Questões estratégicas em gestão da
distribuição 155
Estrutura dos canais 155
Integração do canal 156
Criando valor por meio do canal 158
Colaboração e conflito no canal de
marketing 159
Tendências em canais de marketing...............160

capítulo 9
Promoção.. 165
Entendendo a comunicação 167
Processo básico de comunicação.................168
Ferramentas do composto promocional 171
Propaganda 171
Publicidade 172
Relações públicas 173
Promoção de vendas....................................175
Marketing direto 175
Venda pessoal 176
Merchandising *176*
Product placement *177*
Meios de comunicação...................................178
Televisão..179
Rádio 179
Jornal...179
Revista 180
Outdoor..181
Cinema...182
Internet..182
Mídias alternativas.......................................183
Comunicação integrada de marketing...........184

capítulo 10
**Marketing integrado e modelos de
negócio 187**
Principais mudanças no ambiente de
marketing 188
Plano de marketing...191
Estrutura de um plano de marketing 192

Modelos de negócio 195
    Estrutura do modelo de negócios..............197

capítulo 11
Marketing de serviços............................ 207
Caracterização dos serviços 209
Compreensão do marketing de serviços 213
    Produto...214
    Preço 214
    Praça..214
    Promoção...215
    Pessoas 215
    Evidências físicas.....................................215
    Produtividade e qualidade 216
    Processos..216
Momentos da verdade e a formação de
    ciclos de serviços....................................216
Satisfação do cliente 218
    Pesquisa de satisfação 219
Recuperação de serviços 220
Excelência em serviços...222

capítulo 12
Design thinking 225
As raízes do _design thinking_ 227
Consumo e mudança de paradigmas.............228
Pensando como um _designer_ na
    resolução de problemas...................................229
    Empatia: a arte de compreender
      as pessoas a quem você quer
      servir..230
    Mapa mental 233
    Prototipagem: dando forma às
      respostas..234
Design thinking e marketing 235

capítulo 13
Marketing digital e mídias sociais 239
O que reúne as pessoas?.....................................240
O passo a passo do marketing na rede..........245
    Rotinas e funções....................................246
    Tempo e resultados 247
    Social media e CRM...249

capítulo 1

Introdução ao marketing

Neste capítulo, vamos conhecer a evolução do marketing e seus conceitos--chave. Também vamos examinar o surgimento da necessidade de se olhar o cliente, a abrangência da aplicação do marketing nas mais diversas realidades empresariais e as principais questões éticas envolvidas. Essa contextualização é fundamental para parametrizar o conhecimento, discutir o que se entende por marketing (apesar de até hoje não haver um conceito único) e como se pode aplicá-lo dentro das organizações, especialmente nas micro e pequenas empresas.

Objetivos de aprendizagem

» Identificar a origem do termo marketing, relacionando-o com as etapas do desenvolvimento da economia.

» Conceituar marketing, reconhecendo que não há uma definição única, e discutir os elementos que o compõem.

» Reconhecer como o marketing, ao longo da história, foi se constituindo como o processo de olhar para o cliente e compreender o que ele necessita/deseja.

» Discutir o escopo de aplicação do marketing.

» Defender a ética em marketing.

>> PARA COMEÇAR

Médico que buscava qualidade de vida tornou-se empresário e hoje fatura mais de R$ 100 milhões por ano

Sebastião Rosa, hoje com 63 anos, buscava qualidade de vida quando decidiu – na década de 90 – largar a carreira de médico e mudar-se com a família para Florianópolis, onde criou com a mulher, Karin Rosa, a Imaginarium, que em 2011 já faturava mais de R$ 110 milhões por ano – alta de 22% em relação ao ano anterior. Vinte anos depois da inauguração, a loja na capital catarinense transformou-se no Grupo Imaginarium. Hoje, são 145 lojas exclusivas, além de canais de *e-commerce* e 600 multimarcas. Durante esse tempo, a equipe Imaginarium também cresceu, somando atualmente mais de 750 profissionais.

"Era uma loja de objetos, com café e floricultura", lembra o empresário sobre o início da empreitada, uma variação do ateliê já administrado por Karin e onde ela desenhava enfeites natalinos. O empreendimento fez sucesso e ele decidiu apostar em seu desenvolvimento. Foi buscar capacitação e conhecimento: "Mergulhei nisso, estudei comportamento de consumo, marketing e botei na cabeça que criaria uma marca nacional". E conseguiu, mas não sem antes trabalhar muito. O primeiro passo foi alterar o tamanho da loja original, que deveria ser menor para se adaptar às exigências dos shoppings. Em seguida, Rosa e sua esposa usaram como alicerce da marca o *fundesign* – um objeto (bolsa, luminária, porta-retrato, etc.) que é concebido para (também) ser divertido.

Trabalhar de maneira eficiente um nicho específico de mercado, porém, não bastava ao empreendedor e Karin. Por isso, o casal apostou em inovação, algo tão presente na identidade da empresa que hoje a Imaginarium lança em média 400 produtos por ano.

O desafio de construir uma marca nacional ainda levou Sebastião até a China, país cujas indústrias produzem muitos dos utensílios disponíveis nas prateleiras da Imaginarium: "A China foi uma oportunidade porque mudou o mercado tecnológico e de desenvolvimento de produtos. Por causa dela, fomos para o segmento eletrônico, o que jamais imaginamos que poderia acontecer".

Essa é a história de uma empresa que cresceu e se consolidou como referência em *design* com inovação e diversão. A maior missão da empresa é trabalhar todos os dias para que seus clientes sempre encontrem nas lojas produtos que emocionem e levem diversão ao seu dia a dia.

Fonte: Adaptado de Fernandes (2012) e Imaginarium (c2014).

O *case* apresentado mostra que uma das chaves para o sucesso da empresa é compreender a importância do marketing, do consumidor e do mercado. A seguir, apresentamos os conceitos básicos para o entendimento da relação entre marketing, mercado e cliente, e como utilizá-la para criar o SEU *case* de sucesso!

» Contextualização do marketing

Antes de começar a discussão sobre o que é marketing, é importante entender quando e como surgiu esse processo, que é, basicamente, a necessidade de escutar o cliente. Hoje se fala muito em marketing, mas qual é a origem desse termo?

O primeiro passo é lembrar que, para haver cliente, deve existir uma empresa. Para a empresa existir, deve haver um esforço de vendas. Para vender, algo deve ser produzido. Então, vamos desfiar essa relação a partir da produção, depois focando as vendas e, por fim, o cliente.

» Produção

Em um passado longínquo, produzia-se aquilo que se consumia e se consumia aquilo que se produzia, ou seja, consumo e produção eram equivalentes, não havia sobras. Trata-se da era da **economia de subsistência**. Nessa época, ainda não havia dinheiro e a economia era baseada na agricultura e na caça. Os clãs mudavam de local para obter novos alimentos, caracterizando, assim, a economia como nômade.

A etapa seguinte dessa evolução, contada a partir do ponto de vista da economia, é o desenvolvimento da **especialização da produção**. Nessa fase, as famílias confiavam em uma divisão de tarefas para que a produção do que necessitavam fosse efetivada. Cada grupo se especializava na produção de determinado tipo de alimento ou na organização de certa atividade, como o cuidado das crianças, a caça, pesca ou produção de artefatos. Essas mercadorias ou serviços eram trocados entre os grupos.

> ### » PARA REFLETIR
> A especialização da produção é uma realidade no mundo. Imagine uma situação em que você tenha de produzir tudo o que consome. Como seria?

Para que a especialização do trabalho e as trocas aconteçam, há um fator-chave: confiança na outra parte. A economia mundial, ainda hoje, está pautada nas relações de confiança, como que um fornecedor entregará o que prometeu, que haverá energia elétrica para a produção, que o consumidor pagará o que comprou, que os produtos desejados estarão à disposição para compra no mercado, além da confiança nos serviços básicos de educação e saúde.

O que se pode entender como sendo a terceira fase dessa evolução é o **desenvolvimento do capitalismo**. Na fase do capitalismo primitivo, surgiram as primeiras moedas intermediárias, que substituíram a troca simples e deram valores de referência para as transações. Esse processo ampliou-se, principalmente, a partir do século XI.

>> NA HISTÓRIA

Durante o século XI, a Europa estava dominada pelo sistema feudal e existiam três grandes classes sociais: o clero (composto pelos religiosos), a nobreza (composta pelos senhores feudais) e os servos (que constituíam a maior parte da população camponesa). A Igreja Católica organizou, na época, um movimento para libertação de Jerusalém, que havia sido tomada alguns séculos antes pelos mouros – mas quem iria participar da guerra? Logicamente, os senhores feudais não pretendiam deixar seus feudos desguarnecidos; eles precisavam de pessoas que lutassem e libertassem Jerusalém em nome deles e do clero. Para que os servos fossem para a guerra, era necessária uma moeda de troca. Os senhores feudais arrendavam suas terras para os servos e lhes cobravam impostos altíssimos sobre essa produção – chegavam a quase 90 a 95% da produção. Houve, então, um processo de negociação, segundo o qual os senhores feudais deixariam de cobrar tantos impostos e, como consequência, os homens jovens deveriam ir para as Cruzadas e as famílias que ficassem nas terras teriam mais excedentes. Esse sobressalente que surgiu começou a ser vendido para outros feudos, havendo, então, um número crescente de viagens entre os feudos, com aumento de circulação de pessoas e mercadorias.

Nesse contexto histórico, surgiram os burgos – pequenos centros de troca e comércio entre os feudos distantes. Com o avançar do tempo, houve o fortalecimento do burgo, assim como o papel do intermediário de mercadorias, do vendedor e do feirante. Em torno do século XV, houve o declínio dos feudos e o gradativo fortalecimento dos burgos com a invenção do dinheiro.

A quarta fase dessa evolução é a invenção, no século XVIII, da máquina a vapor, deflagrando a **revolução industrial**. O vapor passa a substituir e a acelerar o trabalho do homem e, consequentemente, há um aumento da produtividade e da produção. Os preços das mercadorias caem, visto que já não são feitas exclusivamente de modo artesanal, e passam a ser buscados novos mercados para essa produção crescente.

No início do século XX, ocorreu a profissionalização dos processos produtivos, cuja organização passou a ter um caráter racional e impessoal. As empresas começaram a focar sua capacidade de produção, sua linha de produção, a padronização dos produtos e serviços, e a produção se tornou massificada. As pessoas aceitavam que as empresas ditassem completamente as regras, pois era a primeira vez que teriam a chance de adquirir diversos tipos de bens, antes inacessíveis em função da produção estritamente artesanal, que aumentava os custos e até mesmo inviabilizava a fabricação. A produção de produtos que demandavam maior variedade acabava sendo caseira, como a confecção de vestuário em vez da compra no varejo.

>> CURIOSIDADE

"O cliente pode ter o carro da cor que quiser, contanto que seja preto." Essa frase famosa é de autoria de Henry Ford, que se referia à padronização de sua produção, indicando que a opinião do cliente ainda não era relevante. Para saber mais sobre a racionalização dos processos produtivos capitaneada por Taylor, Fayol e Ford, acesse o ambiente virtual de aprendizagem Tekne: **www.bookman.com.br/tekne**.

>> Vendas

A **crise de 1929** deflagrou a quinta etapa do desenvolvimento da economia, com a quebra da bolsa de valores de Nova York – quando as empresas começaram a buscar técnicas de vendas mais persuasivas a fim de se manterem no mercado. O vendedor deixava, então, de ser um tomador de pedidos, que focava no que havia sido produzido, e passava a ter um papel de destaque nas organizações. O olhar da empresa continuava interno, mas o foco estava mudando: o importante era vender. A equipe de vendas passava a ser a menina dos olhos das organizações. O vendedor que passava bem pela crise conseguia vender em qualquer ocasião – era esse o raciocínio. Crescia cada vez mais a importância do produto, da oferta e da venda em si. O objetivo passou a ser criar meios para vender mais, fechando vendas específicas e tomando mais pedidos de novos clientes.

> **>> NO SITE**
> Visite o ambiente virtual de aprendizagem Tekne para saber mais sobre a Crise de 1929 e como o governo americano fez para conseguir sobreviver após a crise (Plano New Deal).

>> Clientes

A lógica das organizações começou a mudar somente a partir dos anos 1950. Os clientes, cada vez mais exigentes, passaram a ser o centro das atenções, caracterizando a sexta fase do nosso ciclo (NIQUE; LADEIRA). Esse momento é a pedra angular do marketing. Passou-se a ter consciência de que qualquer organização existe somente para a satisfação de necessidades e desejos dos clientes. O consumidor passa a ser rei, e, então, a oferta passa a buscar a satisfação individual, sendo customizada na medida do possível.

> **>> DICA**
> A venda começa quando você tem um produto. O marketing começa antes de o produto existir. (KOTLER, 2013).

Figura 1.1 Etapas do desenvolvimento da economia e o surgimento do Marketing.
Fonte: dos autores.

> **IMPORTANTE**
> Na economia atual, as formas de comunicação e de contato com o cliente precisam ter um apelo estético muito grande, reforçando o simbolismo.

Essa economia se baseava no simbólico e no relacionamento. As organizações começavam a trabalhar para estabelecer um vínculo forte com os clientes, que fosse além da venda e do simples consumo dos produtos e serviços. A ideia era fazer o consumidor se aproximar da empresa, de modo que passe a ser um fã, um parceiro longevo. Esse **simbolismo** apregoado na comunicação dos dias de hoje requer expressões sensoriais que são percebidas de modos diferentes pelos diversos consumidores individuais.

O que se observava na fase anterior a essa, de compreensão do cliente, eram comunicações encaixotadas, explícitas, literais, sem o apelo simbólico atual, como os manuais de instruções. Hoje, há ferramentas que orientam os empresários e os empreendedores a valerem-se da construção simbólica para atingir seus públicos-alvo, conectando-se com eles. Um exemplo disso é a ferramenta desenvolvida pelo Google chamada de Art, Copy & Code, que indica como criar campanhas *online* utilizando o melhor da internet, com a participação ativa dos próprios clientes.

Esse engajamento ou participação, chamado de **cocriação**, é um modo de inclusão do cliente na administração da organização, tornando-o corresponsável. Trata-se de uma forma de acrescentar valor a esse relacionamento, demonstrando que o que é importante para o cliente é importante também para a empresa – o que afeta o simbólico do indivíduo. Um exemplo desse processo de cocriação pode ser a confecção de camisetas personalizadas, em que o cliente cria ou indica a estampa e o tecido de sua preferência.

O produto ou serviço deixa de ser o mais importante na relação entre empresa e cliente. O foco passa a ser a **economia da experiência** – tornar cada vivência única e prazerosa para o cliente. Despertam-se situações imaginárias, intangíveis, associam-se produtos e serviços a essas sensações criadas. Os produtos são, então, vendidos, reforçando o simbolismo. As empresas orquestram eventos memoráveis para seus clientes.

> **EXEMPLO**
>
> Na economia da experiência, não basta um hotel oferecer um bom quarto para seu hóspede. Os administradores devem planejar também todo um envolvimento desse hóspede, para que desfrute suas férias da melhor forma. Para isso, é necessário entender o que é importante para o cliente e oferecer antecipadamente esse diferencial.

> **PARA SABER MAIS**
>
> A concepção de gestão de economia da experiência, muito utilizada em turismo, pode ser aprofundada com a leitura do livro clássico sobre o tema, disponível apenas em inglês: PINE, Joseph; GILMORE, James. *The experience economy*. Perseus Books, 2011. Acesse o ambiente virtual de aprendizagem Tekne para ter acesso a uma resenha em português do livro.

Outro exemplo de preocupação com a experiência é a possibilidade de escolha dos horários da programação do serviço de televisão por assinatura – trata-se do serviço chamado de *on demand*, em que o cliente personaliza e seleciona o que, quando e como deseja assistir, experimentando o serviço a seu gosto, no seu próprio ritmo. Essas experiências únicas passam a ser refletidas no relacionamento do cliente no longo prazo, nas indicações e retornos dele. Essa compreensão do que é importante para o cliente valoriza a marca, uma vez que ela demonstra que sabe valorizar o que o cliente deseja, diferenciando-se de uma oferta massificada.

Atualmente, muitas empresas ainda trabalham com uma forma de atuação mais tradicional, com um olhar engessado em relação ao varejo e suas formas de distribuição e promoção, como o setor de venda de bens industriais. Porém, perseguir o objetivo de interagir com o cliente é imprescindível para a empresa que almeja ser bem-sucedida no mercado.

Tendo entendido de onde surgiu a necessidade de se olhar o cliente, a seguir iremos conceituar o marketing e seus componentes.

» PARA REFLETIR

Você trabalha em alguma empresa? Se sim, a sua empresa está em que fase dessa evolução da economia? Voltada para a produção, vendas ou clientes e suas experiências? Como é a relação da sua empresa com o mercado? Vocês buscam entender o cliente?

» Conceito de marketing

Não existe um conceito único para marketing, mas uma discussão acerca de todos os elementos que o compõem. Neste livro, entendemos que **marketing** é um processo de olhar para o cliente e compreender o que ele necessita e/ou deseja, processar essa informação intraempresa e informar e devolver para o mercado uma solução para esse problema – uma oferta que seja atrativa e possibilite a troca efetiva.

Para a American Marketing Association (AMA), entidade americana referência na área, marketing é a atividade, conjunto de instituições e processos para criar, comunicar, entregar e trocar ofertas que tenham valor para os clientes, parceiros e sociedade em geral (AMERICAN MARKETING ASSOCIATION, c2014). Já para Kotler (2001), marketing é o processo social por meio do qual pessoas e grupos de pessoas obtêm aquilo de que necessitam e o que desejam com a criação, oferta e livre negociação de produtos e serviços de valor com outros.

>> Marketing para qualquer tipo de empresa

Em primeiro lugar, o marketing independe do tipo de organização (por exemplo, se é uma empresa privada, uma empresa pública ou uma ONG) ou do cliente (se pessoa física ou jurídica). O importante é entender a quem se atende e oferecer o que é mais adequado para cada situação. Por exemplo: uma igreja deve entender qual é o tipo de fé do seu fiel, uma ONG deve entender a quem está ajudando, bem como os financiadores da ação, uma livraria deve entender seu cliente e assim por diante. Analisaremos melhor esse assunto a seguir.

>> Interatividade do marketing

Esse conceito de marketing indica sua interatividade com outras áreas da empresa, uma vez que não produzirá sozinho uma oferta para o público-alvo. Para oferecer um produto ou serviço, os gestores de marketing devem discutir com a área de pesquisa e desenvolvimento (P&D), com o departamento de compras, a produção, o financeiro, a logística e até a gestão de pessoas. Junto ao **P&D** será desenhado o que se pretende levar ao mercado consumidor – esse trabalho conjunto entre as partes garantirá uma solução mais adequada ao cliente, e não apenas a de menor custo para a empresa.

>> PARA REFLETIR

Você já se deu conta de que produtos desenvolvidos apenas por engenheiros poderiam ser pouco atrativos? Pense em um controle remoto de utilização complexa ou em apartamentos pouco convidativos para morar, por exemplo.

A ligação entre o **departamento de compras** e o marketing também é essencial. Os fornecedores contatados devem estar alinhados ao projeto de oferta ao cliente, pois esse engajamento, seja com foco no custo, na qualidade ou na agilidade, auxiliam na entrega de valor para o cliente.

>> EXEMPLO

Se um proprietário de uma lanchonete recebe de seu fornecedor um pão muito salgado, essa característica repercutirá negativamente para a empresa junto aos clientes, pois o lanche comercializado não apresentará a qualidade usual.

Os departamentos de **produção** e marketing também devem, obrigatoriamente, estar alinhados, pelas seguintes razões:

- Se não há produtos suficientes para venda, o esforço de marketing para comunicar é inútil.
- Se a produção tem estoque em excesso, o marketing pode ser acionado para criar uma campanha promocional e, desse modo, vender o sobressalente.
- Se o marketing promete certas características de um produto ou serviço e a produção não segue esses padrões prometidos, a empresa é vista como ineficaz ou mentirosa, divulgando propagandas enganosas.

Conforme o perfil da empresa e o tipo de público atendido, os departamentos de marketing e **financeiro**, em comum acordo, definirão condições diferentes de pagamento, parcelando em mais ou menos vezes seus produtos, aumentando ou diminuindo o preço final.

Logística e marketing estão diretamente relacionados com a entrega ao cliente final – se houver falha, por exemplo, com a entrega do produto errado ou o avariado (quebrado, com validade vencida, amassado, etc.), o cliente ficará insatisfeito com a empresa.

Por fim, o departamento de marketing se relaciona também com o de **gestão de pessoas** – se não forem contratados profissionais certos para lidar com o público, que entendam a filosofia da empresa, provavelmente o cliente não receberá uma boa experiência no atendimento. Se o funcionário contratado é mal-educado com o cliente, por exemplo, ele pode se sentir agredido e não mais se relacionar com a empresa.

> **» ATENÇÃO**
> Não basta só existir um lema ou missão dizendo que o cliente é importante: o gestor tem que mostrar isso nas suas atitudes.

Figura 1.2 Interatividade do marketing com as outras áreas da empresa.
Fonte: dos autores.

> **IMPORTANTE**
> Ao perceber toda a preocupação da organização com sua satisfação, o cliente valorizará e efetivará a compra.

> **DICA**
> Segundo Kotler (2013), marketing é o tema de casa que a empresa faz para descobrir do que as pessoas precisam e o que a empresa deve fazer.

Com as relações exemplificadas entre marketing e outros departamentos, pretendemos demonstrar que o marketing é responsável por trazer o olhar do cliente para todas as instâncias organizacionais, fazendo com que a interação entre áreas resulte em ofertas mais valiosas para o cliente.

Necessidades e desejos

Para o marketing, há uma clara diferença entre necessidades e desejos. **Necessidade** é algo inato do ser humano. Todas as pessoas têm necessidade de comer, de beber, de ter moradia, de se relacionar com as pessoas, de reconhecimento e de realização pessoal. Chamamos de **desejo** a forma como cada um vai satisfazer essa necessidade – desejo está ligado à cultura em que o indivíduo está inserido e/ou foi criado e à sua personalidade.

Um exemplo claro dessa diferença pode ser a questão da alimentação. Todos sentem fome, têm necessidade de comer. Algumas pessoas podem querer saciar sua fome com um hambúrguer suculento, outras podem preferir uma fruta mais saudável, sendo que essa necessidade ainda poderia ser solucionada com pão e água – de qualquer forma, a fome será saciada, a necessidade inata será satisfeita, mas o que diferencia é o desejo, o meio de realizar a satisfação da necessidade, que é impactado pelas preferências pessoais.

A)   B)

Figura 1.3   Desejo: duas formas diferentes de satisfazer a mesma necessidade.
Fonte: Figura A): moodboard/moodboard/Thinkstock; figura B): Ingram Publishing/Thinkstock.

> ## PARA REFLETIR
>
>
>
> O marketing não cria necessidade, mas estimula desejos. A compreensão da diferença entre esses dois termos suporta o processo de marketing. Em qual nível a empresa está atuando – foca necessidades básicas ou desejos mais desenvolvidos dos consumidores? A organização ofertará algo simples ou mais elaborado?

>> Comunicação com o mercado

Não basta apenas que a empresa escute o cliente e desenvolva internamente uma solução para satisfazer sua necessidade ou seu desejo. É imprescindível que o cliente tome conhecimento dessa oferta. Esta é a parte mais conhecida do marketing – a comunicação, a **propaganda**. Muitas vezes, as pessoas pensam que marketing é sinônimo de propaganda e não imaginam a amplitude do escopo do processo de entender o cliente.

Sem a comunicação com o mercado, dificilmente os clientes saberão de todos os benefícios de relacionamento com determinada empresa. O consumidor pode não ter conhecimento sobre o produto ou serviço, devendo ser informado e educado. Também pode ser lembrado e/ou persuadido nas situações em que já o produto já é rotineiramente ofertado no mercado.

A comunicação deve estar adequada ao público – tanto em relação ao tom e forma de expressão quanto em relação ao meio e veículo escolhido para a sua divulgação. Se uma empresa busca trabalhar com o público jovem, por exemplo, pode utilizar uma linguagem mais informal e publicar seus anúncios, campanhas e informativos nas redes sociais e nas rádios cujos ouvintes são, em sua maioria, jovens.

>> Solução para os clientes

Conforme o conceito de marketing, a empresa capta uma informação do mercado, transforma-a em uma solução para o cliente e volta para o mercado para ofertar essa solução – que é o meio que visa à satisfação do cliente, podendo ser um produto, um serviço ou a combinação de ambos.

Um **produto** ou bem é algo físico, tangível, como um livro, um computador, um automóvel, um quadro. Um **serviço** é algo intangível, é uma ação desempenhada por outra pessoa, como uma refeição oferecida em um restaurante, uma consulta oferecida por um médico, entre outros tantos. Atualmente, as ofertas não discriminam mais esses dois termos: um exemplo é a venda de móveis para um dormitório já com a oferta da instalação.

> **>> DICA**
> Produto e serviço são oferecidos juntos, com frequência cada vez maior, para aumentar a satisfação do cliente.

» **CURIOSIDADE**
Durante uma consultoria realizada, um cliente, dono de uma pequena e bem-sucedida empresa de pré-moldados, afirmou que a chave do sucesso frente à concorrência era sempre compreender que o que ele tinha para oferecer era a solução para um problema do cliente. Ele não vendia apenas um pavilhão, mas a oportunidade de um prédio para negócios. Concordamos com ele!

» Miopia em marketing

A oferta da solução para o cliente é uma tarefa árdua: não basta simplesmente ter o produto ou o serviço que satisfaça necessidades, é preciso compreender que o produto ou serviço – ou a combinação dos dois – é a solução de um problema, é o fator que minimizará um estado de necessidade. É preciso entender de forma mais ampla essa oferta de solução, compreendendo os benefícios envolvidos. Uma empresa que trabalha com cosméticos, por exemplo, não vende só a maquiagem ou o creme rejuvenescedor – vende a beleza, a possibilidade de uma aparência melhor.

Essa compreensão mais ampla do produto e dos seus benefícios faz com que o profissional de marketing fuja do que se chama de **miopia em marketing**. Míope é aquele que não enxerga ao longe; e isso se aplica ao marketing: quem não enxerga mais longe em relação a uma solução, acaba não sendo atrativo o suficiente para o cliente. Quem entende o processo mais amplo certamente estará mais apto para oferecer a melhor oferta.

» **NO SITE**
Acesse o ambiente virtual de aprendizagem Tekne para saber mais sobre o texto *Miopia em Marketing*, de Theodore Levitt, um clássico de 1975.

Figura 1.4 Fuja da miopia em marketing!
Fonte: Ashleigh kirkham/iStock/Thinkstock.

» Trocas

O cliente expõe sua necessidade, e a empresa se abastece de informação e produz uma solução para o cliente; o cliente, então, recebe essa solução para satisfazer a sua necessidade ou o seu desejo e, em troca, oferece valores que paguem a oferta da empresa e também fornece à empresa mais informações sobre sua satisfação e novas necessidades (ou desejos). Aqui temos um componente essencial do marketing: a **troca**.

> **» IMPORTANTE**
> A efetiva troca é quando a empresa oferta uma solução adequada às expectativas e ao poder aquisitivo do cliente.

A troca deve ser interessante e convidativa para ambos os lados – para o cliente e para a empresa. A oferta deve estar à altura das expectativas do cliente, e o que ele paga em contrapartida também deve ter o valor adequado para a empresa. Uma agência de viagens, por exemplo, oferece possibilidades de entretenimento por meio da venda de pacotes turísticos – foram buscados os melhores destinos, hotéis e restaurantes, conforme os desejos demonstrados por determinado segmento, quando seus representantes foram entrevistados. Como os pacotes estão alinhados ao público, a empresa recebe em troca o valor dos pacotes por meio da compra e venda e também recebe *feedbacks* dos clientes sobre oportunidades de melhoria e elogios das melhores partes.

Quando o cliente tem necessidade ou deseja determinado produto/serviço, está interessado e tem poder aquisitivo para tanto: trata-se de uma demanda potencial. Sabe-se que as pessoas têm desejos quase ilimitados, mas recursos limitados para realizar/adquirir esses desejos. Quando a pessoa tem o interesse e o recurso, então ela faz parte da demanda da empresa.

» Satisfação do cliente

O que seria, exatamente, a satisfação do cliente? O termo satisfação determina a sensação resultante da avaliação do desempenho percebido de um produto em relação às expectativas do consumidor:

- Se for um desempenho positivo, alinhado às expectativas, a satisfação é gerada.
- Se for um desempenho abaixo do esperado, ocorre a insatisfação.
- Se for um desempenho acima das expectativas, gera-se encantamento.

> **» DICA**
> O encantamento é o grau mais elevado de satisfação, provocando alta fidelidade do cliente.

A satisfação é um conceito intimamente ligado à percepção da qualidade. A **qualidade** é medida a partir de um ponto de referência individual (portanto, é subjetiva) e depende de fatores pessoais, como envolvimento com o produto, situação, poder aquisitivo do comprador, cultura, experiência, entre outros. Por exemplo, uma pessoa pode avaliar um serviço de uma lanchonete de rodoviária de uma grande cidade qualidade como elevada; contudo, para outra pessoa, essa experiência não seria prazerosa, traria insatisfação em função do ambiente – uma refeição em um bistrô francês teria um grau de qualidade muito maior.

Um cliente satisfeito retorna e, consequentemente, torna-se mais lucrativo para a empresa, pois tende a gastar um valor mais elevado, ou com maior frequência, permanecendo fiel por mais tempo. Por exemplo, se uma pessoa sempre tem uma boa experiência em um restaurante, considerando-se a comida, o atendimento e o ambiente, maior é a probabilidade de que volte e de que recomende essa mesma experiência para outras pessoas. Mais recomendação significa atração de mais clientes, o que também resulta em maior lucratividade. Esse círculo virtuoso deve ser nutrido sempre, por meio da manutenção da qualidade e da satisfação.

» Fidelidade e lealdade do cliente

O esforço por manter a satisfação de um cliente acaba por fidelizá-lo. **Fidelidade** corresponde à vontade do cliente de continuar prestigiando determinada empresa, de optar, com certa frequência, por uma empresa entre todas as outras existentes que realizam a mesma atividade no mercado. O cliente fiel até pode ser atraído vez ou outra por uma oportunidade ou promoção da concorrência, mas retoma a relação com a empresa à qual é fiel, pois ela gera mais satisfação do que as outras, seja pelo bom atendimento, pelo preço, pela qualidade dos produtos, pelo sortimento, pela entrega precisa ou pelo conjunto desses diversos fatores.

Lealdade é quando o cliente defende a marca ou a empresa espontaneamente. Se o cliente continua a comprar de determinada empresa, mesmo existindo ofertas mais vantajosas, seja em função do preço ou da conveniência, é porque existe valor na marca. Os clientes entendem que essa é a melhor opção que podem e desejam ter, e essa relação tem maior estabilidade.

Agora vamos examinar o escopo do marketing e as diversas possibilidades de aplicação desse conceito.

» Escopo de aplicação do marketing

Escopo quer dizer abrangência, e aqui vamos tratar da expansão da aplicação do marketing, isto é, em quais frentes o marketing pode ser aplicado.

» Marketing como filosofia

Para que uma empresa seja verdadeiramente voltada para o cliente, a compreensão do que é marketing deve permear toda a empresa, como uma filosofia empresarial, um jeito de ser da organização. Deve-se incorporar a noção de que a relação com os clientes é constante e interativa, e isso deve perfazer todos os processos internos, seja de um departamento técnico ou de atendimento, tendo sempre como foco a satisfação dos clientes.

O marketing não pode ser resumido apenas às atividades táticas e operacionais de um departamento. A preocupação com o cliente deve fazer parte da realidade de todos os funcionários. A equipe gestora deve reconhecer a importância de estruturar a empresa para a satisfação das necessidades e desejos do público-alvo e transmitir essa filosofia para todos os níveis.

Aqui se amplia a maneira tradicional de pensar o marketing, deixando de ser entendido como apenas um departamento dentro da empresa.

» Marketing social

Muito se comenta a respeito da relação entre marketing e lucratividade: existe um senso comum de que trabalhar com o marketing seja apenas visar ao lucro. Contudo, existe outro modo de ampliar o escopo do marketing: por meio da compreensão de sua função social.

Em todas as sociedades, de todos os tamanhos e localidades, ocorrem incontáveis transações necessárias para a sobrevivência da população, seja em função de alimentação, vestimenta, moradia ou saúde. O marketing torna viável a disponibilização dos produtos onde e quando forem necessários e/ou desejados, e na quantidade certa. Sem a ampla distribuição de produtos e serviços mundo afora, muitos poderiam passar muito trabalho e necessidades, o que poderia resultar em um óbito cada vez maior de pessoas ou mesmo no sumiço de grupos inteiros. Imagine se não fossem distribuídas vacinas contra o vírus Influenza em períodos de epidemia da doença? Como seria a vida se não houvesse o desenvolvimento da tecnologia, especialmente no que tange à saúde? Como são estabelecidas e veiculadas as campanhas de estímulo à redução do consumo de energia elétrica? Você já pensou nisso?

» PARA REFLETIR

Vamos analisar a função social do marketing: em que outras situações você consegue vislumbrar a preocupação com a sociedade em geral?

» Marketing de relacionamento

O marketing de relacionamento é a compreensão de que o cliente deve ter uma relação de longo prazo com a empresa, o que leva ao estabelecimento de processos e ações que aproximem as partes. Trata-se do estabelecimento de relacionamentos de longo prazo satisfatórios para as partes (clientes e empresa), a fim de ganhar e reter a preferência nos negócios. Visa-se à fidelidade e, em alguns casos, à lealdade.

Como vimos, o cliente satisfeito tende a repetir sua compra com a empresa enquanto se mantiver satisfeito. As ações de marketing de relacionamento buscam reforçar essa satisfação. Relações mais duradouras são mais lucrativas, pois as rotinas já estão estabelecidas e o cliente já é conhecido.

Alguns autores consideram que o marketing de relacionamento somente existe entre empresa-fornecedor e empresa-cliente (relações empresa-empresa ou, em inglês, *business-to-business* – B2B), visto que nessas circunstâncias existem contratos que acabam unindo as duas partes. O cliente pessoa física seria mais suscetível à troca para concorrentes, conforme surgem oportunidades mais atrativas.

Nosso entendimento é de que o marketing de relacionamento pode e deve ser aplicado junto a todos os tipos de clientes, pois reforça o reconhecimento da importância do cliente para a empresa.

Logicamente, o investimento em ações de marketing de relacionamento deve estar adequado à situação da empresa. Por exemplo, uma pequena farmácia de bairro poderia apostar na relação com os clientes e, então, utilizar estratégias de relacionamento, como entregas gratuitas, descontos em medicamentos e presentes em datas comemorativas, atingindo, assim, boa parte de sua clientela. Já para uma grande rede de farmácias, pode tornar-se caro demais investir na gestão de relacionamento com todos os clientes fiéis; seria necessário estabelecer grupos de clientes prioritários e mesclar entre a atenção ao cliente e a atenção à transação simples, sem relacionamento de longo prazo, já que o público é grande:

» **CURIOSIDADE**
Você se lembra da caderneta de anotações dos mercadinhos de bairro? Trata-se de um exemplo antigo, mas ainda em uso em alguns locais, de CRM.

São ferramentas de marketing de relacionamento:

Cartões fidelidade: são os que acumulam milhas, como os de postos de gasolina, companhias aéreas e supermercados. Essa prática também pode ser encontrada em pequenas empresas, como restaurantes que vendem antecipadamente certo número de almoços e, com isso, fidelizam a volta do cliente.

Brindes: itens personalizados com a logomarca da empresa distribuídos a clientes prioritários em datas como Natal, aniversário do cliente, etc.

CRM: a ferramenta *Customer Relationship Management* é aplicada na gestão do relacionamento com o cliente. Pode ser um *software* ou mesmo uma agenda em que são apontados os costumes e preferências de cada cliente.

Fale conosco: canal simples e rico em informações sobre o que está, ou não está, agradando o cliente dentro da empresa. Muitas organizações criam esse canal de comunicação apenas por formalidade e acabam não utilizando as informações fornecidas. São informações preciosas, pois o cliente despendeu tempo para relatar algum fato ocorrido, o que indica que ele se preocupa e se interessa com a organização – evidencia também que ele deseja uma melhoria em vez de simplesmente desistir da organização.

> >> **PARA REFLETIR**
>
> Que outras práticas de relacionamento você já verificou no mercado empresarial?

Caixa de coleta de sugestões: forma que permite uma maior interação do cliente com a empresa. Uma ideia do cliente pode tornar-se um diferencial para a organização, pois se trata de um conceito criado por quem mais interessa – o público-alvo.

E-mail **marketing:** comunicações rotineiras com os clientes, apresentando novos produtos ou serviços, números da empresa e outras informações relevantes do setor em que atua.

Existem diversas outras formas de se estreitar o relacionamento com o cliente, aproximando-o da empresa. Esses são apenas alguns exemplos para inspiração.

 ## Marketing de bens/produtos

As estratégias de marketing foram desenvolvidas, principalmente, a partir de bens físicos (produtos tangíveis), ou seja, quando o cliente pode tocar e experimentar determinado produto. No Brasil, em 2011, consumiram-se mais de 700 milhões de pares de sapato, 12 milhões de televisores, mais de 210 milhões de aparelhos celulares e um número incalculável de outros produtos industrializados. Esse volume, por si só, já explica a necessidade de se entender o cliente para estimular o consumo.

Nesse caso, o consumidor pode testar, experimentar, adquirir e, se necessário, devolver o produto. É um bem tangível que permanece com ele por certo tempo após a aquisição. Pode ser um bem de consumo, como uma bebida, ou um bem durável, como um automóvel.

» DEFINIÇÃO
"Serviço é qualquer ato ou desempenho, essencialmente intangível, que uma parte pode oferecer a outra e que não resulta na propriedade de nada." (KOTLER, 2000, p. 448).

» Marketing de serviços

Como boa parte da economia mundial hoje está calcada na transação de serviços – aproximadamente 70 a 75% do PIB dos países desenvolvidos provêm do setor terciário (SEBRAE, 2008) –, é necessário entender as peculiaridades desse segmento.

São empresas de serviço: bancos, restaurantes, hotéis, consultorias, salões de beleza, escritórios de advocacia, construtoras, museus, instituições de caridade, escolas, companhias aéreas, empresas de logística, hospitais, clínicas e consultórios médicos, entre outros.

As características desse tipo de atividade são as seguintes:

Intangibilidade: os serviços não podem ser vistos, tocados, cheirados ou provados antes da aquisição. Não se sabe o resultado exato da ação (desempenho do serviço) antes que ela ocorra. Um exemplo pode ser de uma viagem: o avião conseguirá aterrissar no aeroporto ou terá de ser desviado para outra rota? Uma pessoa que se submete a uma cirurgia plástica pode imaginar qual será o resultado após a intervenção, mas não terá certeza até que o procedimento seja realizado.

Inseparabilidade: os serviços são produzidos e consumidos simultaneamente, diferentemente de bens físicos, que são produzidos, estocados e distribuídos até chegar ao consumidor final. Há a interação do prestador de serviços com o cliente. Imagine uma situação em que você tenha comprado o ingresso para um determinado show e que, por alguma eventualidade, o artista não possa se apresentar e mande outro no seu lugar – o show não será o mesmo serviço contratado, não é? Não houve a interação com o prestador de serviço correto.

Variabilidade: por serem dependentes da interação do prestador de serviço com o cliente, os serviços são muito variáveis. Quanto maior a quantidade de pessoas envolvidas no processo, menor a probabilidade do cliente sair satisfeito. Isso pode ser observado, por exemplo, em ligações de telemarketing reativo, em que o cliente liga para empresa para solucionar um problema. Com quantas pessoas diferentes o cliente tem que falar para ter sua solicitação atendida? Ele costuma sair satisfeito desse processo? Além disso, se houver pessoas atendendo sem treinamento, isso também impactará a satisfação do cliente.

Perecibilidade: os serviços não podem ser estocados nem devolvidos. Um hotel que não tenha tido lotação completa em um final de semana não terá quartos extras no final de semana seguinte, terá a mesma quantidade de quartos disponíveis sempre, não haverá estoque por não utilização prévia – por isso existe a preocupação com a taxa média de ocupação hoteleira.

As estratégias de marketing de serviços serão aprofundadas no Capítulo 11. Aqui mostramos apenas a expansão da aplicação do marketing para além de produtos tangíveis.

≫ Marketing digital

É necessário conhecer e entender como se dão as relações entre as empresas e o público-alvo para além do ambiente *off-line*. Na internet, a interação é mais rápida e é uma via de mão-dupla: os clientes têm mais voz e podem multiplicar sua fala rapidamente, não são apenas receptores, são também emissores de mensagens. O impacto da concorrência é mais forte nesse ambiente, pois o cliente pode buscar de forma mais rápida informações dos produtos e serviços das outras empresas pela internet do que o faria se tivesse de visitar fisicamente ou telefonar para as empresas.

A cada momento surgem novos termos ligados ao marketing, como:

Mobile-marketing: aplicação das estratégias e ferramentas de marketing por meio dos telefones celulares.

Social media marketing: desenvolver o marketing dentro das redes sociais.

Esses novos nomes são formas de ampliar o escopo do marketing e aplicá-lo a um segmento diferente ou a um meio de comunicação diferente. Veja mais detalhes sobre marketing digital no Capítulo 13.

≫ Marketing institucional

O marketing institucional amplia a aplicação do conceito desse processo para além de produtos e serviços, trabalhando na construção de uma imagem sólida e positiva da organização junto a seus diversos públicos de interesse (*stakeholders*).

Campanhas de Natal da Coca-Cola, por exemplo, objetivam a valorização da marca e da organização – sem focar na venda de produtos específicos ou abordar a questão de preço e qualidade dos produtos. A motivação é outra, é mais emocional, é simbólica.

≫ Marketing de eventos

Esse tipo de marketing está relacionado com a organização e promoção de eventos. Podem ser de grande porte, como turnês internacionais e competições esportivas (Olimpíadas, corridas de Fórmula 1 e Copa do Mundo). Também podem ser de pequeno e médio porte, como a organização de festas de 15 anos, casamentos, eventos empresariais e feiras de negócios.

Relacionado ao marketing de serviços, o marketing de eventos tem particularidades, conforme o perfil de público e a ocasião. Contratantes, contratados e convidados têm necessidades e desejos diferentes para serem atendidos. Há muitos detalhes pré-evento que devem ser esclarecidos para que o investimento traga o maior retorno possível e satisfação a todas as partes. Imagine a organização de uma festa de final de ano de uma empresa. O responsável de marketing deve pensar nos interesses da direção da empresa (em qual mensagem se quer passar), nos interesses dos funcionários (os convidados) e nas relações com os diversos fornecedores e restrições do local do evento.

» Marketing imobiliário

O mercado imobiliário, no que se refere ao marketing, possui várias particularidades. Esforços de marketing devem ser realizados nos seguintes aspectos:

- Para a promoção do imóvel (bem tangível).
- Para a promoção da imobiliária ou do consultor independente (prestador de serviço que auxilia na transferência da propriedade).
- Em relacionamento e na captação de investidores para as construções.

» Marketing de pessoas

É possível aplicar os conhecimentos de marketing na promoção de pessoas junto aos seus públicos de interesse: celebridades, modelos, políticos e artistas que buscam espaço na mídia e reconhecimento dos fãs, por exemplo. Ou jogadores de futebol que buscam oportunidades nos melhores times, valorizando o seu passe e salário e buscando o apoio das torcidas. São pessoas que buscam se destacar e necessitam do apoio das estratégias de marketing para obterem sucesso.

» Marketing político

O marketing político não contempla apenas uma pessoa, mas todo um partido político. Busca promover ideias e ideais para mobilizar grupos da sociedade nas urnas, visando, geralmente, ganhar campanhas eleitorais ao longo do tempo.

> » **DICA**
> Outros exemplos são: marketing no setor público, marketing para a área da saúde, marketing bancário (aplicação específica do marketing de serviços) e assim por diante.

» Marketing de lugares

Lugares – cidades, estados, regiões e países – competem para atrair turistas ou empresas investidoras, como grandes fábricas, capazes de gerar impostos e empregos. Na América do Sul, por exemplo, as cidades de Buenos Aires (Argentina) e Rio de Janeiro (Brasil) disputam o título de capital gay do continente, com o objetivo de atrair esse público, que possui, geralmente, alto poder aquisitivo e está disposto a investir seus recursos em turismo.

Ética em marketing

Uma empresa, ao estabelecer seu público-alvo, deve ter conhecimento sólido a seu respeito e precisa atuar de forma ética, honesta, coerente com sua postura no mundo dos negócios. Há basicamente duas categorias para a análise da ética no marketing: questionamentos sobre o estímulo ao consumo e sobre as atividades de precificação, propaganda e vendas.

Como percebemos, ao abordar o marketing social, o processo de entender o cliente não visa somente ao lucro, podendo também auxiliar no desenvolvimento de uma sociedade. Porém, nem todas as empresas pensam e agem assim. No momento de definir um segmento-alvo, podem acabar escolhendo fatias mais vulneráveis (como crianças, pessoas com baixa renda, minorias) e produzindo reações que não seriam eticamente aceitáveis. Exemplo disso é o incentivo a uma alimentação desregrada para crianças em troca de brinquedos – estratégia do McDonald's, altamente criticada.

Outro ponto da ética em marketing é não esconder do cliente os preços e taxas que estão sendo cobradas, de fato, em cada transação. Promessa e entrega devem ser coerentes; caso contrário, a empresa está incorrendo no que é chamado de propaganda enganosa.

Questões éticas sobre produto, preço, promoção e distribuição (praça) serão aprofundadas nos capítulos específicos. Suscitamos alguns pontos iniciais na discussão sobre ética em marketing. Nos capítulos seguintes, fique atento a essa atitude crítica em relação à atuação e abrangência do marketing.

>> **ATENÇÃO**
"De todas as atividades empresariais, o marketing é a de maior visibilidade e, por isso, a mais sujeita a questionamentos de ordem ética." (D'ANGELO, 2003, p. 551).

>> **IMPORTANTE**
O marketing socialmente responsável deve atender aos interesses da empresa e do público-alvo, contribuindo para relações saudáveis no longo prazo.

>> **RESUMO**

A evolução da economia fez com que o cliente passasse a ser o ponto central da ação das empresas, aflorando a necessidade de entender esse cliente, ou seja, de trabalhar o marketing. Existem inúmeras formas de aplicar a essência do marketing. Em qualquer segmento, é possível vislumbrar como ele pode auxiliar no sucesso da empresa. Esta é a semente plantada neste capítulo: a importância de se entender o cliente – em primeiro lugar entender, depois atender.

» Agora é a sua vez!

1. Explique o que é marketing com suas palavras.

2. Qual é a diferença entre necessidade e desejo? Caracterize essa diferença a partir do mercado imobiliário.

3. Crie uma situação para explicar o marketing como filosofia.

4. Diferencie marketing de produtos de marketing de serviços.

5. Em que outras situações não descritas neste capítulo você consegue vislumbrar a aplicação do marketing?

REFERÊNCIAS

AMERICAN MARKETING ASSOCIATION. *Dictionary*. Chicago: AMA, c2014. Disponível em: <https://www.ama.org/resources/Pages/Dictionary.aspx?dLetter=M>. Acesso em: 23 jul. 2014.

D'ANGELO, A. C. Ética no marketing. *Revista de Administração Contemporânea*, v. 7, n. 4, p. 55-75, out./dez. 2003.

FERNANDES, D. Médico buscava qualidade de vida, tornou-se empresário e hoje fatura mais de R$ 100 milhões. *Estadão PME*, São Paulo, Abr. 2012. Disponível em: < http://pme.estadao.com.br/noticias/noticias,medico-buscava-qualidade-de-vida--tornou--se-empresario-e-hoje-fatura-mais-de-r-100-milhoes,1717,0.htm>. Acesso em: 23 jul. 2014.

IMAGINARIUM. *História*. [Florianópolis: IMAGINARIUM], c2014. Disponível em: < http://www.imaginarium.com.br/historia/>. Acesso em: 23 jul. 2014.

KOTLER, P. *Administração de Marketing*. São Paulo: Prentice Hall, 2000.

KOTLER, Philip. *Marketing é (quase) tudo*. Portal HSM Management. 2013. Disponível em: < http://www.algartech.com/portugues/noticias/em-noticia/mercado/marketing--e-quase-tudo/>. Acesso em: 23 jul. 2014.

NIQUE, W.; LADEIRA, W. *Pesquisa de marketing*. Porto Alegre: Atlas, 2014.

SEBRAE. *A competitividade nos setores de comércio, de serviços e do turismo no Brasil*: perspectivas até 2015. Brasília: CNC; SEBRAE, 2008. Disponível em: <http://www.sebrae.com.br/setor/comercio-varejista/gestao-do-varejo/observatorio-do-varejo/Estudo%20Comercio%20e%20Servico%20CNC.pdf>. Acesso em: 23 jul.

capítulo 2

Comportamento do consumidor

Identificar como o comportamento do consumidor afeta as empresas é fundamental para a aplicação do marketing. Neste capítulo, discutiremos o processo de tomada de decisão de compra, os fatores que influenciam o comportamento do consumidor e os diferentes papéis que ele pode assumir no momento da compra. Além disso, apresentaremos as questões mais importantes sobre comportamento do comprador organizacional.

Objetivos de aprendizagem

» Explicar o objetivo do estudo do comportamento do consumidor e sua importância para o marketing.

» Identificar as etapas do processo de tomada de decisão de compra.

» Relacionar os fatores intervenientes no comportamento de compra do consumidor.

» Reconhecer os papéis que o consumidor pode assumir no momento de uma compra.

» Distinguir as diferenças entre comportamento do consumidor e comportamento do comprador organizacional.

>> PARA COMEÇAR

15% dos consumidores brasileiros são usuários de tecnologias *mobile*

Em todo o mundo, o modo de fazer compras está em processo de mudança, e a responsável por isso é a tecnologia. A pesquisa Future Buy, realizada pela GfK, revela um novo perfil de consumidores, cada vez mais conectados e seletivos. Batizadas de "*xtreme shoppers*" (compradores extremos), essas pessoas possuem alto nível de envolvimento com as compras e usam *smartphones* e *tablets* para pesquisar os produtos que desejam adquirir. Esse novo grupo de consumidores compara muitos preços, usa cupons de descontos e procura as melhores ofertas.

A Ásia possui 51% de *xtreme shoppers* entre os compradores *online*, o que mostra uma tendência mundial. Apenas 15% dos compradores *online* no Brasil são *xtreme shoppers*. De acordo com Eliana Lemos, diretora de estratégia de varejo da GfK no Brasil, a lição para a indústria e o varejo na América Latina é olhar para esse mercado, que sinaliza as próximas ondas de comportamento dos consumidores. "Os *xtremes* são mais exigentes e mais engajados. Por isso, é necessário assegurar estratégias para entregar valor agregado a esse público", afirma.

Esse comportamento traz ainda outras repercussões para o varejo. O chamado "*showrooming*", hábito de o consumidor visitar a loja, pedir informações ao vendedor e comprar o produto mais tarde, *online* e de outra loja, é uma preocupação dos varejistas. Em média, 37% dos consumidores *online*, em nível global, apresentam esse comportamento.

A pesquisa aponta também que, mesmo com o enorme crescimento das vendas pela internet, algumas categorias de produtos ainda são adquiridas predominantemente em lojas físicas. É o caso de comidas, bebidas e produtos de limpeza. O levantamento foi feito em dezembro de 2012 e envolveu 600 pessoas (de 15 a 45 anos) em 14 países.

Reportagem extraída de (CONSUMIDORES..., 2013).

A partir da reportagem sobre os *xtreme shoppers*, verifica-se a importância de observar o consumidor e entender como ele se comporta, quais são as suas preferências e como ele costuma acessar a empresa.

>> Comportamento do consumidor: conceitos e relevância

A essência do marketing é entender o que o cliente necessita ou deseja. O objetivo, com isso, é processar as informações dentro da empresa para ofertar algo que satisfaça esse cliente. Assim, é necessário, antes de qualquer coisa, escutá-lo e conhecê-lo. Os processos produtivos e de atendimento da empresa devem, portanto, convergir para a satisfação do cliente. E, para que sejam mais assertivos e os erros e prejuízos sejam minimizados, o mais adequado é conhecer claramente seu cliente, suas motivações e seu comportamento.

O estudo do comportamento do consumidor é uma função essencial do marketing para que se possa cumprir plenamente os objetivos organizacionais de desenvolvimento, produção e entrega para o mercado. O comportamento do consumidor está relacionado com a ação ostensiva de comprar e com os processos mentais e sociais que precedem e seguem essa ação.

A compra ocorre por meio de uma interação dinâmica entre afeto, cognição, ambiente e o comportamento propriamente dito, pela qual os seres humanos conduzem os aspectos de troca em suas vidas. O que isso quer dizer?

O **afeto** diz respeito às reações emocionais (emoções, estado de humor, atitudes) em relação a determinado produto/serviço ou marca. Você certamente já escutou que, conforme o humor, as pessoas podem estar dispostas a comprar mais. Por exemplo, para curar uma tristeza, uma pessoa pode ir às compras e escolher alguns itens para tentar amenizar aquela dor. Talvez, as compras feitas dessa forma não sejam usadas, pois o estímulo ao consumo ocorreu em função do humor do momento. Para cativar emocionalmente o consumidor, muitos avanços tecnológicos têm surgido, como se pode verificar no exemplo a seguir.

> » **IMPORTANTE**
> O estudo do comportamento do consumidor investiga como as pessoas se comportam em relação ao consumo de produtos e serviços para satisfazer suas necessidades e seus desejos. O objetivo é compreender por que os clientes compram (motivações), como decidem a compra e com qual frequência repetem esse comportamento.

» EXEMPLO

Neurociência ajudar a mexer com o emocional dos consumidores

Muitos avanços científicos auxiliam os empresários a venderem mais. Quanto mais se estuda o comportamento do consumidor, mais se podem acertar as ofertas, e a neurociência tem permitido que se conheça mais acerca das emoções das pessoas.

Identidade olfativa, trilha sonora especial e, claro, muita tecnologia. Vale quase tudo para manter o cliente dentro da loja. Essa é a proposta de alguns comerciantes que investem até na neurociência – disciplina que estuda o sistema nervoso humano – para atrair o cliente, fazê-lo gastar mais e procurar suas lojas novamente no futuro.

Esse grupo de empreendedores também investe em identidade olfativa, criação de trilhas sonoras elaboradas conforme o público que se pretende seduzir e, claro, em tecnologia que incentive a interatividade com o consumidor por meio do tato.

O resultado não se mede por meio de métricas objetivas. Segundo especialistas, essas ações promovem a construção e valorização da marca do empreendimento. Mesmo assim, comerciantes contam que o número de frequentadores, em alguns casos, dobra após a implementação de algumas dessas estratégias, antes vistas apenas em filmes de ficção científica.

>> EXEMPLO (continuação)

De acordo com Pedro Calabrez, professor da Escola Superior de Propaganda e Marketing e especialista em neurociência, foi por meio do estudo do consumidor que se tornou evidente o mecanismo de tomada de decisão do consumidor – ao contrário do que a maioria pensa, esse processo não se dá de maneira racional. "A tomada de decisões é muito influenciada pelas emoções. Quando maior o engajamento emocional do cliente com a empresa, maior a propensão dele comprar", analisa Calabrez.

Contudo, o especialista ressalva que "essas emoções precisam ser positivas. Somos um bicho altamente social e muito influenciado pelas pessoas ao redor. Se o sujeito entra na loja e o funcionário está com cara de cemitério, triste, a propensão de consumir será menor. Ao contrário, se o ambiente estiver com funcionários bem-humorados, a propensão aumenta", conclui.

O caso de Marcelo Chiaparini ilustra como a tecnologia pode transformar um negócio. Ele é proprietário de uma loja de artigos para jovens da marca Billabong no Shopping Iguatemi de Alphaville. O empresário investiu pesado no negócio, cerca de R$ 800 mil, no começo de 2011. Mas a loja, como tantas outras, era convencional – até agosto daquele ano, quando Chiaparini recebeu a visita da engenheira Regiane Relva. Ela se apresentou e, sem rodeios, convidou o empreendedor a ser dono do primeiro comércio inteligente da América Latina. Chiaparini aceitou na hora. "Ela tinha esse projeto de ponto de venda tecnológico e precisava de alguém que topasse. Como eu não precisaria colocar a mão no bolso, topei", afirma o comerciante.

O resultado da parceria transformou o ponto de venda, que conta, por exemplo, com uma tela sensível ao toque instalada dentro do provador. Por meio dele, o cliente chama o vendedor e indica qual produto deseja experimentar. Até o pagamento ficou diferente. Os produtos carregam um *chip* e, dessa forma, não precisam ser retirados da sacola de compras para que o caixa registre a venda e informe o valor ao consumidor.

Segundo Chiaparini, após as mudanças, o número de visitas aumentou de 210 para 420 clientes por mês, com reflexo natural nas vendas. "Alguns clientes, principalmente as crianças, entram aqui apenas para brincar com os joguinhos que temos nos monitores. Depois, eles voltam com o pai e a mãe para comprar", afirma.

"Incentivar a interatividade e os sentidos do consumidor é uma boa ideia", afirma Beto Almeida, diretor da Interbrand, agência especializada em criação de marcas. Segundo o especialista, 80% da motivação da compra surgem exatamente no instante em que a pessoa está no ponto de venda. Assim, criar artifícios que agreguem experiências inovadoras pode ser uma boa estratégia. "Tem de ser algo duradouro. O importante é procurar atingir todos os sentidos possíveis, mas com estratégias que tragam benefícios para o consumidor e também para a marca em questão", destaca Calabrez.

É o que faz, por exemplo, o empresário Rony Meisler, fundador da Reserva, marca carioca especializada em venda de roupas. Formado em engenharia de produção, ele gosta de dizer que tem a neurociência como *hobby*, aplicando em suas 26 lojas os conceitos que conhece por meio de cursos e livros sobre o assunto. "A técnica vai desde uma mesa colocada na frente do estabelecimento com uma peça de roupa dobrada de maneira bacana, o que induz ao tato, até uma decoração que faça o cliente sentir-se em casa", afirma Meisler. "Se você entrar nas minhas lojas, vai perceber que a trilha sonora é de 10 anos atrás. Isso porque o nosso público tem 30, 35 anos e sabemos que o gosto musical deles se forma com as bandas que escutou quando tinha 20, 25 anos", ensina.

Fonte: Adaptado de Fernandes (2012) e Jakitas (2012).

A **cognição** se refere às estruturas mentais e aos processos de concepção, compreensão e interpretação de estímulos. Abrange conhecimentos, significados e crenças desenvolvidos pelo consumidor com base nas suas experiências. Isto é, a cognição é a opinião ou convicção de uma pessoa em relação a alguma questão, é a indicação de apreciação (gostar ou não, ser favorável ou não), é a construção de significados sobre essa questão.

O **ambiente**, parte da interação dinâmica do comportamento do consumidor, vincula-se ao ambiente físico externo – a partir de questões como o *layout* de uma loja, o seu aroma e o *design* do prédio – e ao ambiente social, constituído pelas interações com outras pessoas, sejam amigos, parentes, vendedores ou mesmo outros clientes.

O **comportamento** propriamente dito se refere ao comportamento observável do consumidor, suas ações físicas. É o ato de efetivar a compra ou de rejeitá-la. Esse comportamento, por sua vez, é influenciado pelo afeto (emoções), pela cognição (significado, opinião) em relação a determinado produto, serviço ou marca, e pelos impactos do ambiente.

Assim, depreende-se que há motivos complexos por detrás das decisões de compra. Frequentemente, o motivo subjacente é diferente do motivo declarado. Por que as pessoas compram um relógio Rolex? Para a checagem exata do tempo ou por uma questão de símbolo de *status*? O Quadro 2.1 mostra as questões que devem ser levantadas quando procuramos responder sobre o comportamento do consumidor.

> » **DICA**
> Afeto e cognição estão intrinsicamente ligados, pois as emoções afetam a atribuição de significados e interagem com eles, formando, assim, uma intenção de comportamento.

Quadro 2.1 » Perguntas a serem respondidas sobre o comportamento do consumidor

1.	Por que os consumidores compram o que compram?
2.	Qual fator influencia a compra do consumidor?
3.	Por que as pessoas se comportam do modo como se comportam?
4.	Quais são os processos mentais envolvidos na compra?
5.	Quem compra?
6.	Quais são os critérios de escolha desses compradores?
7.	Quando eles compram?
8.	Onde compram?
9.	Como compram?
10.	Como os prováveis compradores reagem a uma estratégia de marketing?

> **NO SITE**
> Visite o ambiente virtual de aprendizagem Tekne (**www.bookman.com.br/tekne**) e leia a entrevista de Wagner Kamakura que fala da importância de conhecer o consumidor.

Cabe ressaltar que o estudo do comportamento do consumidor é um campo multidisciplinar de pesquisa, pois envolve aspectos da administração, antropologia, sociologia, psicologia, economia, neurociência, entre outras áreas. Quanto mais holístico for o estudo, isto é, quanto mais perspectivas diferentes forem aplicadas e agregadas para a compreensão do comportamento do consumidor, mais completos e ricos serão os resultados.

Agora que você já se tem uma ideia geral sobre comportamento do consumidor, o próximo passo é detalhar o processo de tomada de decisão de compra por parte do consumidor individual e, em seguida, relatar os fatores que impactam nesse processo.

›› Processo de tomada de decisão de compra

O comportamento de consumo, embora muitas vezes ocorra de forma automática, apresenta um processo com diversos estágios, conforme indicado na Figura 2.1.

Figura 2.1 Processo de tomada de decisão de compra.
Fonte: Adaptado de Blackwell, Miniard e Engel (2005).

O primeiro estágio é o **reconhecimento da necessidade**, isto é, a percepção de uma lacuna, da falta de algum item. Ao se deparar com essa necessidade, a pessoa tende a buscar formas de saciar, de satisfazer esse estado de carência. Pode ser uma necessidade diária, de simples reposição, ou pode ser uma necessidade mais complexa, seja em função do valor despendido ou do envolvimento com o produto/serviço. A necessidade é impulsionada por **estímulos internos** (necessidades normais e fisiológicas de uma pessoa, como fome e sede) e **externos** (desencadeados pela observação de objetos que chamam a atenção, o que provoca uma incitação na vontade de comprar).

Existem dois tipos de necessidades:

Utilitárias: vinculadas a funções básicas e benefícios materiais, as quais exigem questões racionais nas escolhas. Um exemplo pode ser a compra de uma passagem para viagem a trabalho.

Hedônicas: são aquelas relacionadas ao desejo de prazer e autoexpressão, cujas decisões são mais emocionais. A compra da passagem, nesse caso, também pode ser uma necessidade hedônica, desde que tenha outra motivação, como uma viagem de férias.

Para satisfazer a necessidade identificada, o consumidor passa para o estágio seguinte, que é a **busca de informações** sobre as inúmeras opções que tem, considerando a disponibilidade no mercado e sua disponibilidade de recursos (tempo e dinheiro). Quando se trata de uma necessidade corriqueira, são necessárias menos informações a respeito daquele produto ou serviço. Isso implica, geralmente, menos tempo e dinheiro investido no processo. É o caso da compra de um lanche simples ou de uma toalha de papel.

Quando a necessidade é mais complexa, tem um envolvimento maior e/ou requer mais investimentos, há uma busca extensa de informações, pois se trata de uma compra mais racional. É o caso da compra de um carro ou de um imóvel ou do planejamento das férias.

» NO SITE
Para saber mais sobre o processo de envolvimento do consumidor na compra de um produto ou em relação a sua marca, acesse o ambiente virtual de aprendizagem Tekne.

Em relação à busca de informações, também devem ser ressaltados os seguintes pontos:

Busca interna: a partir de experiências prévias pessoais e da memória do consumidor (compras anteriores, leituras anteriores).

Busca externa: quando o cliente procura outras fontes de informação, seja informando-se com amigos, familiares, formadores de opinião, outros consumidores ou por meio de fontes de marketing (embalagens, vendedores, propagandas) ou fontes públicas (como o Procon).

Como exemplo, podemos pensar em alguém que quer trocar de automóvel: vai pensar nos veículos anteriores que já possuiu, nas marcas que comprou (busca interna) e pode também perguntar a opinião de seu mecânico sobre o custo de manutenção, pode buscar a opinião da esposa e dos filhos, ouvir o colega de trabalho que trocou de carro há pouco tempo (busca externa), etc.

O estágio seguinte é a **avaliação das alternativas** existentes para decidir, então, o que será comprado. São analisados todos os atributos de cada uma das opções. Nesse estágio, o consumidor estabelece critérios de avaliação e faz uma análise cruzada entre custos e benefícios, visando à maximização do seu investimento, ou seja, buscando receber o máximo de benefícios possível, com o mínimo possível de recursos.

Após o reconhecimento da necessidade, a busca de informações e a avaliação das alternativas, o consumidor pode proceder à **compra** propriamente dita. Com a identificação da escolha, o consumidor então demonstra intenção pela compra e acaba por implementá-la. Ele compra algo que satisfaça à sua necessidade, que esteja disponível no mercado e que seja compatível com seu poder aquisitivo. As compras por impulso não passam por planejamento nem avaliação das alternativas e consequências do ato.

O processo de decisão de compra não é finalizado na compra. A aquisição deve ser testada ou experimentada. Isto é, deve ocorrer o **consumo**. Muitas vezes, os produtos são guardados e somente depois de algum tempo é que, de fato, são utilizados. É nesse momento que se verifica se o produto ou serviço atende à necessidade, se funciona de acordo com a promessa da venda. É nessa etapa do processo também que o consumidor pode desistir do produto se ele não estiver à altura de suas necessidades ou expectativas ou então adiar a compra por outros motivos (caso o produto ainda não tenha sido adquirido).

Realizando a compra, ao checar as compatibilidades entre oferta e entrega, necessidade e satisfação e expectativa e desempenho, o consumidor elabora a sua **avaliação pós-consumo**. Se estiver satisfeito, pode vir a comprar novamente a solução. Se o consumidor entender que a experiência de aquisição não valeu a pena, provavelmente não repetirá a compra, podendo, inclusive, disseminar a sua insatisfação, seja comunicando a empresa, seja conversando com outras pessoas pessoalmente ou pelas **mídias sociais** (boca a boca negativo).

A última etapa incorporada a esse processo de compra é o **descarte**, que é especialmente ligado à aquisição de um bem físico. Se tiver utilizado o produto, o consumidor poderá se desfazer da embalagem ou do que restou do produto (baterias, carcaça, etc.). Se o produto apresentou problema, e o consumidor não ficou satisfeito, poderá devolvê-lo quando possível, de acordo com as políticas de cada empresa.

O processo de tomada de decisão de compra pode ser mais longo ou mais curto, dependendo do tipo de decisão a que se referir.

» **DICA**
Na avaliação de alternativas, o consumidor se pergunta:
• Quais características e recursos são importantes?
• O que cada alternativa oferece?
• Qual opção me trará maior valor?

» **DICA**
A compra rotineira ou programada se refere a produtos simples, baratos e conhecidos.

» Tipos de tomadas de decisão de compras

Existem basicamente três tipos de decisão de compra por parte dos consumidores: rotineira, limitada e extensiva. Quando se trata de uma **compra rotineira ou programada**, isto é, uma compra habitual, como a compra de um lanche, leite ou pão, o consumidor não tem muito envolvimento. Nessa situação, geralmente a busca de informações é interna, resgatando experiências anteriores e hábitos, pois há familiaridade com essa compra.

Em função de ser uma prática rotineira, não é dada relevância para a etapa da avaliação das alternativas, pois já se tem convicção do que é importante, e esse processo de decisão de compra leva um tempo mínimo. Assim, os profissionais de marketing devem pensar em estratégias para tornar seus produtos de decisões rotineiras sempre disponíveis para o consumidor, já que ele não despenderá muito esforço – tempo e dinheiro – para adquiri-lo.

No caso da **compra limitada**, o consumidor tem um envolvimento moderado com o produto e dispõe de tempo e esforços também moderados na busca por informações e na avaliação de alternativas que saciem sua necessidade. Para esse tipo de compra, os profissionais de marketing devem trabalhar fortemente a promoção de seus produtos, visto que o consumidor, mesmo que limitadamente, buscará informações antes de realizar suas compras.

A terceira categoria de tomada de decisão de compra é a **extensiva**, quando há um alto nível de envolvimento do consumidor com o produto a ser comprado. Por se tratar de uma venda mais complexa, as fontes de informação serão tanto internas quanto externas e o consumidor levará mais tempo para tomar a decisão.

O processo de tomada de decisão de compra, independentemente do tipo de aquisição a ser realizada, é impactado por diferentes fatores – ponto que será discutido na próxima seção.

> » **DICA**
> A escolha de uma roupa ou de produtos de higiene e limpeza se caracteriza como uma compra limitada.

> » **DICA**
> A aquisição de carro, de um imóvel ou de um computador são consideradas compras extensivas.

» Fatores intervenientes no comportamento de compra

Existem diversos estímulos que antecedem e afetam o processo de tomada de decisão de compra do consumidor, descrito anteriormente. Verifica-se que há, entre eles:

- Os estímulos das estratégias de marketing (a oferta da empresa apresentada sob a forma dos 4Ps), que será discutido detalhadamente nos Capítulos 6, 7, 8 e 9 deste livro.
- Os estímulos macroambientais (econômicos, tecnológicos, políticos e culturais), que serão discutidos no Capítulo 10 deste livro.
- As características do comprador quanto a fatores socioculturais, pessoais, psicológicos e situacionais, discutidas a seguir.

A Figura 2.2 representa os diversos fatores que estimulam a resposta do consumidor – a decisão de compra.

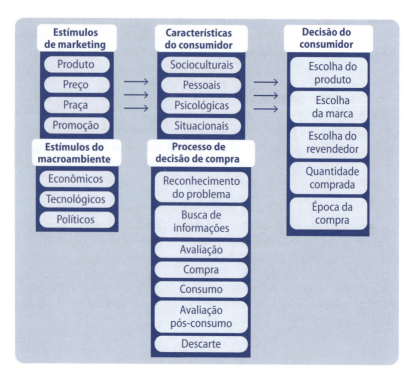

Figura 2.2 Modelo de estímulo-resposta.
Fonte: dos autores.

Os **fatores socioculturais** estão relacionados ao modo de vida das pessoas, como e onde foram criadas (podem viver numa sociedade diferente da qual foram criadas, p. ex.) e à configuração das sociedades atuais. São questões vinculadas aos sistemas de valores, à percepção do que é certo e do que é errado, do que deve ser feito e como deve ser feito.

Os fatores socioculturais estão relacionados a experiências compartilhadas e aprendidas junto a grupos de referência – família, amigos, colegas de trabalho, pessoas que seguem o mesmo credo religioso, origens familiares. Também se referem aos papéis e posições sociais que cada consumidor ocupa e exerce na sociedade – pai, filho, chefe, funcionário, etc.

» PARA REFLETIR

Será que um consumidor do Sul do Brasil tem os mesmos hábitos de consumo de uma pessoa que mora no Norte do País? Será que um brasileiro tem os mesmos costumes de consumo de um japonês? Como é a construção da casa em cada um desses lugares?

Os **fatores pessoais** são relacionados, por exemplo, à idade do consumidor, ao estágio do ciclo de vida familiar, à ocupação e à condição econômica. Cada um desses pontos está mais bem desenvolvido a seguir.

Idade e estágio do ciclo de vida familiar: em função das características físicas e fisiológicas de cada etapa da vida, as pessoas consomem artigos diferentes em cada ciclo. Bebês têm necessidades diferentes das de por adolescentes, que não são as mesmas das pessoas mais maduras. São etapas do ciclo de vida da família: solteiro morando sozinho, jovens casais sem filhos, jovens casais com filhos pequenos, casais maduros com filhos adolescentes, casais maduros com filhos que já saíram de casa, casais aposentados.

>> PARA REFLETIR

Quantas vezes você já viu uma propaganda exaltando a família com filhos? E para casais jovens? E para aposentados? Em cada uma dessas fases, há influências e necessidades diferentes que afetam o comportamento do consumidor.

>> EXEMPLO

Lazer adulto

A Viver POA Agência de Entretenimento surgiu em Porto Alegre, e é destinada a pessoas na terceira idade carentes de opções de entretenimento e de companhia para aproveitar esses momentos de lazer. A empresária Angela Falcão, de 62 anos, observou essa oportunidade de negócio e, juntamente com sua amiga Maria do Carmo Soccol, desenvolveu esse modelo de negócios.

São organizadas visitas a museus, apresentações artísticas e exposições na Capital e na Região Metropolitana, excursões turísticas e de compras à Serra Gaúcha e almoços e chás em restaurantes diferenciados. Tudo com o conforto de ter uma turma como companhia e uma van que busca em casa, com motorista treinado para atender a esse público.

Fonte: Adaptado de (PROJETO..., 2014).

Ocupação: tipo de emprego, posição hierárquica e lógica que fundamenta a profissão do consumidor. Um engenheiro, por exemplo, em geral tem determinado tipo de raciocínio lógico, mais vinculado a números e resultados exatos, diferentemente da postura adotada por um sociólogo, que busca relativizar sua noção de

» DICA
Empresas que oferecem produtos com demanda sensível ao nível de renda estão atentas às tendências econômicas (renda e taxa de juros) (KOTLER, 2000).

» NO SITE
A teoria mais conhecida sobre motivação é a da Pirâmide de Maslow. Conheça mais sobre ela no ambiente virtual de aprendizagem Tekne.

» NO SITE
Uma das formas de identificar os valores e estilo de vida das pessoas para entender o seu comportamento é o uso da Escala VALS – Valores e Estilo de Vida, da SRI International. Para saber mais, acesse o ambiente virtual de aprendizagem Tekne.

realidade. Esta é uma das razões por que se costuma responder à pergunta "Qual é a sua profissão?" quando se está preenchendo uma ficha cadastral: ao conhecer a profissão de seus clientes, o empresário conhecerá melhor seu público-alvo e poderá prever alguns comportamentos.

Condição econômica: renda disponível para o consumidor gastar, economias, dívidas e capacidade de endividamento, condições de crédito no mercado e atitude em relação a gastar *versus* economizar.

Os **fatores psicológicos** se confundem um pouco com os fatores pessoais, visto que agem exclusivamente sobre o indivíduo. A diferença é que estão relacionados a processos mais complexos, ligados à psique. São considerados fatores psicológicos: motivação, aprendizagem, atitude, crenças, estilo de vida, personalidade e percepção.

Motivação: todos nós, em algum momento da vida, passamos por questões de privação. Essa privação origina um estado de pressão, que acaba motivando o indivíduo a agir e saciar essa necessidade identificada. Existem necessidades fisiológicas (fome, sede, desconforto) e psicológicas (reconhecimento, estima, integração). São elas que motivam o comportamento do consumidor.

Aprendizagem: está relacionada à memória do indivíduo e ao que ele aprendeu com experiências anteriores, seja por um condicionamento estímulo-resposta, seja pelo processamento de informações, associação e consciência (SAMARA; MORSCH, 2005). Aprendizagem é saber o modo de fazer as coisas, o que fazer, o que escolher, o porquê a partir da experiência relacionada à necessidade.

Atitude: é uma predisposição aprendida favorável ou desfavorável em relação a um objeto. Está relacionada à aprendizagem (processo cognitivo) e ao afeto, e gera o comportamento em si (ação/conação). Os gostos e aversões das pessoas levam à expressão de atitudes negativas ou positivas em relação à determinada marca ou produto.

Valores: são crenças, ideias abstratas de que um determinado modo de conduta ou estado final de existência é pessoal e socialmente preferível em relação a comportamentos alternativos.

Estilo de vida: é o padrão de vida expresso por atividades, interesses, opiniões, atitudes e valores/crenças específicos, ligados ao comportamento do consumidor.

Personalidade: são os traços do indivíduo que se expressam no comportamento, como agressividade, equilíbrio, resiliência, autoconfiança, domínio, submissão e sociabilidade. Desenvolve-se pelo processo de socialização composto de papéis e de *status*.

Percepção: é o modo como as pessoas sentem, veem e interpretam o mundo e os produtos e serviços. A motivação é o motor do comportamento, e a percepção é o processo que a orienta. O indivíduo percebe seu ambiente físico e social por meio de seu quadro de referência, que depende, entre outras coisas, de normas e valores de seu meio. As percepções não atuam sozinhas no processo mental, são estruturadas pela memória e pelo conhecimento e aprendizagem.

Por fim, a última categoria de fatores que afetam o comportamento do consumidor está associada a questões situacionais. Os **fatores situacionais** são:

Ambiente físico: *layout* da loja, sons e aromas podem influenciar uma resposta emocional e provocar um comportamento (atitude favorável ou desfavorável) em relação a determinado produto ou marca. Esses elementos podem fazer com que o cliente fique mais ou menos tempo na loja – e se ficar mais tempo, a tendência é comprar mais.

Ambiente social: a interação com outras pessoas no ambiente de consumo – sejam amigos, familiares, outros clientes ou os próprios vendedores– pode afetar a decisão de compra. Se há pessoas gritando ou um vendedor mal educado, provavelmente o cliente irá se contagiar pelas emoções negativas. Isso é comum em filas de banco: se há uma pessoa insatisfeita, logo mais pessoas acabam compartilhando dessa insatisfação. Se há outras pessoas elogiando o serviço ou produto, provavelmente o consumidor tenha uma atitude positiva em relação a esse produto ou serviço. (Discutiremos mais sobre esse ponto no capítulo sobre marketing de serviços.)

Desse modo, verificam-se os diversos fatores que afetam a decisão de compra do consumidor. A Figura 2.3 simboliza a abrangência de cada tipo de fator interveniente. Quanto mais se investir no conhecimento desses fatores, mais domínio a empresa terá para influenciar a motivação e o comportamento do consumidor. A soberania do cliente representa um formidável desafio para as empresas; porém, as habilidades de marketing podem afetar sua motivação e seu comportamento se o produto ou serviço oferecido é desenhado para satisfazer suas necessidades e expectativas.

> **» NO SITE**
> Você sabe o que significa resiliência? Trata-se de um conceito importante nos dias de hoje e de uma característica fundamental para gestores. Saiba mais no ambiente virtual de aprendizagem Tekne.

Figura 2.3 Influências no comportamento do consumidor.
Fonte: dos autores.

> **» IMPORTANTE**
> O consumidor é o protagonista do negócio, e a empresa deve compreender e estimular esse protagonismo.

Esses fatores acabam influenciando o consumidor e seu comportamento. Na próxima seção, veremos os papéis que um consumidor pode assumir no momento da compra e também apresentaremos os principais tipos de clientes.

❯❯ Papéis individuais em compras familiares

Você acha que o consumidor está isolado no processo de compra, tomando a decisão sozinho? Eventualmente, sim; porém, são inúmeras as situações em que há a participação de mais pessoas nesse momento – ou em que, pelo menos, o comprador exerce mais papéis além daquele de tomador de decisão. Vejamos que papéis são esses no Quadro 2.2.

Quadro 2.2 ❯❯ Papéis desempenhados pelo consumidor no ato da compra

Iniciador	Primeira pessoa que reconhece uma necessidade de compra. A ideia da compra pode ou não partir do consumidor em si. O iniciador ativa o processo de tomada de decisão da compra de um produto ou serviço, refletindo sobre essa necessidade e buscando informações para auxiliar a decisão.
Influenciador	Pessoa cujas opiniões são relevantes para os critérios de avaliação das alternativas encontradas na busca de informações.
Decisor	Quem decide como, quanto e quando alocar o dinheiro da compra.
Comprador	Indivíduo que efetiva a compra.
Usuário	Pessoa que usará o produto ou serviço.

❯❯ EXEMPLO

Para entender melhor esses papéis, podemos imaginar uma situação de compra no mercado imobiliário. A história é uma velha conhecida de quem mora em grandes cidades universitárias: um jovem do interior passa no vestibular e precisa mudar de cidade para cursar a faculdade. A mãe, então, busca alternativas de moradia para o estudante, exercendo o papel de iniciadora nesse processo de compra.

Um casal de tios do jovem mora na mesma cidade para onde ele se mudará, e acaba indicando e ponderando algumas qualidades dos bairros da cidade, exercendo o papel de influenciadores. A avó do rapaz é quem possui os recursos financeiros necessários à compra e decide – ela é a decisora. O pai do estudante é um homem de negócios, entende mais de contratos e de documentações e acaba ele, pessoalmente, indo comprar o imóvel – ele é o comprador. O estudante, neste exemplo, tem o papel apenas de usuário.

Logicamente, esses papéis podem ser exercidos por menos pessoas, ou até mesmo por um único indivíduo. Contudo, quando a compra envolve ou afeta mais pessoas, é comum que elas se envolvam nesse processo, exercendo as diferentes influências na tomada de decisão.

Extrapolando o universo do consumidor final, vamos agora falar sobre o comprador organizacional.

» Comprador organizacional

A tomada de decisão de compra dentro de uma organização é muito similar àquela que ocorre com o consumidor individual/final. A compra ocorre por meio de uma interação dinâmica entre afeto, cognição, ambiente e o comportamento propriamente dito. Com um cliente B2B (*business-to-business*), não é diferente. Apesar de, na empresa, haver a tentativa de evitar as questões de preferências pessoais e serem priorizados os benefícios, ainda assim o comprador (pessoa que exerce a função) acaba desenvolvendo afinidades e emoções, positivas ou negativas, vinculadas a certas marcas e/ou a certos vendedores – ou seja, também nessa situação, o afeto influencia a tomada de decisão.

A cognição, nesse cenário de cliente empresarial, está vinculada ao conhecimento estabelecido por meio do desenvolvimento e da manutenção de **relacionamento com fornecedores** – se determinada empresa cliente já vem trabalhando há tempos com um fornecedor, por que ela deveria buscar os serviços ou produtos de outra empresa?

O ambiente também influencia o comportamento de compra organizacional. Por exemplo, se uma reunião de negociação ocorre em um ambiente propício, melhores são as condições para a tomada de decisão positiva. O comprador organizacional também sofre os impactos das características da firma, das ações de marketing e das questões situacionais.

Além disso, em uma firma, diversas são as pessoas envolvidas no processo de aquisição. Exemplo:

- O iniciador pode ser o departamento de marketing, que sugere alterações no produto.
- O influenciador pode ser o pessoal da engenharia da firma, que indicará características do produto.
- O decisor pode ser o gestor financeiro da empresa.
- O comprador é aquele que trabalha no departamento de compras e faz a negociação com os fornecedores.
- O usuário é o departamento que manipulará o produto a ser comprado.

Contudo, ressalta-se que o comportamento do comprador organizacional também contrasta com o comportamento do consumidor final. Veja, a seguir, algumas dessas diferenças:

- O comprador organizacional geralmente não é o usuário, pois necessariamente mais pessoas estão envolvidas na tomada de decisão de compra.
- Há um processo estruturado para as compras organizacionais. No comportamento do consumidor final também existe um processo, mas ele pode ser inconsciente.
- As compras organizacionais envolvem quantidades e valores maiores do que a compra de um consumidor individual.
- Em função desse volume, o comprador organizacional tende a comprar diretamente do fabricante.
- Geralmente, compradores organizacionais existem em menor quantidade, se comparado ao número de consumidores finais.

Assim, verificamos que, para uma empresa fornecedora atender a uma empresa cliente, é necessário conhecer quem exerce cada papel na tomada de decisão, bem como a força dessa influência no momento de fechar a venda/compra.

>> Principais tipos de compradores

Ao conhecer os perfis de compradores, o empresário e sua equipe podem preparar-se mais adequadamente para as negociações. No Quadro 2.3 apresentamos dez diferentes tipos de compradores, que podem ser analisados tanto do ponto de vista do consumidor final quanto do ponto de vista do consumidor organizacional.

Quadro 2.3 >> Tipos de compradores	
Simpático	Costuma deixar o ambiente descontraído, dialoga de maneira divertida com o vendedor, dando a falsa impressão de que comprará o produto ou serviço. Ao encontrar um comprador assim, o vendedor deve responder de forma alegre, educada e descontraída, porém, sem se iludir com a venda antes da hora e sem misturar simpatia com intimidade.

Quadro 2.3 » Tipos de compradores

Impulsivo	A apresentação de suas necessidades ocorre de forma desconexa e pode parecer sem sentido. É importante ser ágil e flexível para lidar com ele. Esse tipo de comprador costuma ser imprevisível, mudando de ideia a qualquer momento.
Cético	Costuma desconfiar de tudo. Ao ter contato com esse tipo de comprador, o vendedor deve comprovar a informação que afirma e o valor do que vende. Depoimentos de outros clientes e estatísticas que demonstrem o sucesso do produto funcionam bem com o cliente cético.
Metódico	É, geralmente, detalhista ao extremo. Quer saber, parte por parte, quais as características do produto ou serviço que está sendo oferecido. O vendedor precisa ser meticuloso na apresentação de vendas, pois o processo de decisão desse comprador é lento, minucioso e estudado.
Indeciso	A insegurança é a principal barreira desse cliente, que não gosta de tomar decisões sozinho. A abordagem do vendedor, nesse caso, deve ser mais agressiva, forçando o fechamento com argumentos fortes. O vendedor tem um papel de influenciador (e mesmo decisor) muito forte.
Indiferente	Não demonstra reação durante a apresentação de vendas, costuma ser fechado e, até mesmo, antipático. Quando em contato com esse tipo, a melhor estratégia é ser inquisitivo, fazendo muitas perguntas abertas para forçá-lo a falar e acessá-lo com mais facilidade.
Protelador	Tem como hábito deixar tudo para amanhã. Assim, é importante que o vendedor, na sua argumentação, alcance as emoções do cliente, como um eventual medo de perder o negócio ou de que o preço do produto ou serviço seja reajustado caso a decisão não seja tomada.
Exigente	Sabe tudo sobre o produto a ser comprado e acaba por dirigir a apresentação do vendedor. A melhor estratégia, neste caso, é o vendedor tomar uma postura passiva. O vendedor pode usar o ego do comprador a seu favor, elogiando suas conquistas e decisões.
Prático	É decidido, confiante e não gosta de rodeios. Dessa forma, o vendedor precisa ser objetivo nas colocações, as respostas precisam ser claras e rápidas para passar confiança e credibilidade.
Vendedor	Conhece tanto ou mais de vendas do que o próprio vendedor que lhe está oferecendo o produto ou o serviço. Nesse caso, o vendedor não deve ficar elogiando nem fazendo rodeios, deve indicar os benefícios de modo técnico.

» RESUMO

Neste capítulo, discutimos o papel central do consumidor e a importância de compreender o seu comportamento. Para isso, investigamos as influências exercidas sobre um indivíduo que toma uma decisão de compra – seja do ambiente ou de outras pessoas vinculadas. Além disso, descobrimos as diferenças entre o comportamento de um consumidor individual (pessoa física) e o comportamento de um consumidor organizacional (pessoa jurídica). Verificamos também os diferentes perfis de consumidores e como o vendedor deve agir com cada um. Assim, despertamos a atenção para a importância do cliente e, consequentemente, para a necessidade de criar e direcionar os processos de marketing de uma empresa para o cliente.

» Agora é a sua vez!

1. Explique com suas palavras o que é comportamento do consumidor.
2. Como se dá o processo de tomada de decisão de compra?
3. Reflita a respeito da compra, por um jovem casal, de um carro 0 km. Organizando-se o processo de tomada de decisão, como seria a busca por informações?
4. Quais são os fatores que podem impactar o comportamento do consumidor?
5. Explique e exemplifique como a idade pode ser um fator que impacta o comportamento do consumidor.
6. Quais são as semelhanças entre comportamento do consumidor final e comportamento do consumidor organizacional? E quais as diferenças?
7. Como um vendedor deve reagir ao se deparar com um comprador do tipo exigente? Exemplifique uma situação de compra.

REFERÊNCIAS

BLACKWELL, R. D.; MINIARD, P. W.; ENGEL, J. F. *Comportamento do consumidor*. São Paulo: Thomson, 2005.

CONSUMIDORES usuários de tecnologias mobile são 15% no Brasil. [Rio de Janeiro: Globo], 2013. Disponível em: < http://revistapegn.globo.com/Noticias/noticia/2013/08/consumidores-usuarios-de-tecnologias-mobile-sao-15-no-brasil.html>. Acesso em: 04 ago. 2014.

FERNANDES, D. Neurociência ajuda empresário a mexer com o emocional do consumidor e a aumentar as vendas. *Estadão*, São Paulo, set. 2012. Disponível em: < http://pme.estadao.com.br/noticias/noticias,neurociencia-ajuda-empresario-a-mexer-com-o-emocional-do-consumidor-e-a-aumentar-as-vendas,2220,0.htm>. Acesso em: 04 ago. 2012.

JAKITAS, R. Neurociência entra pesado na briga pelo consumidor. *Estadão*, São Paulo, jul. 2012. Disponível em: <http://pme.estadao.com.br/noticias/noticias,neurociencia-entra-pesado-na-briga-pelo-consumidor,2042,0.htm>. Acesso em: 04 ago. 2014.

KOTLER, Philip. *Administração de marketing*. São Paulo: Prentice Hall, 2000.

PROJETO viver POA chega para divertir as tardes da melhor idade. *Revista Donna*, Porto Alegre, abr. 2014. Disponível em: < http://revistadonna.clicrbs.com.br/2014/04/30/projeto-viver-poa-chega-para-divertir-as-tardes-da-melhor-idade/>. Acesso em: 04 ago. 2014.

SAMARA, B. S.; MORSCH, M. A. *Comportamento do consumidor*. São Paulo: Prentice Hall, 2005.

LEITURAS RECOMENDADAS

American Marketing Association. *Dictionary*. 2014. Disponível em: <https://www.ama.org/resources/Pages/Dictionary.aspx?dLetter=C>. Acesso em: 04 ago.2014.

POPADIUK, S. O processo de envolvimento na compra de um produto. *Revista de Administração*, v. 28, n. 2, p. 83-91, abr./jun. 1993.

10 TIPOS de clientes e como se dar bem com eles. *Revista PEGN*, Rio de Janeiro, set. 2012. Disponível em: <http://colunas.revistapegn.globo.com/extrememakeover/2012/09/17/10-tipos-de-clientes-e-como-se-dar-bem-com-eles/>. Acesso em: 04 ago. 2014.

capítulo 3

Microeconomia aplicada ao marketing

Tanto a economia quanto o marketing são áreas pouco propensas ao consenso. Muito da evolução atual da economia e do marketing advém, justamente, das discordâncias entre os economistas e suas formas de entenderem o comportamento humano. Entretanto, é necessário conhecer bem os conceitos econômicos relacionados às firmas, de modo que possam ser integrados nas ações de marketing: o desconhecimento (ou desconsideração) dos profissionais de marketing acerca desses conceitos dificulta sua tomada de decisões. Assim, apresentaremos neste capítulo os principais conceitos econômicos relacionados ao marketing, de modo a apoiar os gestores e demais envolvidos em suas decisões cotidianas.

Objetivos de aprendizagem

» Conceituar firma, destacar sua principal atividade e discutir suas principais funções.

» Empregar as quatro questões norteadoras da vida de uma empresa nas ações de marketing.

» Conceituar as leis da oferta e da demanda.

» Explicar a relação entre demanda e preço, e a que questões estão relacionadas as escolhas de determinados bens ou serviços.

» Listar os fatores dos quais dependem a oferta.

» Definir equilíbrio de mercado, esboçando um gráfico que o represente.

» Classificar firmas em determinada estrutura de mercado.

›› PARA COMEÇAR

Criando roupas para pessoas com deficiência

Quando descobriu um câncer de mama, em 2008, a administradora Ana Cristina Ekerman, 44 anos, resolveu mudar seu estilo de vida. Durante o período em que fez seu primeiro tratamento, ela repensou o futuro. Em vez de seguir sua trajetória como executiva de marketing – ela trabalhou em multinacionais como Kodak e Sony –, Ana passou a considerar a possibilidade de se dedicar a uma atividade menos estressante e a trabalhar perto de casa. "Sempre gostei de inovar, e queria continuar nesse caminho", afirma.

A ideia para abrir sua empresa começou a germinar quando ela foi aos Estados Unidos visitar parentes em 2009. Uma de suas primas fazia meias especiais para seu filho, que tem uma deficiência que faz seu pé ficar pendente. Como não havia visto esse tipo de meia no Brasil, Ana pensou em fazer uma parceria com a prima para vendê-las por aqui.

O plano inicial não deu certo, mas inspirou a administradora a abrir um negócio diferente: uma confecção de roupas fáceis de vestir para quem tem movimentos limitados devido a alguma deficiência física ou motora. "Estudando o mercado, vi que tinha um público potencial de 45 milhões de pessoas que não eram atendidas pelas confecções", diz Ana.

Nem uma nova metástase do câncer, em 2012, desanimou a empreendedora. Depois do segundo tratamento, ela voltou à ativa e, em 2013, fundou a Adaptwear em sociedade com seu marido – a sede da empresa fica em Cotia (SP).

As peças vendidas pela marca foram criadas em parceria com uma estilista especializada em moda inclusiva para facilitar a vida de quem usa cadeira de rodas ou tem problemas de coordenação motora – como pessoas que têm mal de Parkinson ou que sofreram acidente vascular cerebral (AVC).

Blusas, camisas, vestidos e calças se abrem com velcros e zíperes especiais, mais fáceis de puxar. A calça para cadeirantes, por exemplo, tem cinto interno para não cair e pode vir equipada com um bolso interno para o coletor de urina – para as mulheres, há uma saia com shorts de elastano por baixo.

Para criar sua coleção, Ana conversou bastante com pessoas que têm diferentes deficiências e identificou suas insatisfações com as roupas que vestiam. Assim, ela pode adaptar as roupas para as necessidades desse público, mas sem descuidar das tendências de moda. "Não queria fazer roupa para ficar em casa, e sim com um estilo atraente também para o público jovem", diz Ana.

A coleção da Adaptwear começou a ser vendida, pela internet, em janeiro de 2014. Conforme o negócio for se consolidando, a empreendedora planeja fazer parceria com canais de venda físicos. No *site*, a empresa vende 20 produtos, e Ana quer ampliar a linha para atender a mais pessoas que precisam de roupas adaptadas, como mulheres mastectomizadas e pessoas que têm nanismo. "Sei como é triste passar por uma mudança radical por causa de uma doença e continuar se sentindo bem e bonito", diz Ana. "Nosso objetivo é ajudar essas pessoas a ter melhor qualidade de vida."

Reportagem extraída de Fontes (2014).

Após a leitura do *case* apresentado, é possível realizar diversas relações entre economia e marketing. Vamos aprofundar essas ideias a seguir.

» Afinal, para que servem as empresas?

Um dos temas que ao longo dos anos tem gerado muita discussão é a finalidade da empresa ou da firma. Na visão econômica mais tradicional, a **firma** produz e comercializa bens e serviços por meio da contratação e utilização de fatores de produção como terra (ou os recursos naturais de maneira geral), o trabalho (ou as faculdades físicas e intelectuais que cada ser humano emprega na execução de seu trabalho) e o capital (as máquinas, os equipamentos, as edificações, etc.).

É importante entender que as firmas são as unidades econômicas elementares de uma economia de mercado, com a função de consumir e produzir bens e serviços ligados aos consumidores pelo sistema de preços. Assim, cabe às empresas ofertar seus produtos e serviços, enquanto os consumidores cumprem o papel de executar a demanda desses bens. Ou seja, a principal atividade da firma é a produção, seja de bens ou de serviços, e a sua comercialização.

Qualquer livro de microeconomia, em seus capítulos introdutórios, destaca a existência de algumas decisões fundamentais no âmbito da produção da firma. São eles:

- **Para quem** produzir: a quem se destinam os bens produzidos.
- **O que** produzir: refere-se à escolha dos produtos ou serviços a serem oferecidos e a quantidade a ser ofertada.
- **Quanto** produzir: considera as condições internas de empresa e as necessidades do mercado consumidor.
- **Como** produzir: combinação dos recursos com a tecnologia e os conhecimentos disponíveis pela firma.

Ao responder essas quatro questões básicas, inicia-se a vida de uma empresa. Elas deveriam estar cotidianamente na mente dos empresários e, de forma mais efetiva, nas ações dos profissionais de marketing. Eis um ponto elementar para se compreender os principais conceitos que ligam a economia e o marketing: de certa forma, a resposta dessas questões define cada empresa, de forma particular. Mas para que as firmas existem? Qual é sua finalidade?

A resposta dessas questões não é tão simples. Muitos economistas acreditam que o papel da firma é gerar um **lucro máximo**, por meio da maximização da quantidade produzida ou da ampliação das margens de lucro. Ou seja, a firma deseja produzir

» **ASSISTA AO FILME**
Para assistir a um vídeo sobre a Adaptwear, acesse o ambiente virtual de aprendizagem Tekne: www.bookman.com.br/tekne.

» **NO SITE**
Para saber mais sobre os fatores de produção e outros importantes conceitos econômicos, acesse o ambiente virtual de aprendizagem Tekne.

» **IMPORTANTE**
Talvez seja este o primeiro elemento importante a ser assimilado pelos profissionais de marketing: atentar para o fato de que as empresas produzem bens e serviços destinados a atender um determinado mercado consumidor.

» **PARA SABER MAIS**
Para conhecer mais sobre microeconomia, consulte o livro *Microeconomia e Comportamento*, de Robert H. Frank.

Figura 3.1 Decisões fundamentais no âmbito da produção da firma.
Fonte: dos autores.

mais, empregando eficientemente os fatores produtivos, a fim de gerar o maior retorno possível sobre o capital empregado. Assim, um empresário (ou ainda, um profissional de marketing) responde às questões fundamentais (para quem produzir; o que produzir; quanto produzir e como produzir) tendo em vista o capital necessário para colocar sua firma em funcionamento. A resposta vem pela maximização da produção (e comercialização) dos produtos que geram maior lucro, pois assim o empresário terá garantido o retorno do seu investimento inicial.

Para outros economistas, a função principal da firma reside em seu **crescimento**. Entre tantos economistas, cabe destacar o papel de Edith Penrose (2006), que, em *A Teoria do Crescimento da Firma*, aponta que a firma "[...] é mais do que uma unidade administrativa: é uma coleção de recursos produtivos, cuja alocação entre diferentes usos e ao longo do tempo é determinada por decisões administrativas". Isso não significa que essa visão se opõe à necessidade de lucros; pelo contrário, defende que os lucros da firma são a garantia de seu crescimento, que, por sua vez, produzirá lucros futuros. De certa forma, essas questões iniciais moldaram a forma como vamos encarar os problemas econômicos a partir desse ponto de estudo.

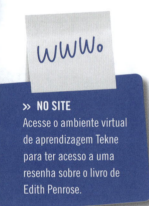

» NO SITE
Acesse o ambiente virtual de aprendizagem Tekne para ter acesso a uma resenha sobre o livro de Edith Penrose.

» Teoria elementar da demanda

Define-se **demanda** (ou procura) individual como a quantidade de determinado bem ou serviço que o consumidor deseja adquirir em certo período de tempo. A partir dessa definição, duas situações se destacam:

- A demanda é um anseio por adquirir, é um plano, e não necessariamente uma realização. Não se pode confundir demanda com compra, ou oferta com venda.
- A demanda deve sempre ser encarada como um fluxo de bens ou serviços por unidade de tempo. Assim, todas as vezes que pensamos na demanda de determinado produto ou serviço, devemos relacioná-la com o componente tempo. Por exemplo: Henrique deseja adquirir um novo telefone celular por ano, e não apenas que Henrique deseja adquirir um novo celular.

>> **IMPORTANTE**
A demanda deve ser entendida como um desejo de comprar – é o olhar do consumidor sobre as relações de troca, entre ele e a empresa.

Como pode ser explicado esse desejo de consumir? Que fatores ou variáveis afetam a procura? As respostas dessas questões, por vezes, dividem os economistas e os profissionais de marketing, porque a visão do marketing – considera inúmeras variáveis – é mais ampla do que a dos economistas.

Para muitos economistas, a teoria da demanda se baseia no fato de que os agentes econômicos, sejam eles indivíduos, famílias, organizações ou o governo, possuem um orçamento limitado. Ou seja, para um dado nível de renda, o consumidor distribuirá seu orçamento entre os diversos bens e serviços de forma a alcançar a melhor combinação possível – combinação que lhe proporcione maior satisfação. Por exemplo, imagine que você é um consumidor e que seu salário ao final do mês equivale a R$ 500,00. Tal salário mensal é o seu orçamento, considerando que você não tenha outra fonte de renda. Digamos que você reserve R$ 300,00 para despesas de alimentação diária (em média, R$ 10,00 por dia). Com esse valor diário, você não poderá comer qualquer item do cardápio de um restaurante. Você examinará os preços de cada prato, com vistas a ajustar seu orçamento ao seu desejo de consumo. Por causa do seu orçamento limitado, terá de fazer opções.

>> **IMPORTANTE**
A demanda se expressa por uma quantidade de produto/serviço em um dado período de tempo.

Assim, pode-se afirmar que as escolhas de determinados bens ou serviços estão relacionadas a quatro fatores:

- Preço do próprio bem ou serviço.
- Preços dos outros bens ou serviços que disputam o orçamento do consumidor.
- Renda do consumidor (orçamento).
- Gosto ou preferência do consumidor.

A fim de simplificar nossa análise, consideremos que a demanda é uma função exclusiva do preço, ou seja, as quantidades demandadas de um bem ou serviço têm relação apenas com o preço desse bem ou serviço. De maneira mais específica, na teoria geral da demanda, há uma relação inversa entre o preço de um bem e a quantidade demandada. Quando o preço de um bem cai, o bem fica mais barato em relação aos seus concorrentes, o que provoca um desejo nos consumidores em comprar mais desse produto, elevando seu consumo, e vice-versa (se o preço de um bem aumenta, ele fica mais caro em relação aos seus concorrentes, "diminuindo" o desejo dos consumidores por ele). Outro entendimento possível é que, à medida que o preço de um determinado bem diminui, a quantidade desse bem possível de ser adquirido em um determinado orçamento aumenta (considerando que não há aumento na renda nesse período).

De forma geral, podemos dizer que:

> Preço aumenta → Demanda diminui
> Preço diminui → Demanda aumenta

» **IMPORTANTE**
Na curva da demanda exibida na Figura 3.2, consideramos que os preços dos demais bens concorrentes permanecem iguais e que não há variação no orçamento do consumidor, ou ainda mudança em suas preferências. Trata-se de um modelo hipotético, visto que, no cotidiano, elementos como o preço dos concorrentes, a renda e as preferências do consumidor tendem a mudar.

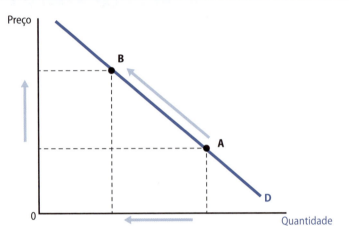

Figura 3.2 Curva da demanda de um bem genérico.
Fonte: dos autores.

Podemos desenhar um gráfico mostrando a relação entre a demanda e o preço de um bem. O gráfico acima se chama **curva da demanda** e demonstra a relação do preço do bem *versus* a quantidade que o consumidor deseja adquirir, em um dado período de tempo.

Muitos livros de marketing, quando tratam sobre a demanda, apontam para a existência de tipos específicos de demandas, como:

Demanda derivada: é quando a demanda é resultado da produção ou da venda de outro produto. Exemplo: a demanda por farinha de trigo depende da produção e venda de pães, massas, biscoitos, etc.

Demanda direta: é a demanda pelo próprio produto ou serviço.

Demanda latente: trata-se da demanda por produtos ou serviços específicos, que não podem ser satisfeitos por qualquer tipo de bem. Exemplo: o crescimento na procura por bairros ou moradias seguras não pode ser atendido por qualquer tipo de imóvel, mas por tipos específicos, que considerem esses aspectos valorizados pelos consumidores.

Demanda irregular: muitos negócios possuem ciclos próprios e estão sujeitos às variações de demanda. Cabe ao marketing compreender essas especificidades e sugerir estratégias que possam alterar essa sazonalidade no consumo. Exemplo: as salas de cinema, geralmente, têm um grande movimento nos finais de semana, e um baixo movimento nas segundas-feiras.

» **ASSISTA AO FILME**
Você sabe o que é sincromarketing? Acesse o ambiente virtual de aprendizagem Tekne e descubra.

» Bens substitutos e bens complementares

Ao longo do tempo, vários economistas perceberam que, em alguns casos, a alteração do preço de um bem altera as quantidades demandadas de outros bens. Dessa forma, os bens foram classificados, inicialmente, como **bens substitutos e complementares**.

Entende-se que dois bens são substitutos quando um pode ser usado no lugar de outro. Um dos exemplos mais citados na literatura é o caso do café e do chá. Por outro lado, dois bens são complementares quando o consumo de um induz o consumo do outro, como no caso de café e açúcar (um aumento no consumo de café afetará positivamente o consumo de açúcar). Você consegue perceber a importância desses conceitos? É estratégico ter a noção de quais são os bens substitutos e complementares para cada produto ou serviço.

Quadro 3.1 » **Exemplos de bens substitutos e complementares**

Bens	Bens substitutos	Bens complementares
Gasolina	Álcool	Veículos
Sucos	Refrigerantes	Lanches, refeições
Manteiga	Margarina	Pães

A maneira mais simples de classificar os bens em substitutos ou complementares é por meio da relação entre preços e quantidades. No caso dos bens substitutos, se aumentarem os preços da manteiga, espera-se (lembre-se da lei da demanda) que as pessoas diminuam o consumo de manteiga. Um menor consumo de manteiga será compensado por um aumento no consumo de margarina, por exemplo. Dessa forma, podemos dizer que há uma relação direta entre o preço da manteiga e a quantidade demandada de margarina (quando aumenta o preço de um, a demanda pelo outro também aumenta).

Já no caso dos bens complementares, a relação é inversa. Quando aumenta o preço do café (e diminui sua quantidade demandada), o consumo de açúcar também cai, assim como o de café. Assim, quando aumenta o preço de café, cai a quantidade demandada de açúcar.

Esse conjunto de conceitos é fundamental para o profissional de marketing. É preciso compreender que para cada bem existem outros tipos de bens, que influenciam negativamente o consumo (bens substitutos) ou são influenciados por outros produtos ou serviços (bens complementares). Ao realizar um planejamento de marketing para lançar um produto, por exemplo, é essencial considerar a existência de bens substitutos e complementares para o sucesso de cada negócio.

» **DICA**
Muitos conceitos econômicos buscam "teorizar" a realidade, pois, em muitos casos, a classificação de bens entre substitutos e complementares é complexa, visto que uma infinidade de fatores influenciam a decisão de compra do consumidor.

» Demanda, tipos de bens e renda do consumidor

De forma geral, há uma relação direta entre a renda dos consumidores e a demanda de um bem ou serviço. Quando a renda cresce, a demanda do bem tende a aumentar, e vice-versa. O consumidor, ao ampliar sua renda, vai desejar ampliar seu padrão de consumo e, portanto, demandar mais bens e serviços. Esses são os bens que os economistas chamam de **bens normais**.

Entretanto, nem sempre os consumidores se comportarão dessa forma. É possível que o consumidor esteja totalmente satisfeito com a quantidade demandada de determinado bem e, assim, não altere essa quantidade por unidade de tempo, quando sua renda aumentar. Esse é o caso típico do que os economistas chamam de **consumo saciado**. Um bom exemplo é o consumo de sal: um aumento na renda do consumidor, possivelmente, não levará a um aumento nas quantidades consumidas de sal, em um dado período de tempo.

» PARA REFLETIR

A demanda de bens normais cresceu muito no Brasil devido ao aumento do poder aquisitivo da classe média. Você consegue listar pelo menos três exemplos de bens normais?

Outra exceção são os chamados **bens inferiores**. Teremos um bem inferior toda vez que a quantidade demandada por um bem diminui quando a renda do consumidor aumenta. Um exemplo típico é o consumo de carne de partes menos nobres do gado, também conhecida como "carne de segunda". À medida que aumenta a renda do consumidor, há tendência de diminuir a quantidade demandada dessa carne e aumentar o consumo de carnes mais nobres ou "carnes de primeira".

A compreensão dessa classificação de bens e serviços é básica para o sucesso de uma ação de marketing. Além desses, na próxima seção são citados mais alguns exemplos que importam ao cotidiano dos profissionais de marketing.

» Gasto do consumidor e demanda de mercado

As decisões dos consumidores não são afetadas apenas por uma análise fria dos preços dos bens desejados, dos preços praticados pelos concorrentes. Outros elementos fazem parte de um processo de compra. Isso se dá por inúmeras razões, entre elas o fato de que os mercados, ou seja, o "local" onde compradores e vendedores se encontram para trocar bens ou serviços por dinheiro, são construções coletivas e sociais, que dependem de aspectos sociais vinculados a constituição de cada sociedade.

> ## >> CURIOSIDADE
>
> Nos dias atuais, do ponto de vista dos mercados, a expressão "local" tem deixado de representar exclusivamente um espaço físico ou geográfico de encontro de compradores e vendedores, tendo em vista o avanço da internet e os crescentes movimentos de globalização dos mercados. Assim, o "local" pode ser tanto físico como virtual, tanto regional como internacional.

Outra forma de perceber tais influências sobre a demanda dos consumidores é analisar o papel da comunicação. Para exemplificar, vamos citar o caso de Susana, uma típica consumidora de sapatos. Vamos supor que seja feita uma grande campanha publicitária em nível nacional, incentivando o consumo de sapatos de uma determinada marca. Nessa campanha são demonstradas as vantagens e os benefícios desse produto. É fácil concluir que o aumento do consumo desse sapato não será restrito a um aumento das quantidades demandadas por Susana. Uma grande parcela da população aumentará seu consumo por esse produto, afetando a sua demanda geral.

>> **ASSISTA AO FILME**
Para entender melhor o fenômeno da globalização, assista ao filme no ambiente virtual de aprendizagem Tekne.

Esse tipo de consumo por parte da população é o que os economistas chamam de **demanda de mercado**, ou seja, é soma das demandas individuais. Suponhamos que a um dado preço, o indivíduo "A" deseja adquirir oito pares de sapato, o indivíduo "B", sete pares, e o "C", cinco. Sendo o mercado constituído por essas três pessoas, a demanda de mercado será 20 pares de sapato, ao preço dado.

>> **ASSISTA AO FILME**
Conheça mais sobre demanda no ambiente virtual de aprendizagem Tekne.

>> Teoria elementar da oferta

Em geral, a **oferta** pode ser entendida como a quantidade de um bem ou serviço que os produtores desejam vender por unidade de tempo. Assim como a demanda, é necessário destacar que a oferta é um desejo, um plano, sendo também um fluxo por unidade de tempo.

>> **IMPORTANTE**
É importante lembrar que a oferta representa a ótica do empresário, ou seja, seu desejo por produzir e vender seus produtos.

>> **IMPORTANTE**
A oferta deve ser entendida, pelos profissionais de marketing, como o resultado direto de suas ações. Após observar uma oportunidade ou uma vantagem mercadológica, o profissional de marketing deve se empenhar ainda mais para colocar seus planos em ação.

>> **DICA**
Alguns autores também consideram os conhecimentos adquiridos e acumulados ao longo do tempo como parte da tecnologia empregada pela empresa.

A oferta de um bem depende de inúmeros fatores. Primeiramente, a oferta de um dado bem depende de seu próprio preço, admitindo-se que, quanto maior for o preço do bem, mais interessante será para o empresário produzi-lo e, portanto, a oferta será maior. Relacionando a quantidade ofertada de um bem ou serviço com seu preço, obtemos a **curva da oferta**.

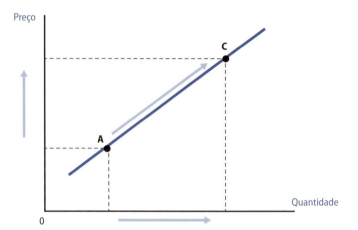

Figura 3.3 Curva da oferta de um bem genérico.
Fonte: dos autores.

Além do preço do bem ou serviço, a oferta depende dos fatores de produção. O custo de produção de um bem é o somatório dos preços dos insumos, da mão de obra e da tecnologia empregada pela firma no processo de produção. No caso apresentado anteriormente, sobre o sapato, podemos compreender os insumos como aqueles materiais necessários à sua produção, como o couro, a mão de obra empregada, e a tecnologia, que pode ser compreendida como as máquinas e equipamentos utilizados para a fabricação.

Quando aumenta o custo do fator, aumenta o custo de produção do produto. Produtos que necessitam de grandes quantidades de insumo terão uma elevação considerável em seus custos de produção, o que não acontece com os bens que empregam pouco insumo. A ampliação dos custos de um insumo afeta um dado bem, porque diminuem a lucratividade desse produto, podendo, inclusive, gerar a suspensão de sua produção. Outro fator que afeta diretamente a curva de oferta, além dos custos dos insumos, são as alterações na tecnologia de produção. Os bens que mais se beneficiam dessas mudanças terão sua lucratividade ampliada, deslocando, igualmente, a curva da oferta do bem.

A oferta de um bem também pode ser alterada por mudanças nos preços dos demais bens produzidos. Se os preços dos outros bens subirem, e o preço do bem em análise permanecer inalterado, a produção deste bem tende a se tornar menos atraente em relação à produção dos demais, diminuindo sua oferta.

É muito importante ressaltar que essa teoria se baseia na hipótese de que as firmas pertencentes a esse mercado são empresas pequenas e que produzem produtos homogêneos. Entende-se por **firma pequena** aquela que detém uma inexpressiva parcela do mercado do qual faz parte. Dessa forma, toda a vez que essa empresa aumentar sua produção, os preços das demais firmas do mercado não serão afetados.

De igual modo, as firmas produziriam produtos homogêneos, ou seja, sem qualquer grau de diferenciação entre os bens. Tais hipóteses, mais uma vez, apontam para o fato de que são modelos de uma economia hipotética. Não se trata de um retrato real da economia a qual estamos acostumados em nosso dia a dia. Porém, ainda que de forma hipotética, esses modelos podem ajudar muito aos profissionais de marketing, uma vez que podem ser considerados "mapas" que norteiam as ações do gestor.

>> Equilíbrio de mercado

O preço final de um bem, em uma economia de mercado, é determinado tanto pela oferta quanto pela demanda. A ideia de um **equilíbrio de mercado** pressupõe a união entre as curvas de oferta e demanda em um mesmo gráfico. Ou seja, a ideia de equilíbrio é hipotética, e só pode ser visualizada em uma condição matemática de igualdade entre duas funções (demanda e oferta).

> **» DICA**
> A curva da demanda possui um comportamento decrescente, enquanto a curva da oferta possui um comportamento crescente para a maioria dos bens normais.

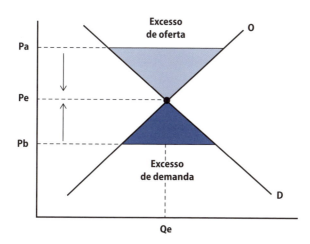

Figura 3.4 Curvas de oferta, demanda e preço/quantidade de equilíbrio.
Fonte: dos autores.

Vamos chamar a intersecção das curvas acima de "E", ao qual correspondem o preço (Pe) e a quantidade (Qe). Esse ponto (se existir) será único, dado que a curva de demanda é decrescente, e a curva de oferta é crescente. Isso significa que, nesse ponto, a quantidade que os consumidores desejam comprar é exatamente igual à quantidade que os empresários desejam vender: trata-se de uma convergência de desejos.

Para todo e qualquer preço superior a Pe (no gráfico acima representado na zona entre Pe e Pa), a quantidade que os ofertantes desejam vender é maior do que aquela que os consumidores desejam comprar. Chamamos esse espaço de **excesso de oferta**. No entanto, para qualquer preço inferior a Pe (representado no gráfico acima na zona entre Pe e Pb), teremos um **excesso de demanda**. Em qualquer um dos casos, não há convergência de desejos.

Quando existir excesso de demanda, haverá pressões para elevação dos preços, uma vez que:

- Os compradores se dispõem a pagar mais para obter o bem, já que são incapazes de comprar tudo o que desejam ao preço praticado.
- Os vendedores, frente à escassez de produto, percebem que podem elevar os preços sem diminuição de suas vendas.

Por outro lado, quando existir excesso de oferta, surgirão pressões para redução dos preços, visto que:

- Os vendedores observam que não podem vender tudo o que desejam e, tendo os estoques aumentados, passam a oferecer seus bens a preços menores.
- Os compradores percebem o excesso de bens no mercado e passam a buscar uma diminuição do preço.

No ponto E (Pe, Qe) não existem pressões para alterações nos preços. Nesse ponto, os planos dos compradores coincidem com os planos dos vendedores. Sendo único, nessas condições, esse ponto é conhecido como **ponto de equilíbrio**.

> **ATENÇÃO**
> Mais uma vez afirmamos que as situações descritas aqui são hipotéticas e, em muitos casos, não se vislumbram na vida real. No entanto, é de suma importância que o profissional de marketing reconheça o papel dos preços para a manutenção do comportamento dos consumidores, bem como para a continuação dos negócios.

»Mercados, competição e estratégia

» Estruturas de mercado

Já conhecemos as inúmeras variáveis que afetam a demanda e a oferta de bens e serviços – em especial o preço dos bens, o preço dos concorrentes e a disposição/

preferência dos agentes econômicos. Também já temos a noção de como são determinados os preços e conhecemos a hipotética tendência dos mercados – de, automaticamente, encontrarem seu equilíbrio. Implicitamente, estava sendo suposta uma estrutura específica de mercado: a de concorrência perfeita.

Os economistas tradicionais entendem que as várias formas ou estruturas de mercados dependem fundamentalmente de três características:

- O número de empresas que compõe esse mercado.
- O quão homogêneo são os produtos (se as firmas fabricam produtos idênticos ou diferenciados).
- A existência ou não de barreiras ao acesso de novas empresas a esse mercado (ou seja, é fácil abrir uma empresa nesse mercado?).

A maior parte dos modelos existentes pressupõe que as empresas maximizam o lucro total, especificamente no caso de estruturas oligopolistas de mercado. Porém, existe uma teoria alternativa, que pressupõe que a empresa maximiza o *markup*, que é a margem entre a receita e os custos diretos, ou variáveis, de produção.

O entendimento sobre como se estruturam os mercados define o comportamento dos profissionais de marketing nos respectivos cenários, bem como seus planejamentos e ações. Para isso, é importante conhecer alguns modelos que podem ajudar na classificação da organização dos setores empresariais.

>> **ASSISTA AO FILME**
Aprenda mais sobre os demais fatores que afetam a demanda e oferta dos bens no ambiente virtual de aprendizagem Tekne.

>> **DICA**
Compreender como se organizam as empresas em um determinado setor é fundamental para delinear as ações de marketing em uma firma.

Concorrência pura ou perfeita

Essa estrutura ou organização de mercado se caracteriza por apresentar um grande número de empresas, de tal forma que uma firma, isoladamente, por ter uma insignificante participação em seu mercado, não afete os níveis de oferta geral do mercado. Consequentemente, essa empresa não consegue afetar o preço de equilíbrio, sendo caracterizada como uma "**tomadora de preços**" (ou *price-taker*).

Nesse tipo de mercado tipicamente hipotético, devem prevalecer, ainda, as seguintes premissas:

- Produtos homogêneos: não existe diferenciação entre os produtos ofertados pelas empresas concorrentes.
- Barreiras: baixa influência para o ingresso e saída de empresas no mercado.
- Transparência: todas as informações sobre lucros, preços, custos, etc., são conhecidas por todos os participantes do mercado, tanto consumidores quanto vendedores.

Monopólio

O mercado monopolista se caracteriza por apresentar características opostas às da concorrência perfeita. Nessa estrutura existe, de um lado, uma única firma dominando completamente a oferta e, do outro, todos os demais consumidores desse mercado. No monopólio, não existe concorrência, tampouco produtos substitutos. Assim, ou os consumidores se submetem às condições impostas, ou deixam de consumir o produto.

No monopólio, a curva de demanda da firma coincide com a própria curva de demanda do mercado. Sendo única no mercado, a empresa não estará sujeita às flutuações de preços. Ela se torna uma firma "**fazedora de preços**" (ou *price-maker*). Porém, isso não significa que o monopolista pode aumentar os preços indiscriminadamente.

A existência de monopólios praticamente impõe a existência de barreiras que impeçam a entrada de novas firmas no mercado. Tais barreiras podem surgir das seguintes condições:

- Monopólio puro: exigência de elevado volume de capital inicial, patente e controle de matérias-primas básicas.
- Monopólios institucionais ou estatais: geralmente ocorrem em setores considerados estratégicos ou de segurança nacional, como os do petróleo, energia e comunicação.

» PARA REFLETIR

Você acha válido que uma empresa detenha o monopólio em um mercado? Por quê? Você se lembra de algum caso de monopólio no Brasil?

Oligopólio

Esse é o tipo de estrutura que, geralmente, é caracterizada por um pequeno número de firmas que dominam a oferta de mercado. Podemos encontrar duas situações básicas que configuram um mercado oligopolizado:

- Um pequeno número de firmas, como, por exemplo, a indústria de telecomunicação por celulares no Brasil.
- Um grande número de empresas, com poucas delas possuindo o controle do mercado, como é o caso da indústria de cervejas no Brasil.

» **DICA**
O setor produtivo brasileiro é considerado altamente oligopolizado, sendo possível enumerar diversos exemplos: montadoras de veículos, cosméticos, papel e celulose, aviação civil, fármacos, etc.

Existem oligopólios tanto entre produtos diferenciados, como na indústria automobilística, quanto entre produtos homogêneos, como é o caso da extração de alumínio.

Nos oligopólios, a característica central é a **interdependência competitiva**, ou seja, as decisões de cada empresa afetam de modo significativo os lucros das concorrentes. Assim, analisar essa interdependência é fundamental para compreender os comportamentos dos mercados organizados em oligopólios.

Existem dois modelos teóricos básicos para compreender as situações de oligopólios: o modelo de Cournot (para produtos diferenciados) e o modelo de Bertrand (para produtos homogêneos). O modelo de Cournot se aplica a uma situação de duopólio (duas empresas dominam o mercado). Toma como pressuposto básico que cada empresa, numa situação de alteração de estratégia em termos de quantidades produzidas, assume que sua rival continuará a produzir a mesma quantidade. Assim, cada duopolista assume a quantidade produzida pelo outro como fixa, não reagindo às suas decisões relativas à produção. O modelo de Bertrand parte do princípio de que o fator principal numa situação de duopólio é o preço, já que esse é o principal foco de interesse dos compradores, sendo que, para produtos homogêneos (com pouca diferenciação), será escolhido o bem que tiver menor preço.

> **» PARA REFLETIR**
>
> Operadoras de telefonia celular, montadoras de automóveis e instituições bancárias. Como você caracterizaria tais setores econômicos no Brasil? Por quê?

Concorrência monopolista

É a estrutura de mercado intermediária entre a concorrência perfeita e o monopólio. Se distingue de oligopólio pelo seguinte:

- Número relativamente elevado de firmas com um considerável poder concorrencial. Porém, os segmentos de mercados e produtos são diferenciados, seja por atributos físicos (cor, *design*, embalagem, etc.) ou ainda pela prestação de serviços complementares (pós-venda, atendimento ao cliente, serviços de manutenção, etc.).
- Existência de produtos substitutos nesses mercados possibilita uma pequena, porém considerável, margem de manobra para fixação dos preços.

Tais características garantem um pequeno poder monopolista sobre o preço dos produtos, embora o mercado seja altamente competitivo – por isso a denominação de concorrência monopolista. Esse tipo de organização é amplamente encontrado nos setores produtivos, e sua característica principal é a presença de elementos de diferenciação entre as ofertas de produtos.

» Estruturas de mercado dos fatores de produção

Até então, nos preocupamos em identificar as estruturas de mercados de bens e serviços. Porém, é importante demonstrar que os mercados de fatores de produção – mão de obra, capital, terra e tecnologia – também apresentam diferentes formas de organização.

De forma resumida, apresentamos no Quadro 3.2 as estruturas no mercado de fatores de produção.

> **IMPORTANTE**
> No monopólio bilateral, para se determinar os preços de mercado para além de fatores econômicos, é preciso levar em conta o poder de barganha de ambos: o monopsonista tentará pagar o menor preço (apelando para o fato de ser ele o único comprador), e o monopolista buscará vender pelo preço mais elevado (em virtude de ser o único fornecedor). Assim, o poder de negociação dos agentes econômicos é fator decisivo nessa estrutura de mercado.

Quadro 3.2 » Estruturas no mercado de fatores de produção

Concorrência perfeita no mercado de fatores	É o mercado em que existe oferta abundante do fator de produção (por exemplo, mão de obra não especializada), tornando os preços de tais fatores constantes. Nessa estrutura, os ofertantes de fatores, como são em grande número, não conseguem obter preços mais elevados pelos recursos oferecidos.
Monopsônio	Forma de organização de mercado na qual há somente um comprador para muitos vendedores de fatores de produção. Um exemplo clássico é o caso da empresa que se instala em uma determinada cidade do interior e, por ser a única, torna-se a demandante exclusiva da mão de obra local, monopolizando sua contratação.
Oligopsônio	Caso em que existem poucos compradores, os quais dominam o mercado de muitos vendedores. Um exemplo é a indústria de laticínios, pois na maioria das cidades existe um número reduzido de laticínios que adquirem a maior parte da produção de leite dos inúmeros produtores rurais locais. Outro caso interessante é o da indústria automobilística, que além de ser oligopolista no mercado de bens e serviços, também é oligopsonista no mercado de autopeças.
Monopólio bilateral	O monopólio bilateral ocorre nos mercados em que coexistem o monopólio da oferta e da demanda. No monopólio bilateral, um monopsonista, na compra de um fator de produção, depara-se com um monopolista na oferta desse mesmo fator. Vejamos um exemplo hipotético: a empresa A é a única que compra um tipo de matéria-prima sintética que é produzido apenas pela empresa de plásticos B. Nesse caso, a empresa A é monopsonista, porque só ela demanda esse tipo fator, e a firma de plásticos B é monopolista, porque só ela oferta tal produto.

Quadro 3.3 » **Principais características das estruturas básicas de mercado**

	Quanto ao número de empresas	Quanto ao produto	Quanto ao controle das empresas sobre os preços	Quanto à concorrência extrapreço	Quanto às condições de ingresso no mercado
Concorrência perfeita	Muito grande	Homogêneo. Não há diferenças	Não há possibilidade de manobras pelas empresas	Não é possível, nem seria eficaz.	Não há barreiras
Monopólio	Só há uma empresa	Não há substitutos próximos	As empresas têm grande poder para manter preços relativamente elevados	A empresa geralmente recorre a campanhas institucionais	Barreiras de acesso de novas empresas
Oligopólio	Pequeno	Homogêneo ou diferenciado	Embora dificultado pela interdependência competitiva entre as empresas, estas tendem a formar cartéis.	É intensa, sobretudo quando há diferenciação do produto	Barreiras de acesso de novas empresas
Concorrência monopolista	Grande	Diferenciado	Pouca margem de manobra, devido à existência de substitutos próximos	É intensa	Poucas barreiras

» Outros elementos estratégicos entre economia e marketing

Fronteiras verticais da empresa

A produção de bens e serviços, desde calçados a edificações, requer, geralmente, um conjunto de muitas atividades. Esse processo de produção, que começa com a aquisição de matérias-primas e termina com a distribuição e venda dos bens acabados é chamado de **cadeia vertical**. Uma questão fundamental na gestão de negócios, em particular no marketing, é como organizar essa cadeia.

> **» PARA REFLETIR**
>
> O melhor é organizar todas as atividades em uma única empresa, ou seria melhor distribuir a execução das atividades entre várias empresas independentes?

Na atualidade, existem muitos casos de empresas que adotam estratégias de **integração vertical**, ou seja, executam todas as atividades produtivas, do início da produção até a distribuição do bem aos consumidores finais. Há também, um grande número de casos de empresas que agem de forma "desintegrada", ou seja, terceirizam a maior parte das tarefas da cadeia vertical para empresas independentes, em geral ligadas por contratos.

Assim, um profissional de marketing deve considerar os limites das fronteiras verticais da firma em que atua, definindo as atividades que a própria empresa executará, em oposição a encomendas solicitadas de empresas ofertantes do mercado. A questão fundamental é: qual etapa do processo produtivo a empresa deve executar, e qual ela deve terceirizar? Em síntese, a questão é: produzir ou comprar?

» EXEMPLO

Processo de produção de calçados: integrar ou desintegrar?

Um exemplo que pode ilustrar o dilema produzir *versus* comprar é o da indústria calçadista. O processo produtivo típico de um calçado está representado a seguir.

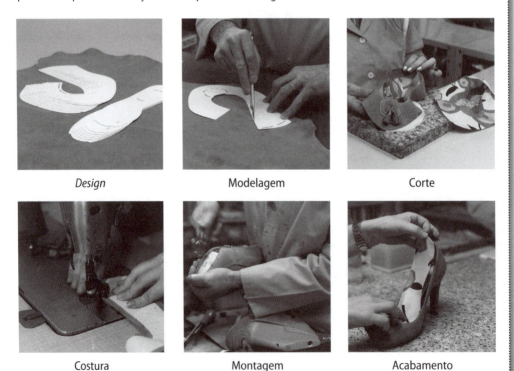

Figura 3.5 Processo produtivo típico de um calçado.
Fonte: Thinkstock.

» EXEMPLO

Uma opção à empresa calçadista é decidir realizar todas as etapas do processo produtivo, integrando as diversas etapas, ou seja, decidindo "produzir". Outra decisão extrema é repassar as etapas do processo para outras empresas do mercado, terceirizando o processo de produção. Tal decisão representa "comprar".

Na maior parte das vezes, a resposta dessa questão está na eficiência da empresa. Ou seja, para a atividade produtiva em questão, a empresa é eficiente no uso dos recursos a ponto de não haver outra empresa mais eficiente que ela nessa operação? Se a resposta for sim, a empresa deve integrar as atividades. Se a resposta for não, deve procurar terceirizar as atividades em que não é eficiente.

"Produzir ou comprar" são, na verdade, dois extremos ao longo de um *continuum* de possibilidades de integração vertical. A figura a seguir aponta para algumas das principais opções intermediárias. Em um extremo, estão as transações menos integradas, em que as empresas dependem de transações isoladas de mercado; no outro extremo, estão as transações mais integradas, em que a empresa decide realizar as atividades produtivas internamente.

Figura 3.6 *Continuum* de possibilidades de integração vertical.
Fonte: dos autores.

Para além dos custos de produção: os custos de transação

Embora se saiba da importância de considerar os custos de produção no gerenciamento de um negócio, hoje devem ser considerados também os **custos de transação**. Ou seja, não apenas o ato de produzir, mas também o ato de comprar e vender acarreta custos, por vezes difíceis de serem computados em uma planilha de custos. Os custos associados às transações econômicas eram de tal forma negligenciados que os únicos custos que realmente importavam eram os de produção.

Durante muito tempo, para os economistas, a empresa era vista fundamentalmente como uma função de produção: dados "n" insumos, através de um processo produtivo qualquer, conseguia-se uma quantidade "y" de um dado produto. Com essas informações, era ensinado ao gerente de marketing ou empresário que a sua decisão dependia exclusivamente do conhecimento da relação matemática entre os insumos e o produto para, juntamente com o preço desses, calcular a quantidade a ser produzida de forma a maximizar o lucro da empresa, isto é, a quantidade de equilíbrio.

Hoje, a importância dos custos de transação é evidente. A **teoria do custo de transação** considera que a empresa não possui apenas os custos de produção, mas também os custos de negociar, redigir e garantir o cumprimento de um contrato. Isso ocorre toda a vez que a empresa decide "desintegrar" as atividades da cadeia vertical, repassando tais atividades para outra empresa. Quando as empresas recorrem ao mercado para conseguir equipamentos, serviços ou insumos, são esses os custos enfrentados. Essa teoria afirma que os custos de transação mudam conforme as características da transação e do ambiente competitivo.

De acordo com o economista Oliver Williamson (2007), a realização de transações entre empresas enfrenta dificuldades originárias de dois elementos essenciais. A primeira diz respeito ao comportamento dos indivíduos: a teoria tem como pressuposto o fato de os homens terem uma racionalidade limitada, estando sempre propensos ao oportunismo. O homem não tem conhecimento integral sobre o ambiente, por isso não consegue obter uma solução que maximize a eficiência. A segunda se refere à incerteza inerente aos processos de negócios: todo o negócio pressupõe um risco, que pode ser do ambiente econômico e social, ou ainda da pequena capacidade de previsão do comportamento dos agentes.

Os custos de transação são os gastos com recursos econômicos para planejar, adaptar e monitorar as interações entre empresas, garantindo que o cumprimento dos termos contratuais se faça de maneira satisfatória, para as partes envolvidas, e compatível com a funcionalidade econômica. Esses custos podem ser agrupados em:

- Elaboração e negociação dos contratos.
- Mensuração e fiscalização de direitos de propriedade.
- Monitoramento do desempenho.
- Organização de atividades.

Natureza e fatores determinantes dos custos de transação

Racionalidade limitada, complexidade e incerteza

O ponto inicial da teoria dos custos de transação é o reconhecimento, a partir dos trabalhos de Herbert Simon, de que o comportamento humano, ainda que sendo intencionalmente racional, enfrenta limitações. Racionalidade limitada, complexidade e incerteza geram assimetrias de informação. **Assimetrias de informação** são diferenças nas informações obtidas pelas partes envolvidas em uma transação, especialmente quando essa diferença afeta o resultado final da transação.

Oportunismo e especificidade de ativos

Racionalidade limitada, ambiente complexo e incerteza criam as condições adequadas para que os agentes econômicos adotem iniciativas oportunistas. O conceito de **oportunismo** possui um sentido diverso daquele que se utiliza normalmente, em que um comportamento oportunista é muitas vezes definido como a habilidade por parte de um agente de identificar e explorar as possibilidades de ganho oferecidas pelo ambiente.

» DICA
O conceito de custos de transação auxilia o profissional de marketing no processo de tomada de decisão. Em um momento em que a terceirização de atividades produtivas é por vezes a norma, compreender que existem custos no planejamento e no monitoramento dessas atividades é fundamental.

» NO SITE
Saiba mais sobre a contribuição de Herbert Simon às teorias organizacionais acessando o ambiente virtual de aprendizagem Tekne.

A **especificidade de ativos** é uma condição necessária para que o risco associado a atitudes oportunistas seja significativo. Caso contrário, a própria rivalidade entre os numerosos agentes aptos a participarem da transação, tanto no papel de vendedores como no de compradores, reduziria a possibilidade de atuações oportunistas.

Fontes de especificidades de ativos

Com relação às fontes de ativos, é importante que os profissionais de marketing entendam que existem algumas especificidades que definem as decisões gerenciais.

Especificidade de localização: decisões prévias visam minimizar custos de estocagem e transporte.

Especificidade física: surge para reduzir o valor do ativo em uma aplicação alternativa.

Especificidade de capital humano: deriva do processo de "aprender fazendo" dos empregados da empresa.

Especificidade de ativos dedicados: surge no caso em que o fornecedor faz um investimento que, exceto pela perspectiva da venda de uma quantidade expressiva de produto para um determinado cliente, não seria feito.

Tipos de transações e estruturas de governança

Em geral, pode-se organizar a estrutura das empresas, seus tipos de transação e as formas de governança, da seguinte forma:

Governança pelo mercado: forma adotada em transações não específicas, muito eficaz no caso de transações recorrentes. Não há esforço para sustentar a relação, e na avaliação de uma transação, as partes precisam consultar apenas sua própria experiência. É o caso que mais se aproxima da noção ideal de mercado puro.

Governança trilateral: exige a especificação de uma terceira parte, tanto na avaliação da execução da transação quanto na solução de eventuais litígios. É a mais adequada em transações ocasionais, sejam elas de caráter misto ou mesmo específico.

Governança específica de transação: nesse caso, o fato dos ativos transacionados não envolverem padronização aumenta significativamente o risco da transação e a possibilidade do surgimento de conflitos de solução custosa e incerta.

> **» IMPORTANTE**
> O oportunismo ocorre quando há problemas na execução de uma transação contratada. Acontece, por exemplo, quando uma empresa fornecedora de um insumo a um preço fixo reduz o nível de qualidade para diminuir seus custos.

> **» RESUMO**
>
> Neste capítulo, demonstramos a importância, para o profissional de marketing, de considerar alguns conceitos econômicos nos diversos momentos de sua rotina profissional. Pensar em oferta, demanda e estrutura de mercado é fundamental nos momentos de planejamento e execução das ações de marketing. Conceitos mais recentes, apresentados no final deste capítulo, podem trazer importantes *insights* para a tomada de decisão mercadológica.

Agora é a sua vez!

1. Você compreendeu o conceito de demanda? Que fatores influenciam a demanda de um bem?

2. O conceito de oferta está relacionado à ótica da empresa. Quais fatores interferem na oferta da firma?

3. Como os produtos substitutos podem interferir nas decisões de marketing de um dado bem?

4. Cite um exemplo de bens normais e de bens inferiores.

5. O que é um bem complementar?

6. O que é concorrência monopolística? Cite um exemplo de uma empresa que você conhece que se enquadre nesse tipo de estrutura de mercado.

7. O que é cadeia vertical?

8. Qual é a diferença entre "comprar" e "produzir"?

9. O que são custos de transação? Como eles interferem nas decisões de marketing?

REFERÊNCIAS

FONTES, B. M. *Empreendedora cria roupas para pessoas com deficiência*. [Rio de Janeiro: Globo], 2014. Disponível em: <http://revistapegn.globo.com/Noticias/noticia/2014/03/empreendedora-cria-roupas-para-pessoas-com-deficiencia.html>. Acesso em: 21 jul. 2014.

PENROSE, E. T. *A teoria do crescimento da firma*. Campinas: UNICAMP, 2006.

WILLIAMSON, O. E. *Transaction cost economics*: an introduction. St. Louis: IDEAS, 2007. Disponível em: <http://ideas.repec.org./p/zbw/ifwedp/5517.html>. Acesso em: 21 jul. 2014.

» capítulo 4

Análise de mercados

Saber onde sua empresa irá atuar é muito importante. Não é uma tarefa das mais simples, pois envolve tempo, pesquisa e raciocínio, e, consequentemente, tem um custo. Para conhecer melhor o cenário em que estão inseridas, as empresas precisam analisar o mercado, obtendo informações antes de planejar. Essa investigação pode ser dividida em duas partes: a primeira é a análise propriamente dita, que sugere ferramentas para o conhecimento geral do mercado, e a segunda é o trabalho de dimensionamento, que sugere ferramentas para quantificar o mercado. Neste capítulo, vamos propor uma série de reflexões e técnicas que auxiliarão o leitor a analisar mercados e aplicá-las à grande parte dos empreendimentos.

Objetivos de aprendizagem

» Reconhecer a importância de analisar um mercado.

» Coletar, de forma adequada, dados e informações relevantes para o entendimento das especificidades do mercado.

» Listar as etapas a serem cumpridas para desenvolver uma análise de mercado e dimensioná-lo de modo objetivo.

» Identificar as fontes de informação e empregá-las conforme a sua pertinência.

» Questionar o motivo e a forma de quantificação de um mercado.

>> PARA COMEÇAR

A inovação começa com a pesquisa – o *case* dos sucos do bem™

A primeira pessoa que pensou na do bem™ imaginou que seria um sonho inalcançável. Santos Dumont não pensou em construir um novo Ford – ele pensou em voar.

Tudo começou num daqueles dias de verão no Rio de Janeiro, quando o fundador da do bem™ chegou cansado do trabalho e deu sua tradicional passadinha na sua casa predileta de sucos, no Leblon. Enquanto tomava seu suco de laranja numa garrafinha de 500 ml, ele pensou: "Por que não podemos fazer um suco parecido com este, apenas com frutas frescas, sem água, sem açúcar, conservantes, corantes e colocar em caixinhas legais?".

As primeiras respostas estavam no Google. Depois de pesquisar bastante, ele resolveu largar seu emprego chato, enquadrou literalmente sua gravata e viajou pelo mundo conhecendo tecnologias e experimentando bebidas.

Ao ver o que era feito de mais legal e encontrar a tecnologia certa, ele teve certeza de que podia fazer melhor, juntando exatamente o que tinha imaginado: "Uma casa de sucos dentro de embalagens legais".

Só faltava achar mais alguns dos ingredientes para a receita: as frutas dos mais apaixonados produtores, um lugar inspirador e jovens querendo mudar o mundo das bebidas. Após rodar bastante o Brasil, os fundadores da marca montaram sua casa no bairro de Ipanema e fizeram algumas ligações para amigos de escola e faculdade. Assim nasceu a do bem™.

Fonte: Adaptado de Do Bem (c2014).

O *case* apresentado mostra a importância da busca por dados e informações relevantes antes de abrir um negócio. A seguir, mostraremos por que e como realizar essa busca.

>> PARA REFLETIR

Há algum serviço ou produto que você usa e acha que pode ser melhorado por meio de uma busca por informações sobre o mercado?

» Classificação básica dos tipos de pesquisa

» **NO SITE**
Visite o ambiente virtual de aprendizagem Tekne (**www.bookman.com.br/tekne**) para conhecer mais sobre a do bem™.

Antes de tratar sobre a coleta de dados e informações, é importante esclarecer algumas classificações básicas acerca dos tipos de pesquisa existentes. O planejamento de uma pesquisa depende tanto do problema a ser estudado, de sua natureza e da situação temporal em que se encontra, quanto da natureza e nível de conhecimento do pesquisador. Isso quer dizer que existem vários tipos de pesquisa, e cada tipo possui, além de elementos comuns de procedimentos, um conjunto de particularidades.

» Pesquisa bibliográfica

A pesquisa bibliográfica se refere ao levantamento, seleção e documentação de toda bibliografia já publicada sobre o assunto pesquisado, em livros, revistas, jornais, boletins, monografias, teses, dissertações, material cartográfico, etc. O objetivo é colocar o pesquisador em contato com o material já produzido sobre o assunto ou tema pesquisado.

Na área de administração, qualquer pesquisa pressupõe a existência de uma fase bibliográfica prévia, quer para o levantamento da situação em questão, quer para a sua fundamentação teórica ou para justificar a realização da própria pesquisa.

» Pesquisa experimental

A pesquisa experimental é mais frequente nas ciências tecnológicas e nas ciências biológicas, mas também pode ser empregada em pesquisas de mercado. Tem como objetivo demonstrar como e por que determinado fato é produzido.

Na pesquisa experimental o pesquisador procura refazer as condições de um fato a ser estudado, para observá-lo sob certas condições de controle. Em geral, utilizam-se um local apropriado, aparelhos e instrumentos de precisão para demonstrar o modo ou as causas de um fato ser produzido, proporcionando um estudo de causas e efeitos.

» Pesquisa descritiva

Essa pesquisa observa, registra, analisa e ordena dados, devendo o pesquisador evitar ao máximo sua interferência nos resultados da pesquisa. O objetivo é descobrir a frequência com que um fato ocorre, sua natureza, características, causas e relações com outros possíveis fatos. Dessa forma, para coletar tais dados, utilizam-se técnicas específicas, como a entrevista, o formulário, o questionário, o teste e a observação.

A pesquisa descritiva pode assumir diversas formas: documental, de campo, de opinião, de motivação, estudos exploratórios, estudos descritivos, estudo de caso e pesquisa histórica. Veja os principais a seguir.

Pesquisa documental ou de gabinete

É a pesquisa que busca resolver um problema ou adquirir conhecimentos a partir do emprego de informações retiradas de material gráfico e sonoro. O objetivo da pesquisa documental é recolher, analisar e interpretar as contribuições já existentes sobre determinado fato, assunto ou ideia. Tais informações podem ser encontradas em arquivos públicos e particulares, bem como em fontes estatísticas compiladas por órgãos oficiais e particulares. Exemplos de fontes não escritas são: fotografias, gravações, imprensa falada (rádio e televisão), desenhos, pinturas, canções, objetos de arte, folclore, etc.

Pesquisa de campo

É a pesquisa em que se observa e coleta dados no próprio local em que se deu o fato em estudo, caracterizando-se pelo contato direto com o objeto de estudo, sem interferência do pesquisador. Os dados são observados e coletados como ocorrem espontaneamente.

Pesquisa de opinião

Nesse caso, pesquisam-se as atitudes, os pontos de vista e as preferências que determinado grupo de pessoas têm a respeito de algum assunto, com o objetivo de tomar decisões. "Visa identificar a opinião de uma comunidade, constatar as falhas, descrever condutas e reconhecer interesses e outros comportamentos, para a tomada de decisões." (LAKATOS; MARCONI, 1996, p. 15).

Pesquisa de motivação

A pesquisa de motivação coleta e analisa as razões do comportamento de um grupo ou comunidade, tendo como objetivo identificá-las frente a uma situação peculiar.

Pesquisa ou estudos exploratórios

A pesquisa ou estudo exploratório consiste no passo inicial de qualquer pesquisa pela formulação de hipóteses significativas para posteriores pesquisas. Os estudos exploratórios definem os objetivos e buscam mais informações sobre o tema em questão, de modo que o pesquisar se familiarize com ele, descobrindo novas ideias para utilizar em posteriores pesquisas.

Estudo de caso

Consiste em coletar e analisar informações sobre um determinado indivíduo, família, grupo ou comunidade, a fim de estudar aspectos variados de sua vida, de acordo com o assunto da pesquisa. Os estudos de caso são amplamente utilizados nas pesquisas em administração e marketing.

> **» IMPORTANTE**
>
> A pesquisa descritiva, em suas diversas formas, trabalha sobre dados ou fatos colhidos da própria realidade. A coleta de dados é uma das atividades da pesquisa descritiva e utiliza diversos instrumentos, como observação, entrevista, questionário e formulário. No entanto, a coleta e o registro de dados não constituem, por si só, uma pesquisa. É apenas uma etapa. A pesquisa, seja qual for o tipo, resulta da execução de várias tarefas, desde a escolha e delimitação do assunto até o relatório final.

» Coleta de dados e informações

A coleta de dados e de informações relevantes é a pedra fundamental para o entendimento das especificidades de qualquer mercado. É necessário, portanto, examinar cada uma das partes que a compõem, o que implica responder:

- Que partes exatamente são essas?
- Como se relacionam entre si?
- Por onde começar a coleta de dados?

A coleta de informações começa, muitas vezes, a partir de uma percepção de que falta no mercado alguma coisa que as pessoas poderiam comprar. Essas percepções são chamadas de **hipóteses**. Elas, por si só, representam apenas uma impressão, a suposição de algo verossímil. Portanto, é apenas o pontapé inicial da investigação.

A partir dessa impressão inicial, começam as **investigações**, que podem se concentrar na reunião de dados já publicados ou disponibilizados em algum tipo de veículo, como revistas e outras mídias impressas (relatórios, páginas de busca e *sites* de organizações), televisão, rádio, *blogs* ou redes sociais. As informações obtidas por meio desses veículos são chamadas de **dados secundários**, uma vez que não foram originalmente obtidas. Apesar do relativo grau de imprecisão (dados secundários se encontram dispersos e podem estar desatualizados), a obtenção dos dados secundários é importante para que o empresário, ou gestor, se familiarize com o mercado específico. O levantamento de um grande número de informações, desde que haja pertinência, permite resultados mais significativos depois dos filtros e sínteses necessárias.

Outra maneira de obter dados é buscando-os diretamente junto ao público definido como alvo. O modo mais comum de obter informações de dessa forma é por meio de **dados primários**, com pesquisa de mercado, pesquisa direta ou por observação. Cada uma dessas técnicas tem um objetivo e características metodológicas próprias (veja a seguir), bem como estão sujeitas a críticas particulares.

Pesquisas de mercado: incluem modalidades como entrevistas, com o uso de grupos focais (em que são reunidas pessoas cujo perfil corresponde ao do público desejado) e questionários próprios.

Pesquisa por observação: hábitos de determinado público são observados por especialistas em comportamento do consumidor. Muitas pesquisas podem ser feitas por meio da internet, com a utilização de recursos disponíveis para a análise de audiência. Recomenda-se o uso de *software* próprio para essas pesquisas, sobretudo se o negócio envolve *e-commerce*.

Pesquisa direta: em geral, são pesquisas que investigam diretamente o objeto de análise do estudo (consumidor, concorrentes, etc.). O método de coleta mais utilizado são as entrevistas em profundidade.

As pesquisas de dados primários podem ter um caráter exploratório, conclusivo, quantitativo ou qualitativo:

Pesquisa exploratória: a tônica é perceber o mercado de modo inicial.

Pesquisa conclusiva: o que se espera é comprovar uma hipótese levantada.

Pesquisa quantitativa: um número de amostras mínimo deve ser exposto a um tratamento estatístico, para que os dados apontem para o resultado real.

Pesquisa qualitativa: o grupo de pesquisados é menor, e o que se deseja obter é profundidade na análise.

A questão central é definir os objetivos desejados antes de iniciar a pesquisa. Afinal, há um resultado que se espera obter, algo que se quer conhecer ou provar. Alternativas devem ser levantadas, e só então o plano deve ser definido. Veja as etapas da pesquisa abaixo.

1ª Etapa: definição do problema e dos objetivos. Todo o projeto de pesquisa deve iniciar pela definição do problema e de seus objetivos. O pesquisador (ou o profissional de marketing) deve considerar a finalidade do estudo, as informações que são importantes para a resolução do problema e como elas serão usadas para tomar decisões.

» NO SITE
Para conhecer mais sobre métricas e pesquisa de tráfego na web, acesse o ambiente virtual de aprendizagem Tekne.

2ª Etapa: desenvolvimento de um plano de pesquisa. Essa etapa consiste na formulação de uma estrutura teórica, por modelos analíticos, pelas perguntas principais de pesquisa, pelas hipóteses (se existirem) e pela identificação de fatores que possam influenciar a concepção da pesquisa. Objetivamente, consiste no desenho do projeto de pesquisa. A concepção de pesquisa envolve alguns passos:

1. Definição da informação necessária
2. Análise de dados secundários
3. Pesquisa qualitativa
4. Métodos de coleta de dados quantitativos (levantamento, observação experimentação)
5. Procedimentos de mensuração e escalas
6. Elaboração do questionário
7. Processo amostral e tamanho da amostra
8. Plano de análise dos dados

3ª Etapa: coleta de dados. A coleta de dados é feita em campo, como em domicílios, *shoppings*, etc. Podem ser empregadas entrevistas pessoais, por telefones, correios ou eletronicamente. A seleção e o treinamento da equipe de pesquisa ajudam a minimizar os eventuais erros na coleta dos dados.

4ª Etapa: análise de dados. É a fase em que ocorre a editoração, a codificação, a transcrição e a verificação dos instrumentos de coleta de dados (questionários, formulários, etc.). Nessa etapa, é feita toda a análise de fontes qualitativas de dados (obtidas por meio de entrevistas ou observações), bem como a análise estatística (quando couber).

5ª Etapa: preparação e apresentação do relatório. O projeto deve ser documentado em um relatório escrito que cubra as perguntas identificadas, a abordagem, a concepção da pesquisa, a coleta de dados e os procedimentos de análise. O relatório deve conter os principais resultados e as constatações mais relevantes. As informações devem ser apresentadas de forma que possam ser usadas no processo de tomada de decisões. Em geral, além do relatório escrito, é importante que se faça uma apresentação verbal aos gestores, privilegiando o uso de tabelas, figuras e gráficos para aumentar a clareza e o impacto.

6ª Etapa: tomada de decisões. As pesquisas devem servir para auxiliar o profissional de marketing a tomar decisões mais acertadas. Por vezes, tais decisões podem ser tomadas de forma mais eficazes quando a pesquisa é executada por peritos ou agentes externos à empresa, e por isso, geralmente, empresas de consultoria são contratadas.

Figura 4.1 Etapas da pesquisa.
Fonte: dos autores.

» Busca de dados no macroambiente

Uma vez que o plano foi traçado e as especificidades da pesquisa estão claras, é hora de começar a reunir as informações. Para fazer um bom trabalho, é conveniente separar a origem dos dados em dois grandes grupos – macroambiente e microambiente – e dar a cada um o tratamento metodológico devido.

Fazem parte do **macroambiente** os aspectos políticos e legais, os fatos econômicos, as mudanças sociais e as novidades tecnológicas (veja o Quadro 4.1). Esses aspectos são **dados exógenos**, que podem ser percebidos e usados pela empresa, mas não podem ser diretamente alterados. Além disso, a mudança, muitas vezes arbitrária, nessas instâncias tem impactos permanentes. Crises econômicas em países líderes, como a ocorrida nos Estados Unidos em 2008, contribuem para o fechamento de muitas empresas ao redor do mundo.

» **DEFINIÇÃO**
Macroambiente é o ambiente externo à empresa, cujas variáveis não podem ser diretamente controladas pela firma.

A coleta e a posterior análise de dados referentes ao macroambiente podem resultar em vantagem competitiva para as empresas, uma vez que é a partir dessas investigações que é possível fazer inferências, prever comportamentos e até mesmo definir ações. Muitos relatórios são emitidos por organismos governamentais e internacionais que auxiliam, até as menores empresas, a perceberem o cenário. A compreensão do macroambiente ajuda na preparação das estruturas da empresa em períodos longos.

Indústrias com produtos dirigidos às crianças, por exemplo, ao planejar o futuro, devem levar em consideração a taxa de natalidade do local – se estiver em queda, é um alerta para pensar em adaptações ou alternativas. De modo semelhante, a tendência, em muitos países, de uma maior concentração nas regiões urbanas tem impacto nas indústrias de variados mercados – desde as que produzem implementos e insumos agrícolas, que poderão aumentar a venda de seus produtos para quem permanecerem na zona rural (já que a oferta de mão de obra será menor), até a indústria de construção civil, que perceberá um aquecimento devido à necessidade de construção de novos imóveis nas cidades.

» **DICA**
A leitura correta de dados exógenos do ambiente origina novas oportunidades de negócios e permite ajustes internos de modo a preservar produção e lucratividade.

Uma boa ilustração para eventos no macroambiente diz respeito à alimentação fora de casa por parte dos brasileiros. Com a participação cada vez maior das mulheres no mercado de trabalho, o índice de consumo de alimento fora do lar vem crescendo nas últimas décadas. Consequentemente, não apenas bares e restaurantes, mas também empresas de tele-entrega têm se multiplicado.

É possível perceber, no Quadro 4.1, que há um grande número de aspectos relacionados a instituições governamentais. Em países como o Brasil, grande parte desses dados é pública e está disponível em portais dos órgãos responsáveis.

Quadro 4.1 » Aspectos do macroambiente

Econômicos	• Perspectivas de crescimento econômico • Conjuntura econômica nacional e internacional • Política monetária e fiscal (incentivos fiscais e de crédito) • Existência ou não de financiamentos • Taxas de juros e de câmbio • Inflação • Balança comercial • Tendências salariais do mercado • Exportações e importações • Distribuição de renda (índice de Gini e renda per capita). • Variações do PIB • Exposição da economia à concorrência internacional • Fluxo de recursos externos • Dívida externa; déficit público • Liquidez do mercado interno
Políticos	• Planos governamentais e setoriais • Política salarial do governo • Conjuntura política nacional • Política habitacional • Política de privatização • Política de desregulamentação • Política de descentralização • Reformas constitucionais • Política de reforma agrária • Política de exportação/importação (grau de abertura da economia) • Políticas industriais, setoriais e regionais • Políticas de associações de classe empresariais • Política sindical
Culturais e sociais	• Nível de emprego • Hábitos de poupança e consumo • Poder aquisitivo da população • Relações sindicais e trabalhistas • Mudanças de hábitos e valores • Sazonalidade • Aspectos éticos (níveis de corrupção, p. ex.) • Massificação na comunicação social • Preocupação com a preservação do meio ambiente

Quadro 4.1 » Aspectos do macroambiente (*continuação*)

Demográficos	• Crescimento da população • Expectativa de vida • Nível de urbanização • Distribuição da população por idade • Migrações
Legais	• Legislação tributária e fiscal • Legislação trabalhista e sindical • Legislação ambiental • Legislação sobre propriedade intelectual • Legislação referente a micro e pequenas empresas
Tecnológicos	• Tecnologia atual e futura • Parcerias, licenciamento, transferência ou compra de tecnologia • Acesso a fontes de tecnologia • Impacto de novas tecnologias • Treinamento da mão de obra • Adaptação a novas tecnologias • Impacto da escala de produção para novas tecnologias

» **DICA**
No Brasil, estas são algumas das principais fontes de pesquisa de dados: IBGE, IPEA, Ministério do Planejamento e Receita Federal. No cenário internacional, destacam-se Banco Mundial, FMI, OCDE, OMC, Unctad, Transparency International.

» **DEFINIÇÃO**
Microambiente é o conjunto de cenários sobre o qual a empresa tem influência direta e sobre o qual tem algum grau de gerência.

» Busca de dados no microambiente

O segundo grupo de dados, o **microambiente**, é aquele que tem origem no ambiente interno da empresa. É composto pelos fornecedores, intermediários, clientes e concorrentes, todos interagindo de modo nem sempre coordenado. Além dessas, é importante considerar os aspectos da produção, os financeiros, comerciais, de recursos humanos e de marketing da firma.

Cliente

Conhecer os clientes é o primeiro passo dado no sentido de conquistá-lo. A partir de um entendimento mais profundo, é possível identificar estratégias de atuação eficazes. A análise dos clientes começa pela investigação de suas motivações: o que os leva a comprar e por quê.

Dentre as questões a serem respondidas para compreender as motivações do cliente estão as seguintes:

- Que uso o consumidor fará do produto?
- Quais são as expectativas do consumidor?
- Onde, quando, como e por que o produto será utilizado?

- Qual é a quantidade do produto que será utilizada?
- Quem usará o produto? (Esta última pergunta deve ser respondida da maneira mais precisa possível, por meio de dados do perfil socioeconômico e demográfico.)

Os critérios que norteiam a escolha do produto, bem como as necessidades atendidas e não atendidas também devem ser investigados.

Assim, é possível elaborar um rápido guia para conduzir a busca de dados sobre o cliente no microambiente:

- Potencial de crescimento do mercado em análise
- Regulamentações governamentais e tendências futuras
- Sensibilidade dos clientes a alterações dos preços
- Hábitos de consumo
- Grau de abertura à inovação
- Fidelidade às marcas
- Percepção, ou não, a respeito do atendimento diferenciado
- Receptividade a produtos substitutos
- Valor ao produto: qualidade *versus* preço
- Capacidade financeira, incluindo a de endividamento
- Localização e concentração da firma e do setor ao qual pertence
- Perfil específico daquele grupo de clientes responsável pela maior parte do faturamento
- Opiniões quanto ao serviço associado ao produto.
- Motivos pelos quais o cliente deixa de consumir determinado produto ou serviço
- Quem são efetivamente os tomadores de decisão

Na economia da informação e do conhecimento, é imprescindível que as empresas desenvolvam estratégias que permitam a acumulação de conhecimento a respeito dos clientes. Os dados obtidos e analisados devem orientar os setores internos da firma, que, preferencialmente, devem ser gerenciados de maneira integrada.

Concorrência

A análise dos concorrentes é feita por meio do conhecimento profundo de cada um deles:

- Como se posicionam no mercado?
- Qual é a fatia de mercado que detêm?
- Quais são seus métodos e alvos?
- Há muitos ou poucos concorrentes? Eles são grandes ou pequenos?

Essas perguntas iniciais são importantes para o começo da análise. É necessário fazer um levantamento dos principais concorrentes, que são aqueles que representam uma parcela significativa do mercado desejado. Deve-se levar em consideração os produtos, os serviços disponíveis, a cultura e a forma de organização da empresa concorrente.

» ATENÇÃO
A contínua coleta de dados acerca dos indivíduos é um dos pontos de inflexão que permitem a muitas empresas permanecer à frente em seus mercados ou tomar fatias importantes dos concorrentes.

» DEFINIÇÃO
Concorrente é aquele que oferece produtos similares aos nossos e o que oferta produtos substitutos. Os produtos substitutos são aqueles cuja utilidade se aproxima em alguma medida dos produtos e serviços que a empresa comercializa.

É importante estar atento também aos movimentos que podem acrescentar concorrentes ao mercado já existente. São eles:

- Expansão de mercado gerada por empresas de outras regiões ou países.
- Expansão de produtos, com a entrada de bens ou serviços de organizações que ampliam suas linhas, como uma empresa que fabrica tênis e passa também a fabricar itens de vestuário, ou empresas que promovem uma integração a montante, como uma rede de supermercados que substitui a entrega terceirizada por sua própria transportadora.
- Integração a jusante, com empresas que vendem acessórios e abrem seu próprio varejo.
- Compra por parte de investidores de ativos e competências para acessar determinado mercado.

É possível, e mesmo recomendado, definir a concorrência do ponto de vista do planejamento estratégico, levando em conta as seguintes questões:

- Empresas que com o tempo adotam estratégias competitivas similares, como canais de distribuição, estratégias ou canais de comunicação, posição de preço/qualidade.
- Firmas que tem características similares, como tamanho ou agressividade comercial.
- Empresas com competências semelhantes, como uma marca forte, presença global, capacidade logística, investimentos em pesquisa e desenvolvimento.

Algumas perguntas que devem ser respondidas para que a concorrência seja conhecida da forma mais completa possível:

- Quem são os concorrentes?
- Quantos são?
- Onde se localizam?
- Como é sua participação no mercado (números).
- Como é sua política de marketing?
- Qual é a sua imagem junto aos clientes?
- Quais são os produtos, separados por linhas?
- Como é sua logística e distribuição?
- Qual é sua qualidade de mão de obra?
- Defina sua capacidade de gestão e eventuais problemas (oportunidades).
- Como é seu faturamento e margens?
- Quais são os prazos praticados?
- Resuma seu investimento em pesquisa e desenvolvimento e resultados.
- Como é sua reação à concorrência (rápida, predatória, não reage)?
- Descreva seu pós venda.

Os dados sobre a concorrência e a sua análise podem identificar possíveis ações a serem antecipadas, bem como erros que podem ser evitados ou novas oportunidades de negócios. Podem também servir como inspiração na melhoria da própria empresa que está promovendo a investigação.

Fornecedores

A análise dos fornecedores é importante para evitar que todo um esforço de entrada no mercado não seja frustrado pela ausência de produtos nas prateleiras ou mão de obra qualificada para prestar o serviço.

Para conhecer melhor os fornecedores, as seguintes questões podem ser respondidas:

- Quem são os fornecedores?
- Quantos são?
- Onde se localizam?
- Eles são capazes de suprir as necessidades de produção ou de serviço propostas?
- Como são seus preços e seu crédito?
- São confiáveis?
- Como é seu perfil e capacidade de negociação?
- Como é sua política de qualidade?
- São preocupados em adaptar-se às novas tecnologias/inovações?
- Como é seu atendimento ao cliente, seu transporte e seus prazos para entrega?

>> **ATENÇÃO**
O dimensionamento do mercado fornecedor é importante na medida em que a oferta de matéria-prima pode limitar o fornecimento e a produção. Conhecer a disponibilidade e capacidade dos fornecedores é fundamental no planejamento do negócio.

Conhecer os fornecedores é um item decisivo nas estratégias em relação a ampliações de mercado, desenvolvimento de parceiras e capacidade produtiva. Afinal, ainda que o consumidor potencial de uma empresa possa ser atraído por uma boa estratégia de preços e de marketing ou por esforço comercial, ou que novos clientes possam migrar da concorrência, se não houver uma rede de fornecedores apta a abastecer a produção, o resultado pode ser desastroso.

>> Composição de dados dos ambientes macro e micro

A composição de dados do macroambiente e do microambiente é feita a partir de fontes distintas; contudo, é na análise que essas informações são entrelaçadas. Nesse momento, o analista de mercado pode perceber o impacto que uma determinada política econômica, por exemplo, terá sobre o consumidor da empresa que ele representa e, por fim, sobre a produção e as vendas. A figura a seguir ilustra a quantidade de variáveis existentes passíveis de investigação no macro e no microambiente.

O resultado da análise de ambos os ambientes trará uma relação inicial das principais oportunidades e ameaças, bem como das forças e fraquezas relacionadas ao negócio. A percepção desses itens será importante no momento seguinte, que é o de dimensionamento do mercado.

>> **ATENÇÃO**
A figura ilustra a quantidade de variáveis que podem ser estudadas. É importante notar, contudo, que nem todas têm a mesma importância para todos os tipos de negócios. Faz parte do papel do analista de mercado detectar os itens mais importantes a serem documentados.

Figura 4.2 Associação entre macroambiente e microambiente.
Fonte: dos autores.

>> Dimensionamento de mercado

Após reunir as informações e analisá-las, é necessário dar o próximo passo: mensurar o mercado de modo objetivo.

Os principais objetivos do dimensionamento do mercado são:

- Identificar o tamanho do mercado e seu potencial.
- Determinar uma previsão de vendas embasada em dados de mercado.
- Adequar a capacidade produtiva.
- Estruturar a rede de distribuição.
- Planejar os recursos necessários para ações de marketing.
- Estimar a posição da empresa em relação aos concorrentes.

O potencial total do mercado pode ser calculado somando tudo o que foi vendido por todas as empresas que participam do mercado. A Associação Nacional dos Fabricantes de Veículos Automotores (Anfavea), por exemplo, divulga com regularidade os números que representam o tamanho do mercado em que atuam as principais montadoras de veículos do Brasil.

Mas há diferenças entre dimensionar e mensurar um mercado já consolidado e o chamado mercado potencial? Para chegar a essa resposta, podemos usar o exemplo real de uma mecânica que melhorou seus processos e conseguiu alcançar novos públicos.

>> **DEFINIÇÃO**
Dimensionar significa estabelecer o tamanho do mercado de atuação. Faz parte desse esforço estimar um espectro da demanda. Isso significa formar uma imagem, embasada nas análises anteriores, do potencial de consumo dos produtos e serviços que a empresa pretende oferecer ao mercado, de modo a errar o menos possível e manter a empresa competitiva.

» EXEMPLO

A empresa mecânica era conhecida por um bom serviço, porém a desorganização do estabelecimento era algo que chamava a atenção, negativamente. Após uma série de consultorias, o proprietário decidiu investir para melhorar a imagem do estabelecimento, pintando as paredes, comprando móveis e utensílios apropriados e treinando a equipe. Após alguns meses, a clientela foi expandida, e a mecânica começou a atender proprietários de carros importados. Hoje, a empresa é conhecida por ser especializada em carros de luxo e de colecionadores, e tem, entre seus colaboradores, engenheiros mecânicos com experiência em competições automobilísticas.

Assim, toda a atuação econômica de qualquer empresa se dá em um mercado já conhecido, no qual os consumidores têm seus hábitos mapeados e respondem aos estímulos gerados pela empresa. Esse mercado é o **mercado consolidado**. Ainda que a dinâmica do mercado sacuda algumas posições, é possível definir com certa segurança os concorrentes, fornecedores e clientes.

Esses mercados, maduros do ponto de vista do consumo, são percebidos como sendo mais conservadores. Um exemplo disso é o mercado de bens de luxo, em que inovações pontuais são a tônica, e empresas entrantes têm altos custos devido às grandes barreiras existentes.

O **potencial de mercado**, por sua vez, é o limite a que tende a demanda de mercado. Como o esforço de marketing tende ao infinito, a fronteira de possibilidades do mercado potencial está associada mais às capacidades produtivas da indústria e ao macroambiente do que aos esforços comerciais. Países emergentes como o Brasil são conhecidos por seu mercado potencial atrativo.

No Brasil, mudanças econômicas permitiram o acesso de uma parcela expressiva da população ao consumo de bens e serviços. Nos últimos anos, o país tem atraído empresas de diversos setores que percebem aqui oportunidades que são mais escassas em países onde os hábitos de consumo já estão amadurecidos.

Para que, enfim, o mercado possa ser dimensionado, além de perceber a diferença entre potencial e consolidado, é necessário usar um **parâmetro**. O índice mais comum a ser empregado é quantidade de produtos ou serviços. A primeira relação a ser feita na definição do mercado é entre a quantidade de produtos entrantes e a dos similares já existentes. É necessário levar em conta também os benefícios esperados pelo cliente, sua utilização (quanto ao grau de necessidade), os produtos substitutos e os produtos concorrentes. Essa análise poderá identificar que o mercado a ser dimensionado é mais amplo do que o mercado formado apenas pelos consumidores do produto em si.

» **DEFINIÇÃO**
Mercado consolidado é o conjunto de consumidores que têm interesse, renda e acesso a uma oferta específica de mercado e que, via de regra, já consomem um bem similar ou substituto.

» **DEFINIÇÃO**
Mercado potencial é o conjunto de consumidores que apresentam um suficiente nível de interesse por uma oferta de mercado.

» Pesquisa demográfica e geográfica

O dimensionamento pode começar por uma pesquisa de dados geográficos e demográficos. A seguir, listamos os itens que compõem a investigação demográfica e geográfica:

- O mercado em questão fica no litoral ou no interior, na zona rural ou na zona urbana, na periferia ou em bairros de classe média ou de renda alta?
- Dentro do espectro definido como alvo, qual é a população?
- Em um país multicultural, qual é a colonização daquela cidade ou região?
- Qual é a densidade populacional e o clima predominante?
- Qual é a idade média? Como se configura a chamada pirâmide demográfica?
- Qual é o tamanho da família? (O sentido de família aqui diz respeito ao número de pessoas que compartilham uma mesma renda.)
- Qual é a renda por indivíduo e por domicílio?
- Que profissões ou ocupação são exercidas?
- Qual é o nível de instrução, a religião, a etnia e a nacionalidade?

» **DEFINIÇÃO**
Pirâmide demográfica é uma ilustração gráfica que demonstra a distribuição de diferentes grupos etários em uma população. O gráfico é constituído de dois conjuntos de dados que associam sexo e idade.

» Pesquisa psicográfica

A pesquisa psicográfica deve retratar o **estilo de vida** dos consumidores, que é percebido por meio de hábitos e preferências. Perguntas como estas auxiliam a descobrir o estilo de vida:

- Há uma preferência de determinado público por esportes ou o sedentarismo é mais comum?
- Como é a personalidade do público? Os indivíduos são introspectivos ou extrovertidos, sociáveis? Impulsivos ou passivos?

Por exemplo, em tempos de festas populares, como o carnaval, as pessoas que decidem ir a lugares com atividades na rua tem um perfil distinto daqueles que escolhem lugares de descanso ou daqueles que preferem não sair de suas cidades.

A pesquisa psicográfica também deve apontar se o indivíduo estudado é, em relação ao produto, usuário, não usuário, ex-usuário, principiante, usuário potencial, usuário regular ou usuário esporádico. É possível também aferir a lealdade do cliente (ou potencial cliente) à marca e se ele se mostra propenso ao consumo, de uma forma geral.

» Análise no mercado *Business to Business* (B2B)

Quando o consumidor final de uma empresa é outra empresa (*business to business*), voltando a investigação para o mercado empresarial, é conveniente determinar:

- Se a empresa terá um *status* de comprador ou usuário: potencial, regular ou esporádico.
- A capacidade de compra ou de uso: alta, baixa ou média.
- A organização das compras: centralizadas (poucos clientes) ou descentralizadas (muitos clientes).
- A estrutura interna: estruturas de poder, níveis de decisão da compra e responsável por ela.
- Os relacionamentos com a firma: duradouros, esporádicos ou eventuais.
- Os critérios de compra utilizados.

> **» PARA REFLETIR**
>
> De que forma os relacionamentos entre as empresas afetam as estratégias de vendas?

É importante perceber (e o tamanho do pedido pode ser uma boa indicação) se a empresa que está adquirindo o produto ou serviço busca uma solução melhor de curto, médio ou longo prazo, e se é possível, por meio de ações de marketing, fidelizar esse cliente.

» Métodos para quantificar o mercado

Após a definição do mercado e a percepção de suas características, a observação dos aspectos relacionados aos não clientes e aos potenciais clientes, é possível iniciar a quantificação do mercado de maneira concreta.

Um dos métodos mais utilizados para a identificação do potencial total de mercado é o **método das séries em cadeia**: a partir da população total, é possível aplicar percentuais de segmentação como renda, classe social e grau de escolaridade, e percentuais de consumo e de despesas com o bem ou serviço em questão até que se obtenha uma estimativa de demanda.

» EXEMPLO

Para ilustrar o método das séries em cadeia, podemos usar o exemplo de lançamento de cortes de carne especiais com origem de gado nobre. O método consiste em cruzar dados quantitativos a respeito da:

1) População × renda pessoal: dessa relação, é extraído o número de pessoas aptas a consumir o produto.
2) Da população selecionada, buscam-se os dados numéricos sobre a porcentagem média da renda gasta com alimentação × porcentagem média da renda dessa população despendida com o consumo de carne.
3) Os dados sobre o consumo de carne são r produtos alimentícios *premium* (de qualquer tipo).

A partir da análise do exemplo, há um número sobre o qual o analista poderá se debruçar, que representa o número inicial de consumidores-alvo. Ele deve ser colocado como divisor em uma equação que envolverá a capacidade produtiva da empresa, conforme segue:

$$\text{Público-alvo} = \frac{\text{capacidade produtiva (unidade de medida)}}{\text{público estimado total}}$$

» **ATENÇÃO**
A unidade de medida varia conforme o item a ser mensurado. No exemplo dado, a produção de cortes nobres de carne de gado pode ser dada em toneladas. Em outros casos, como o varejo, por exemplo, a medida pode ser a unidade de determinada peça. Se a venda for de serviços, a medida pode ser dada em horas.

O resultado dessa equação evidencia a capacidade que a empresa tem de abastecer o mercado potencial. Esse dado é muito importante e tem o poder de diminuir a ansiedade do empreendedor, visto que torna claro que nem todo o mercado pode ser servido, e é necessário um recorte estratégico que acaba por auxiliar na precificação e orientar a produção.

No ramo de serviços, o cálculo é diferente. Veja, no exemplo a seguir, outro método.

» EXEMPLO

Serviço de instalação de pisos (laminados, pisos cerâmicos, etc.).

1) Mensurar o mercado, partindo do número de pessoas que estão comprando novos imóveis ou que estão construindo ou reformando, em determinada região. Dados como esses são encontrados em *sites* especializados (como o do Conselho Federal de Corretores de Imóveis). Outro dado que ajuda a definir o número de clientes é a quantidade de metros quadrados de piso vendido no mercado local.
2) Avaliar a quantidade total de metros quadrados que o prestador de serviço pode instalar por dia.
3) Mensurar a quantidade de pessoas que poderão ser atendidas por semana ou mês.
4) A partir daí, é possível estabelecer metas e o preço (a fim de barrar a demanda excedente), bem como qualificar o serviço, diferenciando-se, assim, da concorrência.

O modelo possível da equação é o que segue:

$$\text{Público-alvo} = \frac{\text{total de horas disponíveis para o trabalho}}{\text{total de m}^2 \text{ de pisos vendidos a particulares}}$$

A qualidade dessa investigação dá ao empresário uma percepção clara do quanto se pode crescer e em que direção. A maior parte dos gestores à frente de microempresas não fazem estimativas de mercado nem cruzam esses números com sua capacidade produtiva. O resultado é a competição por preço em mercados saturados, em vez da especialização em necessidades existentes em nichos diferenciados.

Outro exemplo de mensuração é o varejo, dessa vez prevendo a receita possível:

>> EXEMPLO

Demanda por pão em um determinado bairro.

1) Qual é o número de habitantes do bairro?
2) O estabelecimento tem estacionamento?
3) Os clientes vêm a pé?
4) Qual é o raio de alcance da padaria?

Dados recolhidos acima × o percentual dos que compram pão diariamente (é possível levantar os dados nas padarias da região) × o preço do kg do pão = 7.000 pessoas × 0,7 × R$ 5,50 = R$ 26.950/dia.

Nesse método, é possível perceber as possibilidades, em termos monetários, do empreendimento.

>> Estimativas B2B

A estimativa feita em negócios envolvendo empresas tem algumas características particulares. É possível listar associações, entidades de classe e instituições que reúnam informações sobre empresas compradoras para obter dados e contatos para orientar a equipe de vendas.

A estimativa de consumo pode ser realizada a partir de alguma característica que indique o grau de demanda, como faturamento, número de funcionários, número de filiais e número de peças produzidas.

>> EXEMPLO

Fabricante de um tipo específico de filtro que recicla água para lavanderias.

1) Uma lei regional estabelece que toda a empresa com mais de dez funcionários no ramo de hospitalidade e de gastronomia deve disponibilizar dois jogos de uniformes para cada funcionário e lavá-los em lavanderias com certificação ambiental, que atestam que determinada quantidade de água utilizada é limpa e reutilizada. Ou seja, para que possa atender uma demanda crescente de empresas, as lavanderias devem ser capazes de tratar seus efluentes.

2) A partir desse cenário, a fábrica de filtros para tratamento de efluentes percebeu uma oportunidade.

3) O passo seguinte foi contatar a associação de lavanderias locais e participar de algumas reuniões abertas, a fim de estabelecer um relacionamento com os associados.

4) Desse esforço, resultou uma venda coletiva e um processo de fidelização da entidade.

Um modelo semelhante ao visto nos exemplos de varejo e serviços anteriormente pode ser assim descrito:

> **Tamanho do mercado em R$ = número de empresas total na região ×
> porcentagem das empresas que precisam do filtro ×
> (preço do filtro / número de parcelas)**

>> **ATENÇÃO**
No exemplo anterior, a prioridade de atendimento foi dada a algumas empresas que já haviam sido multadas ou enfrentado algum outro tipo de sanção. Isso reforça que é importante perceber a necessidade das análises macroambientais para aproveitar negócios criados pela instituição de leis, por exemplo.

De posse desse modelo, o gestor pode requerer uma reunião com a equipe comercial da empresa para elaborar a força de venda necessária. Quanto maior o portfólio da empresa, maior serão as análises e os modelos, e maior será a necessidade de entender o mercado a fim de não desperdiçar o esforço dos representantes comerciais com produtos mal formulados ou com destino incorreto.

Por trabalhar em escala, essas instruções são particularmente relevantes para a indústria, uma vez que a adoção de uma estratégia equivocada pode comprometer a empresa em vários níveis, como produção, comercialização, estoque e financeiro (se algum empréstimo foi contratado para a produção). Esses cuidados não são privilégio de grandes indústrias – a análise bem feita de um mercado e de suas possibilidades pode alavancar pequenas empresas que produzem em uma escala modesta.

Algumas técnicas objetivas para aferir as percepções do mercado:

Técnica Delphi: as opiniões de um grupo selecionado de especialistas são emitidas individualmente; um especialista não sabe da existência do outro. As opiniões são revisadas pelo responsável pelo projeto e distribuídas novamente aos especialistas para que tenham a oportunidade de rever suas opiniões, iniciando um novo ciclo. O processo pode ser repetido até seis vezes.

Método do teste de mercado: realização de testes antes da colocação do produto à venda em canais previamente definidos, utilizando-se de mercados teste para avaliação prévia do comportamento do consumidor. Pode ser realizado junto ao grupo de foco (com consumidores que cumprem os pré-requisitos para serem considerados potenciais).

Análise de séries de vendas ao longo do tempo: utilizado nos mercados em que os fatores de demanda permanecem estáveis com o tempo. Análise da demanda passada em função de seu comportamento ao longo do tempo. Pode ser adaptada para uso em microempresas e mesmo para empresários individuais. Para isso, é necessário desenvolver uma espécie de planilha em que podem ser visualizados os itens de consumo e a data em que o consume ocorre. Será possível perceber, então, se há picos sazonais, as condições em que a venda de determinado produto é comercializado e o esforço de vendas que tem apresentado mais resultado.

» Agora é a sua vez!

1. A empresa em que você trabalha ou quer trabalhar faz análise de mercado? Como ela realiza essa análise?
2. Caracterize as pesquisas quantitativa e qualitativa.
3. Defina macroambiente e microambiente. Cite fontes das quais os dados podem ser extraídos.
4. Pesquise um *case* em que a análise de macroambiente foi fundamental para a expansão de uma empresa. Descreva o por quê.
5. Busque outro *case* em que a ausência da análise de macroambiente resultou no fechamento ou perda de espaço no mercado da empresa.
6. O que é importante saber sobre:
    a) O cliente?
    b) O fornecedor?
    c) O concorrente?
7. Como o uso de um modelo de previsão de faturamento pode estimular o empresário e dar a ele foco?
8. Por que mensurar um mercado pode dar a empresa novas perspectivas?

REFERÊNCIAS

DO BEM. *Site*. Rio de Janeiro: [s.n], c2014. Disponível em: < http://dobem.com/nossa-historia.html>. Acesso em: 23 jul. 2014.

LAKATOS, E. M.; MARCONI, M. A. Pesquisa. In: ___. *Técnica de pesquisa*. 3.ed. rev. e ampl. São Paulo: Atlas, 1996. cap. 1, p. 15-36.

capítulo 5

Segmentação e posicionamento

Mais do que apenas observar seus mercados, as empresas precisam se concentrar em identificar e selecionar mercados consumidores. Trata-se de focar na segmentação, deixando em segundo plano os outros componentes do mercado, como fornecedores e concorrentes. Neste capítulo, apresentaremos os conceitos que fundamentam as estratégias de segmentação e de posicionamento das empresas e marcas.

Objetivos de aprendizagem

» Definir segmentação de mercados e reconhecer sua importância como estratégia de negócio.

» Identificar as principais estratégias de segmentação.

» Diferenciar segmentação em mercados consumidores de segmentação em mercados empresariais.

» Definir diferenciação e suas dimensões, e aplicá-la como estratégia de marketing.

» Reconhecer a importância do posicionamento, aplicando-o, de forma bem-sucedida, para a criação de uma proposta de valor focalizada no mercado.

>> PARA COMEÇAR

Twitter lança a possibilidade de segmentar anúncio com filtros de mensagens

Recentemente, o Twitter divulgou o lançamento de uma ferramenta que permite aos profissionais de marketing divulgar mensagens direcionadas com base no conteúdo de *Tweets* dos usuários – uma tecnologia que certamente ajudará a elevar a eficiência do Twitter como anunciante, posto até então consagrado apenas por líderes da publicidade digital, como o Google.

O negócio de publicidade do Twitter é relativamente modesto, e gerou em 2013 uma receita global de menos de 600 milhões de dólares, de acordo com a consultoria eMarketer. No entanto, a rede social de rápido crescimento, que tem 200 milhões de usuários em todo o mundo, chamou sua nova ferramenta de uma espécie de avanço tecnológico: até agora, o Twitter tem sido capaz de decifrar amplamente os interesses dos usuários ao analisar a lista de contas que eles seguem, também conhecido como "gráfico de interesse".

A nova ferramenta permite que os profissionais de marketing que utilizam o Twitter se aprofundem sobre o conteúdo dos *Tweets* de um usuário para mostrar os anúncios mais relevantes. Assim, uma banda em turnê pode gerar anúncios pagos automaticamente sobre seu próximo show em Chicago, por exemplo, para qualquer usuário do Twitter em Chicago que já publicou sobre essa banda.

Os primeiros testes do novo mecanismo de segmentação baseada em palavras mostraram que, em alguns casos, os usuários clicaram em anúncios em onze de cada 100 vezes que foram exibidos, uma taxa notadamente elevada no campo da publicidade digital, de acordo com Kevin Weil, diretor sênior de produtos do Twitter. Essa taxa de clique "mostra o poder da intenção expressada por usuários em *Tweets* públicos", disse Weil.

Fonte: Adaptado de (TWITTER..., 2013).

>> Segmentação de mercados

> **>> DEFINIÇÃO**
> **Segmentar** é dividir o mercado total de uma empresa em grupos menores homogêneos. Assim, a prática corresponde à ação de identificar e selecionar grupos de clientes, em geral denominados mercados-alvo ou mercados.

O conceito de segmentação é relativamente recente no meio empresarial – começou a ganhar força a partir da década de 1970. Antes, como comentado em outros capítulos, os profissionais de marketing eram orientados a produzir e comercializar produtos e serviços para os mercados em sua amplitude máxima, desconsiderando os ganhos advindos do trabalho com nichos específicos do mercado. Hoje, sabe-se que segmentar os mercados consumidores de uma empresa é uma das formas mais objetivas de conseguir êxito nas suas estratégias de negócio, pois possibilita que sejam identificados os grupos prioritários de clientes que irão receber os esforços dirigidos das ações de marketing.

Na atualidade, as atividades de segmentação estão cada vez mais ligadas às inovações tecnológicas que influenciam os ambientes de negócios das empresas. Com a internet, é possível realizar um verdadeiro escaneamento dos clientes em poucos instantes.

As diversas mídias sociais existentes possibilitam a seleção de grupos de clientes cada vez menores, e ao mesmo tempo cada vez mais homogêneos, o que tem tornado a ação dos profissionais de marketing mais eficiente, rápida e menos custosa para as empresas. Após a seleção de mercados-alvo, o profissional deve propor as estratégias de posicionamento da empresa frente aos clientes.

A segmentação é um processo contínuo de percepção dos mercados, que estão em constante mutação. Esse processo é representado na Figura 5.1. Veja, na seção a seguir, a descrição das etapas desse processo.

> **» DEFINIÇÃO**
> **Posicionamento** é o termo que designa, de forma genérica, como a empresa pretende ser vista por seus consumidores.

Figura 5.1 Processo de segmentação dos mercados.
Fonte: dos autores.

» Etapas do processo de segmentação

O processo de segmentação pode ser dividido em três grandes etapas: articulação dos objetivos e das estratégias da empresa, determinação dos critérios para atender melhor o perfil dos clientes em cada segmento e avaliação da atratividade dos diversos segmentos. A seguir, vamos abordá-las em detalhes.

Articulação dos objetivos com as estratégias

A primeira etapa do processo de segmentação é articular os objetivos e/ou estratégias da empresa. Isso significa dizer que tais estratégias são deliberadas, e não obra do acaso ou da sorte. A estratégia de segmentação deriva da **missão** e da **visão** da empresa, bem como dos desdobramentos do seu planejamento estratégico. Por vezes, essa etapa se vincula com a formulação de análises dos ambientes interno e externo da firma, e uma das ferramentas mais amplamente utilizada é a **análise SWOT** (veja a Figura 5.2).

Após avaliar o ambiente em que está inserida, a empresa pode escolher uma das quatro estratégias básicas de segmentação, que vão desde a opção de não segmentar até a possibilidade extrema de segmentar buscando satisfazer as necessidades e desejos de grupos muito pequenos, podendo chegar ao atendimento individual do consumidor. A Figura 5.3 ilustra essas quatro possibilidades.

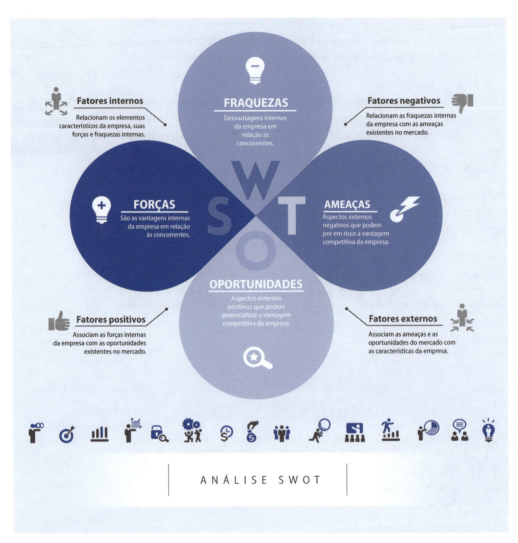

Figura 5.2 Análise SWOT.
Fonte: kraphix/iStock/Thinkstock.

Marketing de massa: estratégia adotada por uma empresa para ofertar um único produto. O produto visa atingir o consumidor médio, com grande volume de vendas e economia de escala, o que facilita a ação de marketing e o seu controle. Porém, isso torna a posição da empresa no mercado frágil, pois enfrenta uma dura concorrência – uma estratégia para segmentos menores, feita pela concorrência, pode absorver parte importante desse mercado.

Marketing de diferenciação de produto: baseia-se na promoção permanente da inovação pelas empresas, a fim de criar aspectos diferencias para o seu produto. Pode ser a adoção de novas embalagens, novas formas de distribuição ou novas

Figura 5.3   Estratégicas básicas de segmentação.
Fonte: dos autores.

marcas. O objetivo é reter parte do mercado e, na medida do possível, ampliá-lo com a diversificação na oferta de produtos.

Marketing concentrado: também chamado de *target* marketing. É adotado quando as empresas observam que, mesmo com a diferenciação de produtos, podem perder parte do mercado. A estratégia é selecionar um mercado-alvo e focar todos os esforços de marketing em fornecer um produto que seja adequado às necessidades desse mercado.

Micromarketing: também conhecido como marketing de um para um, é uma forma extrema de segmentação, que busca o atendimento das necessidades e desejos de um consumidor em particular por meio da oferta de um produto ou serviço exclusivo.

Perfil do cliente

A segunda etapa do processo de segmentação é determinar os critérios para atender melhor o perfil dos clientes em cada segmento, bem como o grau de homogeneidade interna dos clientes no segmento e a diferenciação ou desigualdades entre os segmentos. Essa etapa de determinação dos segmentos se baseia em selecionar as variáveis que podem definir os elementos que vinculam os consumidores ao produto da empresa.

A base do processo de segmentação é utilizar a pesquisa e a análise dos mercados, que permitem o agrupamento desejado de consumidores. Há duas perguntas que necessitam ser respondidas na fase de segmentação:

- Quem é o mercado-alvo?
- Quais são os hábitos de consumo dos clientes?

Veja a seguir os principais métodos utilizados para determinar a segmentação de mercados.

> **DICA**
> Setores como os de vestuário, refrigerantes e eletrodomésticos utilizam a segmentação demográfica de forma intensiva para alinhar seus produtos aos seus mercados-alvo.

Segmentação demográfica. É o processo de identificar segmentos de mercado com base nas características demográficas da população. A demografia estuda estatisticamente as populações e suas particularidades. Algumas das principais variáveis estudadas nessa segmentação são:

- Faixa etária.
- Sexo.
- Tamanho médio das famílias.
- Estado civil.
- Número de unidades domiciliares.
- Nacionalidade.
- Religião.
- Raça.

A pesquisa de identificação dessas variáveis conduz a informações relevantes para identificar e qualificar o mercado-alvo.

> **DICA**
> Um exemplo de uso da segmentação socioeconômica é a forma como as empresas de construção civil dividem seus mercados. Empresas como Rossi, MRV, Tenda e Melnick orientam seus empreendimentos conforme a classificação socioeconômica dos diversos públicos que atendem.

Segmentação socioeconômica. Método que divide o mercado com base nas características sociais e econômicas da população, tendo por finalidade identificar segmentos com base em variáveis como:

- Classe social.
- Renda (per capita, familiar, etc.).
- Escolaridade.
- Ocupação profissional.
- Posse de bens (imóveis, veículos, etc.).

Segmentação geográfica. É o processo de identificar segmentos com base em critérios geográficos, como localização e densidade populacional, já que os locais onde as pessoas trabalham e residem têm grande impacto sobre o seu comportamento de compras.

A segmentação geográfica pode ser feita por meia de uma divisão dos consumidores por países, estados, municípios, bairros, etc. A seleção dos critérios será feita sempre em função dos objetivos de penetração e/ou ocupação de mercado pretendida.

>> PARA REFLETIR

Os censos demográficos e os dados secundários gerados por órgãos públicos e entidades são importantes fontes para realização desse tipo de segmentação. No Brasil, existe um histórico de pesquisas demográficas, elaboradas periodicamente pelo Instituto Brasileiro de Geografia e Estatística (IBGE). A última consulta realizada foi em 2010, e se visitou 67,6 milhões de domicílios nos 5.565 municípios brasileiros, buscando colher informações sobre a população do Brasil – quantos somos e como vivemos. (INSTITUTO BRASILEIRO DE GEOGRAFIA E ESTATÍSTICA, 2010).

Segmentação por benefícios. Divide o mercado com base nos benefícios procurados pelos clientes. Há consumidores, por exemplo, que compram um automóvel procurando por potência (velocidade); outros buscam economia de combustível e de manutenção; outros ainda podem estar em busca do status que uma determinada marca oferece.

Os benefícios podem satisfazer necessidades físicas, psicológicas, sociais ou emocionais. Saber por que as pessoas compram um produto e que benefícios elas esperam com seu uso ou consumo facilita a formulação eficiente do composto mercadológico dos produtos – estratégias de produto, política de preços, de comunicação, de venda e de distribuição.

» **DICA**
Empresas de eletroeletrônicos e de produtos de informática utilizam a segmentação por benefícios para acessar seus mercados principais.

Segmentação por grau de utilização. Esse processo identifica os segmentos de mercado pelo nível de consumo, ou seja, pela frequência de compra do produto. É importante conhecer quem são os *heavy users* – usuários contínuos – da empresa que utiliza essa segmentação.

Toda empresa precisa saber quais são os segmentos que:

- Compram muito.
- Compram medianamente.
- Compram pouco seus produtos.

Essa forma de segmentação traz dois componentes importantes: a **frequência do uso** do produto e a **variedade do uso** (formas ou aplicações diferentes para o produto). As vantagens desse tipo de segmentação são inúmeras, pois melhora a comunicação com os segmentos e o posicionamento e a distribuição do produto. Essa forma de segmentação se baseia na utilização de dados internos da firma, geralmente encontrados junto às equipes de vendas ou área comercial da empresa.

Segmentação psicográfica. Esse processo se baseia no modo como as pessoas pensam e levam suas vidas. São considerados o autoconceito, a personalidade e os valores, assim como o estilo de vida, as atividades, os interesses e as opiniões de cada um. O emprego desse método de segmentação não é uma tarefa fácil; porém, com o uso das Tecnologias de Informação e Comunicação (TICs) disponíveis, tais processos podem ser amplamente utilizados hoje.

É possível segmentar sociologicamente, por exemplo, o indivíduo moderno e o tradicional, o agressivo e o pacato, os racionais e os emotivos, os *workaholics* e os *bon vivants*. No Quadro 5.1, apresentamos um exemplo de *software* que tipifica os tipos conforme a segmentação psicográfica.

» **NO SITE**
O VALS-2 é uma ferramenta de segmentação psicográfica desenvolvida pela SRI Consulting Business Intelligence. Para saber mais, acesse o ambiente virtual de aprendizagem Tekne: **www.bookman.com.br/tekne**.

Quadro 5.1 » Software Values and Lifestyles Program (VALS-2)

Tipos psicográficos	Características
Efetivadores (*actualizers*)	Independentes, líderes, arrojados, gosto sofisticado.
Satisfeitos (*fulfilleds*)	Organizados, autoconfiantes, intelectuais, buscam funcionalidade.
Confiantes (*believeres*)	Positivos, respeitosos, fiéis, preferem marcas nacionais ou já estabelecidas.
Realizadores (*achievers*)	Convencionais, pragmáticos, conscientes acerca do papel da marca.
Batalhadores (*strivers*)	Alegres, tendenciosos, imitam aqueles que têm prestígio.
Experimentadores (*experiencers*)	Impacientes, impulsivos, espontâneos.
Fazedores (*makers*)	Práticos, autoconfiantes, orientados para a família, menos impressionados por posses materiais.
Lutadores (*struglers*)	Cuidadosos, conservadores, conformistas.

Atratividade dos segmentos

A terceira etapa do processo de segmentação de um mercado é avaliar a atratividade dos diversos segmentos. Para isso, os profissionais de marketing devem primeiramente determinar se vale a pena perseguir o segmento, buscando responder a cinco questões relativas ao segmento analisado (veja o Quadro 5.2).

» Vantagens da segmentação de mercado

A segmentação de mercado permite que a empresa direcione os esforços para seu público-alvo, focalizando os atributos que os consumidores consideram mais importantes ou as características principais do mercado. Algumas vantagens da segmentação de mercado são:

Servir melhor ao cliente: quanto mais amplo e detalhado for o conhecimento da empresa sobre o cliente, melhor será o ajuste das variáveis de marketing. Logo, as estratégias e táticas de marketing serão mais eficientes.

Encontrar os clientes: conhecendo quem são os clientes e os tendo agrupado, será mais fácil entrar em contato com eles. Assim, a segmentação de mercado é um

Quadro 5.2 » Prerrogativas determinantes para a definição do segmento

Identificável	O segmento dever ser mensurável do ponto de vista do retorno para a empresa. Ele deve ser calculado por meio da projeção de vendas e comparado aos custos mercadológicos de entrada no mercado.
Substancial	O grupo selecionado deve ser o mais substancial possível, para que os investimentos necessários proporcionem o retorno buscado, com lucro. O ideal é assegurar um alto grau de substancialidade, ou seja, escolher um segmento pequeno (que necessite de poucos investimentos) com alto poder de compra.
Acessível	O público escolhido precisa estar acessível às estratégias da empresa, por meio de táticas de comunicação adequadas e eficientes.
Receptivo	O segmento selecionado precisa reagir de forma positiva à oferta da empresa. Isso significa que a empresa deve atuar apenas nos segmentos em que tem competência elevada e percebida como exclusiva pelos consumidores.
Lucrativo	Os profissionais de marketing devem se preocupar em analisar a lucratividade potencial de cada segmento. Esse olhar deve focar as características atuais e futuras dos mercados. Alguns fatores a ser analisados podem incluir o crescimento do mercado, a competitividade do setor e o acesso aos mercados.

pré-requisito fundamental para a quantificação de mercado, expresso pelos clientes potenciais da empresa.

Atender ao cliente de forma eficiente: com as informações de quem, quantos e onde estão, fica mais fácil definir o tipo e a intensidade das estratégias de distribuição para atender corretamente aos clientes-alvo. Pode-se definir com mais precisão o tipo de distribuição, o perfil do intermediário ideal, a quantidade de intermediários e suas localizações, a logística necessária e seus custos.

Otimizar os recursos de propaganda: uma vez que a segmentação possibilita conhecer as características dos consumidores, seus costumes e seus hábitos, é mais simples saber onde investir para conquistá-los.

Desenvolver interpretações mais valiosas e úteis: conhecer o segmento desejado torna mais objetiva a tarefa de pesquisar o mercado. Uma vez que se mapeiam os segmentos, as informações que se buscam neles são úteis para a tomada de decisões dos profissionais de marketing.

Posicionar corretamente o produto: a partir de um segmento bem definido, tem-se a possibilidade de estabelecer produtos mais adequados aos clientes.

Identificar oportunidades: um exemplo é o lançamento de novos produtos.

Facilitar o trabalho de planejamento de marketing: sendo a segmentação uma etapa primordial ao trabalho do profissional de marketing, sua definição facilita todas as etapas gerenciais da área de marketing de uma organização.

» Estratégias de marketing direcionado

Uma vez dividido o mercado em diferentes segmentos, a empresa precisa decidir quantos e quais segmentos pretende atender. As estratégias de segmentação podem ser entendidas como possibilidades de uma empresa abordar seus segmentos-alvo. Assim, distinguem-se cinco estratégias diferentes:

Concentração em segmento único. A empresa dedica-se a um único mercado. É o que acontece com empresas que desenvolvem *software* específico, dedicado a um único mercado, como os orientados para projetos de arquitetura ou engenharia. Pelo marketing concentrado, as empresas alcançam uma forte posição de mercado no segmento, uma vez que possuem amplo conhecimento das suas particularidades, obtendo reputação especial por parte dos consumidores. As empresas também podem obter vantagens oriundas dos ganhos de escala, pela especialização da produção e da distribuição e pela racionalização dos gastos em promoção do produto.

Especialização seletiva. A empresa seleciona alguns segmentos, todos com certo grau de atratividade, conforme os recursos investidos e os objetivos estratégicos estabelecidos. Os segmentos escolhidos podem ou não ter sinergia entre si. Também é conhecido como estratégia multissegmento, e sua principal vantagem é a diversificação do risco do negócio. Muitas editoras no Brasil e no exterior adotam essa estratégia, elegendo algumas áreas específicas de publicação para atuar.

Especialização por produto. A empresa se dedica à fabricação de um produto vendido em diversos segmentos. Geralmente, a empresa que adota essa estratégia desenvolve forte reputação na área específica em que atua. Um dos

---

> **» IMPORTANTE**
>
> A concentração em segmento único envolve riscos acentuados, pois o segmento pode deixar de ser atraente. Isso tem sido cada vez mais frequente, uma vez que as transformações nos padrões de consumo ocorrem de forma muito rápida. De igual modo, se o segmento apresenta possibilidades de ganhos acima da média, atrairá concorrentes, o que pode impelir a empresa a atuar em mais de um segmento, na tentativa de manter a rentabilidade do negócio.

problemas dessa estratégia é o risco de superação tecnológica por parte de outros possíveis concorrentes. Por anos, as empresas que comercializam azeite de oliva no Brasil ofereciam um único produto para diferentes segmentos (domésticos, restaurantes, bares, etc.). Recentemente, devido à elevada concorrência entre as marcas existentes, percebe-se um direcionamento para multissegmentar o mercado consumidor.

Especialização por mercado. A empresa busca atender a muitas necessidades de um grupo específico de consumidores. Geralmente, empresas que optam por essa são *experts* nos mercados em que atuam, oferecendo soluções variadas aos seus consumidores.

Cobertura ampla. A empresa tem o objetivo de atender todos os grupos de consumidores com todos os produtos de que possam necessitar. Somente grandes empresas costumam adotar estratégias de cobertura ampla. Isso porque existe a necessidade intrínseca de se operar em grandes escalas, seja de produção, seja de distribuição. Grandes empresas de bebidas (refrigerantes e cervejas) operam com essa estratégia.

» Diferenciação e posicionamento

Uma das últimas fases do processo de segmentação é a empresa tentar diferenciar e posicionar sua oferta em relação aos produtos concorrentes.

» Diferenciação

Diferenciação diz respeito à criação de diferenças na oferta de produtos de uma empresa para distingui-los dos produtos concorrentes. Basicamente, a diferenciação está vinculada às características distintivas do produto, dos serviços adicionais e de outros recursos associados à oferta.

O número de oportunidades de diferenciação varia de acordo com o setor em que a empresa atua e podem ser definidos com base no número de vantagens competitivas disponíveis e no seu tamanho, como pode ser visto no Quadro 5.3.

> » **DEFINIÇÃO**
> **Diferenciação** é o ato de desenvolver um conjunto de diferenças significativas para distinguir a oferta da empresa da oferta da concorrência.

» NO SITE
Para saber mais sobre vantagem competitiva, acesse o ambiente virtual de aprendizagem Tekne.

Quadro 5.3 » Vantagens competitivas por setor

Setor	Característica
Volume	Onde as empresas podem obter grandes vantagens competitivas.
Estagnado	Há poucas vantagens competitivas, e as que existem são pequenas.
Fragmentado	Grande quantidade de oportunidades para diferenciação, mas todas são pequenas em relação à vantagem competitiva.
Especializado	As empresas têm muitas oportunidades de diferenciação e todas elas têm um alto retorno.

Ferramentas de diferenciação

A diferenciação de produto é um dos componentes mais importantes de qualquer estratégia de marketing. As percepções dos consumidores possuem papel central em qualquer estratégia de marketing que pretenda ser bem-sucedida. A diferenciação entre produtos concorrentes pode se basear em qualidades reais (como características do produto e da embalagem ou estilo do produto) ou em qualidades psicológicas (percepção e imagem do produto). Empresas poderão diferenciar sua oferta ao mercado a partir de cinco dimensões: produto, serviços, pessoal, canal e imagem.

Diferenciação de produto. Os produtos tangíveis variam em relação ao seu potencial de diferenciação, conforme segue:

- Forma: uma das formas básicas de diferenciar um produto diz respeito às suas características físicas, como o tamanho, o formato ou a sua estrutura e composição físico-química.
- Características: muitos produtos podem ser oferecidos com características variáveis, que completam sua função básica. Ser o primeiro a introduzir características novas e valiosas é uma das maneiras mais eficazes de competir.
- Desempenho: qualidade de desempenho é o nível em que as características básicas do produto operam. Podem ser categorizados, por exemplo, em desempenho baixo, médio, alto ou superior.
- Conformidade: os compradores de produtos padronizados esperam que todas as unidades produzidas sejam idênticas e atendam às especificações prometidas.

- Durabilidade: mensuração da vida operacional esperada do produto, sob condições normais.
- Confiabilidade: mensuração da probabilidade de um produto apresentar um mau funcionamento em um determinado período.
- Facilidade de reparo: é a percepção do quanto é fácil consertar um produto que funciona mal ou deixou de funcionar. Por vezes, está relacionado à existência de serviços de assistência técnica e a percepção dos consumidores acerca da qualidade do serviço prestado.
- Estilo: descreve como o comprador vê e sente o produto. O estilo pode criar uma diferenciação que dificilmente será copiada. A embalagem pode ser considerada como uma arma de estilo, pois é o primeiro contato do consumidor com o produto, e é capaz de fazer com que ele decida a compra.
- *Design:* considerado a força de integração. À medida que a concorrência se intensifica, o *design* oferece uma maneira consistente de diferenciar e posicionar os produtos e serviços da empresa. O *design* é um conjunto de características que afetam a aparência e o funcionamento do produto em termos das exigências do cliente.

Diferenciação de serviços. Quando o produto não pode ser diferenciado, uma opção é a adição de serviços valorizados pelo cliente. Os grandes diferenciais de serviços são:

- Pedido: facilidade que o cliente encontra para fazer um pedido.
- Entrega: qualidade com que o produto ou serviço é entregue ao cliente. Isso inclui rapidez, precisão e preocupação com o processo de entrega.
- Instalação: trabalho feito para tornar um produto operacional, no local desejado.
- Treinamento para o cliente: funcionários do cliente precisam estar aptos a utilizar os equipamentos de maneira apropriada e eficiente.
- Orientação ao cliente: são essenciais aquelas que lidam com dados, sistemas de informação e serviços de consultoria que a empresa oferece aos compradores.
- Reparo e manutenção: programa de atendimento destinado a auxiliar os clientes a manter os produtos em boas condições de funcionamento.
- Serviços diversos: outros serviços, como uma garantia estendida para o produto ou contatos de manutenção.

Diferenciação de pessoal. As empresas podem obter sólida vantagem competitiva com uma equipe de profissionais bem qualificados. Muitas pesquisas têm demonstrado a eficácia de uma política de pessoal qualificada quando o objetivo da empresa é reter clientes.

> **DEFINIÇÃO**
> **Identidade** é a maneira como uma empresa visa identificar e posicionar a si mesma ou aos seus produtos. Já **imagem** é a maneira como o público vê a empresa e seus produtos.

Diferenciação de canal de distribuição. A maneira como as empresas projetam a cobertura (ou seja, os mercados atendidos são locais, regionais, nacional ou internacional), a especialidade (os tipos específicos de produtos que são destinados para mercados específicos) e o desempenho de seus canais de distribuição (papel de cada canal – varejo, atacado, vendas pessoais, vendas *online*, etc.).

Diferenciação de imagem. Os compradores reagem de maneira diferente à imagem de diferentes empresas e marcas. Uma imagem efetiva precisa exercer três funções básicas:

- Estabelecer a personalidade do produto e a proposta de valor.
- Transmitir essa personalidade de maneira distinta, para que não seja confundida com a dos concorrentes.
- Comunicar um poder emocional que vai além de uma simples imagem mental.

A imagem tem relação com a segmentação efetuada pela empresa, bem como com suas estratégias de comunicação. Para que a imagem funcione, ela deve ser transmitida de forma integrada por todos os veículos de comunicação e disponíveis.

Quadro 5.4 » Formas de transmissão da imagem

Símbolos	As imagens podem ser ampliadas com o uso de símbolos fortes.
Mídia	A imagem escolhida deve ser trabalhada com anúncios e mídia que transmitam uma história, um clima, um chamamento. Ela deve aparecer em relatórios anuais, prospectos, catálogos e cartões de visita.
Atmosfera	O espaço físico ocupado pela empresa é uma poderosa fonte geradora de imagem.
Eventos	Uma empresa pode construir uma identidade por meio dos eventos que ela patrocina.

» Posicionamento

Os profissionais de marketing podem planejar seus programas para posicionar e incrementar a imagem de um produto na mente dos consumidores-alvo. O resultado final do posicionamento é a criação bem-sucedida de uma proposta de valor focalizada no mercado – oferecendo uma razão convincente para o mercado-alvo comprar o produto.

» PARA REFLETIR

"A mitológica América homogênea não existe mais. Somos um mosaico formado por minorias" (KOTLER; BOWEN; MAKENS, 2006). Qual é a relação dessa frase com o tema da segmentação e do posicionamento?

No Quadro 5.5, é possível observar como as empresas podem se posicionar perante o mercado-alvo, focando diferentes bases.

Quadro 5.5 » Tipos de posicionamento

Atributo	Uma empresa se posiciona com base em um atributo, baseada em conceitos de usabilidade ou de conveniência.
Benefício	O produto é posicionado como líder em um determinado benefício.
Aplicação ou utilização	Posicionamento do produto como o melhor um determinado uso.
Usuário	Posicionamento do produto como o melhor para algum grupo de usuários.
Concorrente	Alega-se que o produto é, de algum modo, melhor do que o do concorrente.
Categoria de produtos	O produto é posicionado como líder em uma determinada categoria de produtos.
Qualidade ou preço	O produto é posicionado como sendo o que oferece melhor valor.

» **DEFINIÇÃO**
Posicionamento é a criação de uma imagem mental da oferta e de suas características na mente dos consumidores do mercado-alvo. Ou seja, o posicionamento envolve as percepções que os consumidores têm dos benefícios dos produtos – benefícios que podem ser reais ou imaginários.

Uma vez desenvolvida uma estratégia clara de posicionamento, a empresa deve comunicá-la de maneira eficaz. Os posicionamentos mais comumente promovidos pelas empresas são: melhor qualidade, melhor serviço, mais segurança, mais velocidade, menor preço e melhor tecnologia. Em geral se denomina essa estratégia de **posicionamento de benefício único**.

Por vezes, e em mercados de elevada competição, as empresas necessitam realizar um **posicionamento de benefício duplo**, buscando encontrar nichos específicos dentro do segmento-alvo. É possível encontrar no mercado empresas que utilizam estratégias de **posicionamento de benefício triplo**, como é o caso de fabricantes de xampu ou de creme dental (proteção à cárie, dentes mais brancos e redução do mau hálito).

Uma ferramenta importante para o estudo desse posicionamento é o **mapa de posicionamento**, ou mapa de percepção. Trata-se de uma representação das percepções dos consumidores em relação às várias marcas no universo de consumo, umas em relação às outras. Os profissionais de marketing podem, para estruturar o mapa, utilizar das avaliações realizadas pelos clientes potenciais sobre os atributos mais importantes de uma categoria de produtos.

A Figura 5.4 analisa uma situação fictícia no mercado de *fast food* em uma cidade. Um profissional de marketing poderia estar interessado em analisar como os consumidores potenciais percebem as principais concorrentes do setor. A avaliação se dá com a observação de duas características valorizadas pelos consumidores: o tempo de atendimento dos pedidos e a quantidade de calorias associada aos

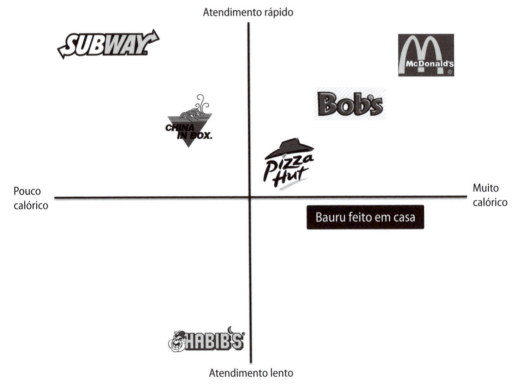

Figura 5.4 Exemplo de mapa de posicionamento.
Fonte: dos autores.

lanches. Assim, cada quadrante do mapa apresenta a posição estratégica de cada concorrente, possibilitando ao profissional de marketing estabelecer estratégias futuras para a melhoria do posicionamento das marcas.

Para compreender um mapa de posicionamento é necessário seguir cinco etapas principais:

- Determinar as percepções e avaliações dos consumidores em relação aos seus produtos e aos produtos dos concorrentes: é preciso questionar os consumidores potenciais sobre as características principais dos produtos que fazem parte do mercado.
- Identificar as posições dos concorrentes: após conhecer as características valorizadas pelos consumidores, deve-se avaliar como os concorrentes se posicionam do ponto de vista dos clientes.
- Determinar as preferências dos consumidores: após reconhecer o posicionamento das empresas que participam do mercado, é preciso investigar as preferências dos consumidores, buscando compreender como deve ser o "produto ideal".
- Selecionar a posição: posicionar as empresas em cada um dos quadrantes possíveis, estabelecendo as alternativas estratégicas para cada empresa do setor.
- Monitorar a estratégia de posicionamento: os profissionais de marketing nunca podem esquecer que os mercados são dinâmicos, estão em constante estado de mutação. Assim, é necessário estabelecer uma rotina de avaliação e monitoramento do mercado, sobretudo no que diz respeito ao posicionamento.

Atualmente, diversos recursos estatísticos podem ser utilizados para auxiliar os profissionais de marketing a estabelecer parâmetros de análise do posicionamento de marcas e produtos.

>> RESUMO

Práticas de segmentação e posicionamento são essenciais para o marketing. É sempre importante frisar que segmentação envolve uma cuidadosa análise do ambiente consumidor da empresa. O profissional de marketing deve procurar encontrar segmentos que sejam homogêneos, mensuráveis, substanciais, receptivos e lucrativos. Neste capítulo, aprendemos também sobre o posicionamento, que é o estabelecimento da posição que a empresa ou a marca pretende ocupar na mente dos consumidores. Uma das formas de avaliar o posicionamento de uma marca é por meio da análise de mapas de posicionamento.

» Agora é a sua vez!

1. Defina segmentação de mercado.
2. Analise os dados do Censo 2010, elaborado pelo IBGE (acesse o *site* pelo ambiente virtual de aprendizagem Tekne).
   a) Selecione um setor da economia e escolha alguns indicadores. Por exemplo: imagine que você tem uma empresa de cosméticos e pretende estabelecer uma segmentação geográfica.
   b) Analise as diferenças entre o mercado do Sul do Brasil e os consumidores da região Norte.
3. Qual é a importância de a empresa definir um segmento de atuação?
4. Que critérios devem ser considerados no momento de se efetuar uma segmentação de mercado?
5. Cite três vantagens da segmentação de mercado.
6. Cite um exemplo de negócio que utilize:
   a) Segmentação geográfica.
   b) Segmentação psicográfica.
   c) Segmentação demográfica.
7. Quais são as principais estratégias de marketing direcionado?
8. Defina posicionamento.
9. O que é um mapa de posicionamento?
10. Quais são as etapas para elaboração de um mapa de posicionamento?

REFERÊNCIAS

INSTITUTO BRASILEIRO DE GEOGRAFIA E ESTATÍSTICA. *Censo 2010*. Disponível em: <http://www.ibge.gov.br/home/disseminacao/locaisdeatendimento/default.shtm>. Acesso em: 23 jul. 2014.

KOTLER, P.; BOWEN, J.; MAKENS, J. Marketing segmentation, targeting and positioning. In:___. *Marketing for hospitality and tourism*. 4th ed. New York: Pearson, 2006.

TWITTER refina segmentação de anúncios com filtro de mensagens. 17 abr. 2013. Disponível em: <http://g1.globo.com/tecnologia/noticia/2013/04/twitter-refina-segmentacao-de-anuncios-com-filtro-de-mensagens.html>. Acesso em: 25 ago. 2014.

» capítulo 6

Produto

Ao longo do tempo, as empresas têm mudado a forma como encaram seus produtos – de uma simples oferta de um bem material para a busca incessante de agregar valor e se diferenciar da concorrência. Um produto, por definição, é algo que é ofertado para atender uma necessidade ou desejo humano, carregando, dessa forma, forte carga de complexidade. Hoje, falar sobre produto não é uma tarefa fácil, pois as mudanças nos mercados consumidores têm promovido fortes alterações na maneira como os profissionais de marketing orientam as ações das firmas. Neste capítulo, trataremos dos principais elementos do composto produto, com ênfase nos bens tangíveis, mostrando a importância de encará-lo de maneira integrada com o preço, a distribuição e promoção.

Objetivos de aprendizagem

» Conceituar produto e listar seus tipos e níveis.

» Classificar os produtos de acordo com o mercado que atendem e com suas características.

» Definir sortimento de produtos e considerar a situação do setor em que a empresa atua, as reações do consumidor e os impactos das decisões relativas ao *mix* sobre a operação cotidiana da empresa.

» Conceituar gestão de marcas, explicar as maneiras como a marca pode ser representada e como pode agregar valor ao produto.

» Explicar o que é o ciclo de vida dos produtos e seus estágios, identificando as mudanças que devem ser promovidas nos produtos em cada estágio do ciclo de vida.

» Discutir o papel do marketing no gerenciamento produtos.

>> PARA COMEÇAR

Menino de 15 anos desenvolve carregador de celular movido a passos

O garoto Angelo Casimiro, de 15 anos, estudante do ensino médio de uma escola das Filipinas, foi um dos classificados no torneio Google Science Fair de 2014. O menino desenvolveu um novo mecanismo para recarregar celulares. A técnica aproveita a energia gerada por passos. Segundo Angelo, cada pessoa dá, em média, sete mil passos por dia, o que seria suficiente para deixar a bateria do aparelho completa sem usar eletricidade.

Para chegar ao trabalho final, o jovem levou cinco anos. O resultado foi a criação de discos fisioelétricos que geram energia com o dobramento dos pés durante as caminhadas. O gerador fica junto às palmilhas do tênis. A invenção também acopla um GPS, para o usuário utilizar em situações emergenciais ou para estar conectado às mídias sociais.

O jovem poderá ganhar um dos prêmios do Google, atribuídos aos inventores de 13 a 18 anos. Iniciativas como essa estão ajudando a revolucionar a oferta de produtos da atualidade.

Reportagem extraída de (MENINO..., 2014).

>> Conceitos-chave sobre produto

> **>> ASSISTA AO FILME**
> Saiba mais sobre o carregador de celular movido a passos acessando o ambiente virtual de aprendizagem Tekne: www.bookman.com.br/tekne.

O produto é um dos principais elementos da oferta em um mercado. Em boa medida, uma ação eficaz de marketing deve iniciar pelo planejamento do produto (oferta) que atende de forma mais adequada às necessidades e aos desejos dos consumidores (demanda). Esse planejamento deve ser feito de maneira a apresentar o produto/serviço ao consumidor de forma competitiva.

Um conceito tradicional diz que **produto** é algo que pode ser oferecido a um mercado a fim de satisfazer um dado conjunto de desejos e necessidades. Assim, deve-se compreender que:

- Produtos diferentes serão oferecidos para atender a necessidades e desejos diferentes.
- Os produtos sofrerão influência das culturas e personalidades dos indivíduos, uma vez que servem para satisfazer os desejos de grupos de consumidores.

Produtos, quando comercializados, podem ser entendidos como sendo **bens físicos** (computadores, cadeiras, este livro, etc.), **serviços** (telefonia celular, uma aula etc.), **pessoas** ou **personalidades** (Madre Teresa de Calcutá, Roberto Carlos, etc.), **locais** (Brasília, Nova York, etc.), **organizações** (Organização das Nações Unidas, Banco Central do Brasil, etc.) e **ideias** (segurança no trânsito, combate ao tabagismo, etc.). Dessa forma, para gerenciar o composto do produto, primeiramente é preciso entender em que tipo de bem ele se classifica. Após, é necessário considerar como o produto se comporta em seus desdobramentos principais, ou seja, em seus níveis.

» Níveis de produto

Um profissional de marketing deve considerar, ao planejar a oferta a um determinado mercado, que seu produto se manifesta em cinco níveis distintos, conforme o esquema da Figura 6.1.

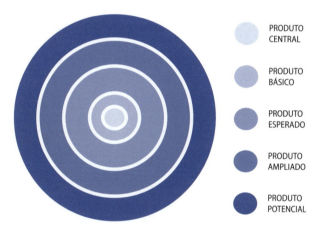

Figura 6.1 Cinco níveis de produto.
Fonte: Adaptado de Kotler e Armstrong (1998).

> » **CURIOSIDADE**
> A noção de que o produto se manifesta em cinco níveis distintos está presente, originalmente, em um artigo publicado na *Harvard Business Review* (edição de Jan/Fev. 1980) por Theodore Levitt e posteriormente adaptado por Philip Kotler na primeira edição de *Marketing Management*, de 1974.

À medida que o deslocamento acontece do centro para as bordas externas da Figura 6.1, mais valor está sendo agregado ao consumidor. Assim, os níveis do produto consolidam uma hierarquia de valor ao consumidor. Para exemplificar, pensemos em uma pessoa que está saindo do trabalho e retornando para casa, quando recebe a ligação do filho lhe pedindo que traga algo para o jantar. Nosso personagem pretende comprar uma pizza congelada em um supermercado. O nível mais fundamental é o **produto central**, ou seja, aquilo que o consumidor está realmente comprando, que nesse exemplo é uma pizza congelada, para saciar a fome do filho. No segundo nível, as empresas precisam transformar o produto central em um **produto básico**, ou seja, no nosso exemplo, além de ser um alimento de consumo rápido (benefício central do produto) também deve ser saboroso e, se possível, divertido (para satisfação plena do filho).

» IMPORTANTE
O planejamento de ações de marketing para ampliar a percepção dos consumidores acerca do produto precisa ser bem analisado, pois tais ações podem exercer um forte impacto (positivo e negativo) sobre o resultado da empresa.

O terceiro nível é o **produto esperado**, ou seja, o conjunto de atributos que os compradores, em situação normal, esperam receber quando compram esse produto. No nosso exemplo, além da conveniência e da praticidade, podem-se incluir as informações claras e precisas da embalagem (se estiver anunciado "pizza de calabresa", não se espera encontrar outro sabor).

O quarto nível é o **produto ampliado**, quando a empresa atende aos desejos dos consumidores para além das suas expectativas originais. No nosso exemplo, o produto poderia ser ampliado pela presença de sabores variados na gôndola do supermercado, ou ainda pela existência de cupons promocionais, brindes, etc. Cada vez mais se percebe que a competição entre produtos tem se deslocado no sentido da diferenciação de produtos ampliados. Porém, tais estratégias demandam recursos financeiros expressivos, que por vezes não estão disponíveis a todas as empresas.

Por fim, o quinto nível é o **produto potencial**, que aponta para uma possível evolução do produto ou até mesmo para modificações no consumo e no uso do bem. No nosso caso, poderiam ser serviços agregados a pizza, como dicas de harmonização com vinhos ou cervejas artesanais. Um resumo de cada um dos níveis de produto para esse exemplo está presente na Figura 6.2.

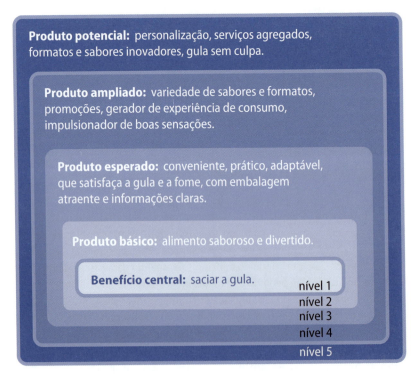

Figura 6.2 Exemplo de hierarquia de valor e níveis do produto.
Fonte: dos autores.

As empresas que se destacam na oferta de seus produtos geralmente acrescentam benefícios a sua oferta, buscando não apenas satisfazer seus consumidores, mas encantá-los. A Figura 6.3 representa, de forma esquemática, a diferença entre satisfação, insatisfação e encantamento.

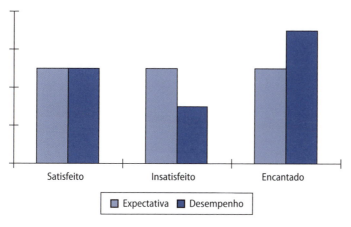

Figura 6.3 Satisfação, insatisfação e encantamento.
Fonte: Adaptado de Kotler e Armstrong (1998).

A **satisfação** é um dos elementos principais para medir o sucesso de uma transação. A satisfação do consumidor está calcada na relação entre o desempenho do produto e o conjunto de expectativas que se formam sobre o bem. Toda vez que as expectativas do consumidor se harmonizam com o desempenho do produto, temos uma situação de satisfação. Toda vez que o desempenho não corresponder às expectativas, tem-se uma situação de insatisfação. Já o encantamento, infelizmente pouco comum, ocorre quando o desempenho do produto ou serviço supera as expectativas do consumidor.

>> **DEFINIÇÃO**
Encantamento é uma forma de "[...] acrescentar surpresas imprevistas à oferta" (KOTLER; ARMSTRONG, 1998, p. 384).

A importância desses conceitos se dá por diversos motivos. Os principais são:

- As situações de satisfação/insatisfação têm uma forte relação com o sucesso da marca de um produto.
- Essas situações influenciam o desempenho econômico e financeiro dos negócios.

>> **PARA REFLETIR**

Pense em suas experiências de consumo nos últimos 12 meses. Alguma empresa, por meio de seus produtos, encantou você? Como? E alguma empresa, por meio de seus produtos, deixou você insatisfeito? Como?

» Classificações de produtos

A literatura de marketing costuma classificar os produtos de duas formas (BOONE; KURTZ, 1998; CZIKOTA et al., 2001; KOTLER; ARMSTRONG, 1998; MCCARTHY; PERREAULT, 1997):

Com relação aos mercados que atendem. Os produtos podem ser B2C (*Business To Consumer*), ou seja, comercializados aos consumidores finais do produto, ou B2B (*Business To Business*), quando são comercializados para empresas ou intermediários.

Com relação às características do produto. Tradicionalmente, tais classificações consideram a durabilidade, a tangibilidade e o uso, conforme os quadros a seguir.

» **DEFINIÇÃO**
Tangibilidade é aquilo que possuem os bens materiais com existência física. Tratam-se das coisas que podem ser tocadas ou sentidas.

Quadro 6.1 » Classificação dos produtos quanto à durabilidade e tangibilidade

Bens não duráveis	São bens tangíveis totalmente consumidos após um ou alguns usos. Costumam ser consumidos rapidamente e têm alta frequência de compra. Nesse caso, a melhor estratégia é torná-los amplamente disponíveis aos consumidores, cobrando uma pequena margem sobre as unidades comercializadas. Empresas que atuam nesse segmento investem pesadamente na comunicação, a fim de diferenciar os produtos da concorrência. Exemplos: refrigerantes, sabão e papel higiênico.
Bens duráveis	São bens tangíveis que possuem uma sobrevida mais larga em termos de uso. Na maioria dos casos, exigem envolvimento de uma equipe de vendas dedicada, além da prestação de serviços dos mais variados tipos. As margens sobre o produto costumam ser maiores. Exemplos: máquinas de lavar roupas, veículos e calçados.
Serviços	São intangíveis, inseparáveis, variáveis e perecíveis. Geralmente, por terem forte envolvimento do consumidor, exigem maior controle de qualidade, além de maior credibilidade do fornecedor do serviço. Exemplos: serviços de manicure, lavagem de carros e serviços odontológicos.

Quadro 6.2 » Classificação dos produtos quanto ao uso

Bens de consumo: destinados ao consumidor final, e sua classificação depende dos seus hábitos de compra.	Bens de conveniência	Bens que o consumidor compra com maior frequência e com um mínimo de esforço no processo de compra. Exemplos: revistas, cigarros, pães, bombons, etc.
	Bens de compra comparada	Aqueles cujas características são comparadas pelo consumidor durante o processo de compra. Para fazer essa comparação, ele usa como base elementos como adequação, qualidade, estilo e preço. Exemplos: eletroeletrônicos, móveis e roupas.
	Bens de especialidade	Bens com características ou identificação de marcas exclusivas. Uma parcela significativa de consumidores está disposta e apta a ampliar o processo de compra para adquiri-los. Exemplos: carros, vestidos de grife, perfumes e joias.
	Bens não procurados	Bens sobre os quais o consumidor tem pouco conhecimento. Também não existe a intenção de comprá-los antes da necessidade se apresentar. Exemplos: lápides em cemitérios e seguros de vida. Alguns bens de alta tecnologia, por vezes, podem receber essa classificação.
Bens industriais: são os bens e serviços comercializados entre as organizações, e sua classificação depende do processo de produção ou do custo relativo.	Materiais e componentes	Bens incorporados na produção de um produto. Podem ser classificados em duas classes: matérias-primas (produtos agropecuários e produtos naturais) e produtos semiacabados, ou manufaturados, e componentes.
	Bens de capital	Bens de vida útil longa e que facilitam a operação de produtos acabados. Podem ser classificados em dois grupos: instalações (prédios, depósitos, etc.) e equipamentos (máquinas, computadores, etc.).
	Suprimentos e serviços	Bens de vida útil curta que facilitam a operação de produtos acabados. Os suprimentos podem ser de dois tipos: operacionais (lubrificantes, material de escritório, etc.) e itens de manutenção (tintas, pincéis, etc.). Os serviços também podem ser de dois tipos: de manutenção e reparos (limpeza, manutenção de máquinas, etc.) e de consultoria (consultoria jurídica, contábil, etc.).

A partir dessa conceituação prévia, também representada na Figura 6.4, é possível examinar as principais decisões que os profissionais de marketing devem tomar acerca do sortimento de produtos e do estabelecimento de linhas de produtos.

Figura 6.4 Classificação de produtos: bens de consumo e industriais.
Fonte: dos autores.

>> Decisões sobre sortimento de produtos e linhas

As decisões que um profissional de marketing deve tomar são muitas, mas geralmente começam pela escolha do sortimento de produtos que a empresa oferecerá ao mercado. O **sortimento de produtos**, ou *mix* de produtos, é o conjunto de produtos oferecidos por uma empresa aos seus clientes.

O sortimento de produtos de uma empresa consiste em várias **linhas de produtos**, que são grupos de itens associados – porém, o mercado os visualiza como similares ou pertencentes a um grupo homogêneo. No quadro abaixo, há um exemplo do sortimento de produtos oferecidos pela Colgate-Palmolive.

Percebe-se que cada linha de produtos da Colgate possui diversas categorias (cremes dentais, escovas dentais, sabonetes em barra, sabonetes líquidos, desinfetantes, limpadores, etc.), e que cada categoria pode assumir a mesma marca, ou marcas distintas.

Quadro 6.3 » Sortimento de produtos da Colgate-Palmolive

	Linhas de produtos			
	Higiene bucal	**Higiene pessoal**	**Limpeza do lar**	**Nutrição de animais**
Categorias de produtos	*Cremes dentais:* Colgate Total 12®, Sorriso®, Colgate® Sensitive Pró-Alívio™, etc. *Escovas dentais:* Colgate® 360°®, Colgate® Slim Soft, Colgate® Twister Fresh, Sorriso®, etc. *Linha infantil:* Colgate® Smiles Barney™, Colgate® Smiles Barbie™, Colgate® Smiles Homem Aranha™, Gel Dental Tandy®, etc. *De seu dentista:* Colgate® PerioGard®, Colgate® Duraphat®, etc. *Complementos bucais:* Colgate® Plax®, Fio e Fita Dental Colgate®, etc.	*Sabonetes em barra:* Palmolive® Naturals®, Palmolive® Nutri-Milk®, Protex®, Protex® for Men, etc. *Sabonetes líquidos:* Palmolive® Naturals®, Palmolive® NutriMilk®, Protex®, Protex® for Men, etc. *Para os cabelos:* Palmolive® Naturals®, Palmolive® Anticaspa, Palmolive® Naturals® Kids, Darling®, etc. *Linha infantil:* Palmolive® Naturals® Kids.	*Desinfetantes:* Pinho Sol®. *Limpadores:* AJAX®. *Limpeza das roupas:* Ola®.	Alimentos Science Diet™ e Alimentos Prescription Diet™.

Fonte: Adaptado de Colgate (c2014).

> **DEFINIÇÃO**
> **Categoria de produtos** é a variedade de itens que os clientes veem como substitutos razoáveis para outro, podendo ser utilizados em circunstâncias similares. Já **marca** pode ser um nome, um termo, um *design*, um símbolo ou qualquer outra característica que identifica os bens e serviços de uma organização, diferenciando-os de outras organizações.

Assim, o primeiro conjunto de decisões que um profissional de marketing deve tomar acerca dos produtos da empresa diz respeito ao sortimento de produtos, às linhas de produtos e às suas categorias. Deve também decidir se usará uma única marca, ou marcas diferentes para cada categoria de produtos.

Outro conjunto de decisões diz respeito à extensão e à profundidade. A **extensão** da linha de produtos (também conhecida como variedade) representa o número de linhas de produtos ofertados pela empresa. No caso da Colgate-Palmolive, a extensão da linha de produtos é quatro (higiene bucal, higiene pessoal, limpeza do lar e nutrição de animais). A **profundidade** é o número de categorias em uma linha de produtos. No exemplo da Colgate, pode-se perceber que a profundidade é variada, mudando conforme a linha de produtos (a linha de higiene bucal tem maior profundidade do que a de limpeza do lar).

Dessa forma, ao considerar as decisões de extensão de linhas e profundidade de categorias, o profissional de marketing deve observar as possibilidades de expansão ou contração, em ambos os casos. As decisões de expandir ou contrair são complexas, e, por vezes, independem da vontade exclusiva do profissional ou da empresa. Deve-se considerar a situação do setor em que a empresa atua, as reações do consumidor e os impactos de tais decisões sobre a operação cotidiana da empresa. Por fim, tais decisões passam também sobre o gerenciamento da marca, da empresa ou do produto.

Gestão de marcas

Gestão de marcas, ou *branding*, é a forma como a empresa diferencia suas ofertas de produtos de seus concorrentes. A marca pode estar representada por um nome, *slogan*, logotipo, símbolo ou até mesmo por uma embalagem diferenciada, o que auxilia na lembrança e no processo de compra por parte dos clientes. Os elementos principais que constituem as marcas podem ser vistos no Quadro 6.4.

Agregação de valor por meio das marcas

Para além das características físicas e funcionais, os produtos e serviços são fortemente influenciados pela sua marca – que pode agregar valor e induzir o consumo, pois:

Quadro 6.4 » O que constitui uma marca?

Elemento da marca	Descrição
Nome da marca	O componente falado da marca: descreve o bem ou serviço/características do produto e/ou é composto de palavras inventadas ou derivadas de uma linguagem coloquial ou contemporânea. Os exemplos incluem Picorrucho (sugere as características do produto – roupas infantis), Nestlé (nenhuma associação com um produto específico) ou Nokia (termo inventado).
URLs (*Uniform Resource Locators*) ou nomes de domínio	A localização de páginas na internet, as quais muitas vezes substituem o nome da empresa, como Yahoo! e Amazon.com.
Logotipos e símbolos	Os logotipos são elementos visuais da marca que representam os nomes corporativos ou marcas registradas. Os símbolos são logotipos sem palavras. Os exemplos incluem o *swoosh* da NIKE e a estrela da Mercedes-Benz.
Personagens	Elementos da marca que podem ser humanos, animais ou animados. Os exemplos incluem o tigre Tony da Kellogg's® e a figura da Gina nas caixas de palito de dentes.
Slogans	Frases curtas usadas para descrever a marca ou persuadir os consumidores sobre algumas características da marca. Os exemplos incluem as frases "Tem mil e uma utilidades" da Bombril e "Energia que dá gosto" do Nescau.
Jingles	Mensagens de áudio sobre a marca compostas de palavras ou música distintiva. Os exemplos são a assinatura de som do Banco Itaú e a música da campanha dos "Mamíferos Parmalat".

Fonte: Adaptado de Grewal e Levy (2012).

WWWo

» NO SITE
Acesse o ambiente virtual de aprendizagem Tekne e saiba mais sobre a campanha da Parmalat que marcou o Brasil.

As marcas facilitam os processos de compra: quando conhecidas, as marcas transmitem informações aos consumidores, como qualidade, conforto e durabilidade. Tais elementos reduzem as eventuais dúvidas de um consumidor no momento de optar por uma ou outra marca. As informações transmitidas pela marca possibilitam ao consumidor diferenciar as empresas concorrentes.

As marcas geram lealdade: ao estabelecer uma frequência no uso de um produto, os consumidores aprendem a confiar em determinadas marcas. Muitos consumidores, quando questionados, não consideram a possibilidade de experimentar novas marcas ou produtos. Experimente perguntar a um consumidor fiel da Coca-Cola se ele está disposto a mudar seu hábito de consumo para a Pepsi.

As marcas reduzem os custos operacionais de marketing: marcas reconhecidas gastam relativamente menos em campanhas de marketing do que as pouco conhecidas.

As marcas são ativos: as marcas podem ser legalmente protegidas e com isso se tornarem um valioso ativo das empresas. Marcas registradas se tornam propriedade exclusiva das suas possuidoras. Na maioria das vezes, as marcas famosas devem estabelecer uma forte política de proteção de suas marcas, sobretudo com relação à pirataria e uso indevido.

Com isso, pode-se concluir que investimentos no fortalecimento das marcas impactam diretamente os resultados das empresas. E isso vai além da relação direta com o faturamento das vendas dos produtos. Marcas conhecidas influenciam o valor da empresa, e, no caso das empresas de sociedade anônima (SA), tal relação é percebida no valor de suas ações nas bolsas. A Tabela 6.1 demonstra o resultado de uma pesquisa com o valor das marcas de 500 empresas, no ano de 2013.

Tabela 6.1 » As 10 marcas mais valiosas do mundo

Classificação	Marca	Valor (US$)
1	Apple	87 milhões
2	Samsung	58 milhões
3	Google	52 milhões
4	Microsoft	45 milhões
5	Walmart	42 milhões
6	IBM	37 milhões
7	GE	37 milhões
8	Amazon	36 milhões
9	Coca-Cola	34 milhões
10	Verizon	30 milhões

Fonte: Adaptada de Brand Finance (c2014).

Perceba o quanto uma marca pode representar em termos de patrimônio para uma empresa. Isso confirma ainda mais a importância de gerenciar as marcas, bem como o papel estratégico que possui o profissional de marketing nesse processo.

Ciclo de vida dos produtos

Toda empresa, antes de lançar um produto, deve verificar uma série de elementos necessários ao sucesso do empreendimento: existência de condições tecnológicas para produção, disponibilidade de recursos físicos, humanos e financeiros para desenvolver o projeto e condições do mercado, como demanda e oferta de produtos concorrentes.

O **ciclo de vida de um produto** é uma representação esquemática do desempenho do produto no mercado ao longo do tempo. Os variados estágios do ciclo de vida de um produto exigem da empresa e do profissional de marketing uma revisão periódica das estratégias e dos recursos empregados na fabricação e divulgação do produto.

Ao longo do tempo, o faturamento (o desempenho das vendas) e a lucratividade (resultado final após os custos) de um produto sofrem alterações. O ciclo de vida do produto é uma técnica que procura reconhecer a existência de estágios distintos ao longo do histórico de vendas. Veja mais a seguir.

Estágios do ciclo de vida do produto

O histórico das vendas de um produto segue a forma de uma curva S, que pode ser dividida em quatro estágios: introdução, crescimento, maturidade e declínio. (Veja na Figura 6.5 uma representação esquemática do ciclo de vida de um produto genérico.) No entanto, a determinação dos momentos em que os estágios começam e terminam é um tanto arbitrária. Na prática, baseia-se no momento em que a taxa de crescimento ou declínio de vendas se torna acentuada, considerando-se os parâmetros estabelecidos pela empresa ou pelo setor econômico em que atua.

> **DICA**
> O conceito de ciclo de vida do produto é útil, sobretudo, para desenvolver estratégias eficazes de marketing nos diferentes estágios de desempenho dos produtos.

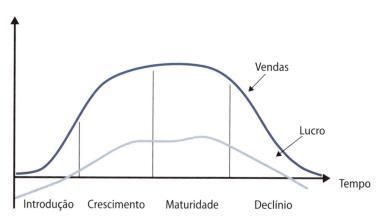

Figura 6.7 Representação gráfica do ciclo de vida de um produto genérico.
Fonte: dos autores.

Introdução

O estágio de introdução é marcado por um lento crescimento nas vendas. Estas são algumas das causas que podem ajudar a explicar tal situação:

- Falta de agilidade na expansão da capacidade de produção fabril do produto.
- Existência de problemas técnicos, decorrentes de falhas nos projetos do produto.
- Dificuldades na disponibilização dos produtos aos clientes, em especial na demora para escolha de distribuidores (atacadistas ou varejistas), ou ainda na abertura de novos pontos de venda próprios da empresa.
- Relutância dos clientes em aceitar novos padrões de comportamento de compra, em virtude do lançamento do produto.

>> DICA

Estratégias de marketing no estágio de introdução

Nessa fase, as despesas de promoção e comunicação do produto são elevadas, assumindo, por vezes, uma proporção mais alta em relação às vendas. Tal estratégia tem por objetivo:

- Informar o mercado potencial da existência do novo produto.
- Propor aos clientes a experimentação do produto.
- Assegurar a correta distribuição do produto nos pontos de venda.

> **>> DEFINIÇÃO**
> Lucro extraordinário é o valor que excede o lucro normal, ou seja, quando as receitas superam os custos: é diferença entre a receita total e o custo total, considerando o lucro normal como um custo não desembolsado efetivamente pela empresa. Além disso, o lucro extraordinário pode ser compreendido como o lucro da firma que excede o lucro médio de um determinado setor econômico.

Crescimento

Se o novo produto obtiver aceitação por parte do mercado, as vendas tendem a subir. A comercialização do produto é incrementada por meio de comentários favoráveis e de recomendações de outros consumidores, além de ser uma resposta às inúmeras decisões tomadas pela empresa.

Esse é o estágio em que os novos concorrentes entram no mercado, em busca dos eventuais lucros obtidos pela comercialização do produto. Os concorrentes estão atrás do **lucro extraordinário** promovido pelo produto. Nesse ponto, a empresa começa a acrescentar outros atributos e funcionalidades ao produto, a fim de conquistar novos segmentos. Em função do produto e da marca já serem conhecidos nesse estágio, a proporção das despesas com propaganda em relação às vendas é decrescente, e isso contribui para a elevação dos lucros.

> **DICA**

Estratégias de marketing no estágio de crescimento

A empresa busca sustentar ao máximo o crescimento obtido no mercado. Para isso, algumas ações podem ser executadas:

- Investimento na melhoria da qualidade percebida pelos clientes, oferecendo novos atributos, modelos e funcionalidades do produto.
- Busca por novos segmentos de mercado.
- Monitoramento de novos canais de distribuição, procurando ampliar a exposição do produto.
- Substituição dos modelos de comunicação de um padrão de formação de consciência de produto para estratégias de promoção calcadas no convencimento e na aquisição.
- Decisão sobre o momento certo para implementar uma política de redução dos preços, a fim de atrair camadas de consumidores sensíveis a preço no mercado.

Maturidade

Ao longo do tempo, todo produto vê seu ritmo de crescimento de vendas diminuir, entrando, assim, no estágio de maturidade. A maioria dos produtos conhecidos se encontra no estágio de maturidade do seu ciclo de vida.

> **DICA**

Estratégias de marketing no estágio de maturidade

O profissional de marketing, diante da constatação de que o produto se encontra no estágio de maturidade, dispõe de três estratégias básicas:

- Mudar de mercado, observando as oportunidades para encontrar novos mercados e segmentos.
- Modificar o produto, promovendo o seu relançamento, e buscando atrair novos usuários e/ou a ampliar o número de clientes.
- Modificar o composto de marketing, promovendo a ampliação das vendas por meio da mudança de um ou mais elementos do composto de marketing.

Declínio

Os produtos e suas marcas geralmente entram em um estágio de declínio de vendas, que pode ser lento ou rápido. As vendas podem deixar de existir, ou ainda se estabilizar em um nível muito baixo, inviabilizando a continuidade da oferta do produto.

A manutenção de um produto com baixo desempenho em vendas é muito dispendiosa para a empresa, e sua não eliminação no tempo adequado pode comprometer a lucratividade e enfraquecer a empresa, no futuro.

» DICA

Estratégias de marketing no estágio de declínio

Uma empresa enfrenta inúmeros desafios quando seus produtos entram no estágio de declínio:

- Identificar os produtos fracos – aqueles que realmente estão em um estágio de declínio.
- Determinar as estratégias de marketing – a finalidade é adaptar a empresa aos processos da gradativa eliminação do produto do mercado.
- Decisão de abandono – vender, transferir ou abandonar o produto completamente.

» Tarefas do marketing no gerenciamento dos produtos

Após analisar as mudanças que devem ser promovidas nos produtos em cada estágio do ciclo de vida, é possível elencar algumas tarefas principais a serem executadas pelos profissionais de marketing. No Quadro 6.5 são apresentadas ações em relação ao produto e aos seus mercados para garantir um melhor desempenho da empresa.

Quadro 6.5 » Ações para promoção de produtos

Manutenção	É utilizada quando o produto atinge o estágio de maturidade, tendo o volume de vendas desejado, porém baixa capacidade de geração de caixa para a empresa. O desafio consiste em manter a competitividade do produto, sustentando a demanda e buscando anular as ações da concorrência, sobretudo em questões relacionadas ao preço, à oferta de novos serviços, ao estímulo à equipe de vendas e à atuação junto aos canais de comercialização (distribuidores e revendedores).

Quadro 6.5 » Ações para promoção de produtos

Estímulo	Deve ser empregado quando existir um produto que não desperta o interesse dos consumidores, gerando uma demanda inexistente. A tarefa de estimular os mercados é justamente esta: converter demanda inexistente em demanda positiva. Geralmente, para a criação da demanda, é preciso relacionar o produto com as necessidades existentes no mercado, intensificando a sua comunicação e divulgação.
Eliminação	Deve ser executada quando um produto apresenta uma demanda indesejada do ponto de vista da saúde e segurança do consumidor ou do público em geral, uma vez que apresenta atributos negativos. Tal ação pode partir da empresa fabricante, dos órgãos de controle e defesa do consumidor ou até mesmo do governo. As indústrias automobilísticas e farmacêuticas utilizam essa ação com alguma frequência.
Revitalização	Empregada para revitalizar o produto em declínio por meio de campanhas que promovam o despertar do interesse por parte dos consumidores, promovendo o início de um novo ciclo para o produto.
Sincronização	Deve ser praticada em mercados em que a demanda se dá de forma irregular, ou seja, quando o consumo ou utilização é sazonal. O papel do profissional de marketing é otimizar os recursos utilizados por meio da sincronização, alterando o período de demanda do produto, promovendo vendas mais constantes – ou menos oscilantes.
Redução	Utilizada, geralmente, quando a demanda por um produto é superior à capacidade de oferta da empresa, ocasionando falta de produtos no mercado. Também conhecido como marketing de escassez, procura atender a necessidade de grupos de clientes estratégicos de maneira parcial, com um programa de esclarecimentos e conscientização dos problemas e das providências que estão sendo tomadas.

Tais ações fazem parte do cotidiano dos profissionais de marketing. Sua execução depende da capacitação do profissional e das condições existentes na firma e no mercado. Porém, cabe exclusivamente à empresa promover uma cultura de "olhar os mercados" de maneira constante, buscando de forma regular planejar e executar ações que visem ao aprimoramento dos produtos e à melhoria do desempenho da empresa.

>> RESUMO

Neste capítulo, demonstramos a importância, para o profissional de marketing, do composto "produto", abordando os principais conceitos inerentes ao tema. Apresentamos uma ferramenta conceitual chamada de ciclo de vida do produto, que visa analisar as diferentes fases de um produto ao longo do tempo, considerando o comportamento das vendas e do lucro. Para cada uma das fases descritas, apontamos algumas alternativas estratégicas de ação mercadológica. Por fim, indicamos algumas tarefas importantes que o marketing deve cumprir no gerenciamento de produtos em uma empresa.

>> Agora é a sua vez!

1. Em sua opinião, o sucesso de um produto depende de quais fatores?
2. Escolha um produto qualquer. Defina-o a partir de suas funcionalidades e atributos.
3. Pense na marca de um produto que você habitualmente consome. De que modo você acredita ser influenciado por essa marca em seu processo de compra?
4. Defina ciclo de vida de produto.
5. Cite dois exemplos de produtos que se encontram no estágio de introdução do ciclo de vida.
6. Ainda com base nos exemplos citados acima, quais ações desenvolvidas pelas empresas se destinam a criar consciência da existência do produto ou ainda ampliação da demanda?
7. Pense em um produto que se encontre em declínio. Quais estratégias poderiam ser adotadas para viabilizá-lo novamente?
8. Pesquisa na internet como era a distribuição das dez marcas mais valiosas do mundo no início dos anos 2000. Compare com as atuais (Tabela 6.1). Existem mudanças nas empresas classificadas? Como você analisa tal mudança?
9. Escolha uma empresa que possua uma *homepage*. Ao consultá-la, procure descrever o *mix* de produtos dessa empresa, no que se relaciona a suas linhas (amplitude e extensão).

REFERÊNCIAS

BOONE, L.E.; KURTZ, D.L. *Marketing contemporâneo*. 8.ed. São Paulo: LTC Editora, 1998.

BRAND FINANCE. [*Site*]. c2014. Disponível em: < http://brandirectory.com/>. Acesso em: 11 ago. 2014.

COLGATE. [*Site*]. c2014. Disponível em: < http://www.colgate.com.br/app/Colgate/BR/HomePage.cvsp>. Acesso em: 11 ago. 2014.

CZINKOTA, M. R. *et al. Marketing*: as melhores práticas. Porto Alegre: Bookman, 2001.

GREWAL, D.; LEVY, M. *Marketing*. 2. ed. Porto Alegre: AMGH, 2012.

KOTLER, P.; ARMSTRONG, G. *Princípios de Marketing*. Rio de Janeiro: Prentice-Hall do Brasil, 1998.

LEVITT, T. *The marketing made*. New York:. McGraw-Hill, 1969.

MCCARTHY, E. J.; PERREAULT, W.D. *Marketing essencial*: uma abordagem gerencial e global. São Paulo: Atlas, 1997.

MENINO de 15 anos cria carregador de celular movido a passos. *Revista PEGN*, Rio de Janeiro, jun. 2014. Disponível em: <http://revistapegn.globo.com/Noticias/noticia/2014/06/menino-de-15-anos-cria-carregador-de-celular-movido-passos.html>. Acesso em: 11 ago. 2014.

LEITURAS RECOMENDADAS

KOTLER, P. Administração de marketing. São Paulo: Prentice Hall, 2000.

LEVITT, T. Marketing success through differentiation – of anything. Harvard Business Review. 1979. Disponível em: <http://cte.jhu.edu/courses/pii/marketing%20success%20through%20differentiation.pdf>. Acesso em: 20 ago. 2014.

capítulo 7

Preço

A importância do preço como componente estratégico para a tomada de decisão nas empresas, de acordo com uma visão integrada do marketing, é crucial. Decisões de preço são pertinentes por diversas razões, como o fato de o preço ser o único elemento do composto mercadológico que gera receita e lucro para a empresa ou organização. Ele também possui, entre outras particularidades, uma ligação direta com a demanda do mercado, o que o torna mais suscetível às transformações no cenário dos negócios. Neste capítulo, apresentaremos os conceitos relacionados ao preço e suas relações com o marketing integrado.

Objetivos de aprendizagem

» Reconhecer a importância de gerenciar os preços de forma eficaz, aplicando com propriedade as estratégias de precificação.

» Definir os elementos determinantes e aplicá-los quando da precificação.

» Avaliar os custos de produção, os preços dos concorrentes ou dos produtos substitutos e as características exclusivas do produto antes de precificar.

» Discutir sobre como as empresas devem reagir às mudanças nos preços dos concorrentes.

» PARA COMEÇAR

Estratégia de preços baixos da Forever 21

Um mês após a inauguração da primeira loja no Brasil da varejista americana Forever 21, ainda havia filas de consumidores no momento da abertura. Centenas de pessoas chegaram a esperar até duas horas no shopping Morumbi, em São Paulo, para entrar na loja. Para especialistas em varejo, os preços baixos oferecidos na abertura, compatíveis com os praticados no exterior, foram a estratégia de ingresso da empresa no mercado nacional.

A Forever 21 engrossou o movimento de abertura de lojas no Brasil por varejistas estrangeiras. Nos últimos dois anos, Gap e Top Shop chegaram ao País, mas trouxeram preços maiores. O brasileiro tem fascínio por produtos importados. A novidade da Forever 21 foi trazer preços similares aos do exterior, atraindo pessoas que já compraram na rede em outros países. A loja não abre seus dados financeiros, mas informou que vendeu o dobro do esperado no seu primeiro fim de semana de operação. O movimento acima do previsto fez os consumidores notarem que faltam produtos nas prateleiras.

A estratégia de preços da varejista americana pode ser "potencialmente negativa para as varejistas brasileiras no médio e longo prazo", afirma o relatório de um importante banco nacional. "Acreditamos que a Forever 21 está atingindo um nicho de mercado extremamente acessível e com alto conteúdo de moda, uma proposta de valor com grande apelo para o consumidor brasileiro", informa o relatório do banco. Especialistas em varejo entendem que a oferta de preços baixos foi uma estratégia de marketing para "fazer barulho" na estreia no Brasil, mas preveem reajustes. "Essa política de preços é uma estratégia de chegada, que será impossível manter", disse um especialista em varejo consultado. "Ela deve se manter no '*fast fashion*', mas seus preços devem convergir para o mesmo patamar das varejistas que já atuam aqui, como Renner, Marisa e C&A", completou o consultor. Em nota, a Forever 21 disse que oferecer "preço justo é um compromisso da marca em todos os mercados aonde chega" e que corta custos para isso. Seus executivos, por exemplo, voam em classe econômica, e a empresa não usa celebridades caras em campanhas.

O diretor geral da Associação Brasileira do Varejo Têxtil (Abvtex), Jose Luiz Cunha, diz que a chegada de redes estrangeiras é positiva para o segmento: "Isso fortalece o mercado formal. Desleal é concorrer com a informalidade". Ele não espera que a entrada da varejista force uma redução de preços pelas redes que já operam no País. "Ela só tem uma loja, e seu plano de expansão esbarrará nos mesmos problemas que enfrentam as redes que já estão aqui para abrir novas lojas", explica.

Reportagem extraída de (FOREVER 21..., 2014).

>> Estratégias de precificação

O preço é o elemento mais flexível dentre aqueles que compõem o *mix* de marketing. Isso significa que os preços são fáceis de mudar. No entanto, não significa que as empresas, em sua maioria, executam a tarefa de precificar seus produtos ou serviços de maneira eficiente. E é só perguntarmos para qualquer empresário ou gestor de marketing para verificar que muitos deles estão mais preocupados com os preços (tabelas, etiquetas, etc.) do que com o seu gerenciamento mais amplo, com os demais compostos mercadológicos.

Por vezes, o preço expressa certo antagonismo entre os clientes e as empresas ofertantes (no que se refere aos objetivos a que se propõem), decorrente dos movimentos de oferta e demanda. Ofertantes querem vender seus bens pelo maior preço possível, e compradores, ao contrário, querem obter uma maior quantidade do bem pelo menor preço.

>> PARA REFLETIR

Em sua opinião, o preço de um produto depende de que fatores?

Em geral, os vendedores querem comercializar seus produtos ou serviços ao maior preço possível. Imagine, por exemplo, uma pessoa que deseja vender seu automóvel usado. Por diversas razões (valor de mercado, crescimento da economia, etc.) e percepções (estado do veículo, valor sentimental, etc.), o valor pedido pelo carro, geralmente, tende a ser exagerado. Digamos que o valor estimado do veículo seja de R$ 40.000,00. Tal valor somente irá se concretizar se o vendedor encontrar um comprador disposto e apto pagá-lo. Se isso não acontecer, ficará evidente que o preço do carro está "contaminado" pelas percepções e sentimentos do vendedor. No final das contas, o preço de um bem tem mais a ver com o valor final a ser recebido pelo vendedor do que com qualquer outra percepção sobre os mercados.

Assim, pode-se dizer que as estratégias de precificação eficazes estão mais associadas aos fatores objetivos do que aos sentimentos ou paixões dos vendedores com relação aos bens comercializados. Sob o **ponto de vista do vendedor**, existem quatro elementos fundamentais que orientam a estratégia de precificação:

- Custos.
- Demanda.
- Valor para o consumidor.
- Preços dos produtos concorrentes.

>> **IMPORTANTE**
Ao se pensar em estratégias eficazes de precificação a partir da ótica do ofertante, pelo menos um dos elementos acima deve estar claramente relacionado ao preço. Isso não significa dizer que tais elementos são excludentes. Pelo contrário, quando usados de forma associada, geralmente promovem melhores resultados para a empresa.

» DICA
Considerar os custos é a primeira etapa de uma estratégia eficaz de precificação.

Os **custos** devem ser o primeiro elemento considerado na elaboração de uma estratégia de preços. Se o preço do produto não cobrir os custos diretos (pagamentos de mão de obra, insumos relacionados à produção, etc.) e indiretos (despesas administrativas, aluguel, taxas, etc.) a empresa não obterá lucro, que é vital para a sustentação das operações da firma. Porém, o fato de a empresa, com seu preço de venda, conseguir cobrir seus custos, não significa que o produto será vendido. Além dos custos, deve-se considerar a demanda.

A **demanda do mercado** é outro elemento fundamental para a precificação. Compreender o quanto os consumidores estão dispostos a pagar por um produto antes de colocá-lo no mercado garante maior chance de sucesso à empresa. Retornando ao exemplo da venda do automóvel, um carro esportivo é, geralmente, mais valorizado do que os modelos populares. Isso ocorre porque tais modelos de veículos se destinam a tipos de consumidores ou mercados diferentes.

» DICA
Reconhecer as características e a dinâmica dos mercados é o segundo passo para obter êxito nas estratégias de precificação.

Outro elemento importante a ser considerado é o **valor entregue ao consumidor** pelo produto ou serviço e sua relação com o preço. Imagine que seja oferecido um seguro no momento da venda do veículo (mencionado anteriormente). Tal seguro previne ou soluciona um problema futuro para o proprietário do veículo. Assim, coberturas totais ou parciais possuem valores distintos ao proprietário. Ou seja, é importante que o ofertante reconheça qual valor é entregue ao consumidor e percebido por ele no momento da venda, e qual é sua relação com o preço final do produto ou serviço.

» PARA REFLETIR

O preço é uma das poucas áreas do marketing em que os objetivos dos consumidores e das empresas são conflitantes, ou melhor, nem sempre estão alinhados em atingir o mesmo alvo. Atualmente, com o crescimento da competição e o amplo acesso às informações, via internet, as comparações entre bens e suas características é atividade rotineira dos consumidores, e nesse cenário atual, o preço tem assumido uma importante função enquanto agente promotor de diferenciais competitivos entre as empresas.

Por fim, uma estratégia eficaz de precificação deve considerar os **preços praticados pelos concorrentes** por produtos semelhantes. Avaliar os preços dos concorrentes não significa que é preciso igualar os preços – ao menos que essa seja a estratégia deliberada da empresa. Em geral, as empresas procuram diferenciar seus produtos e, por conta disso, conseguem praticar preços distintos das demais empresas. Observar os preços dos concorrentes significa considerar as faixas de preços. Outros componentes relacionados aos preços dos concorrentes devem ser considerados, como as políticas promocionais, as estratégias de distribuição e as formas de financiamento.

Fatores externos ou conjunturais também devem ser considerados durante a precificação de um produto, pela ótica do vendedor. A estrutura dos mercados, o grau de concorrência, a existência de produtos substitutos, bem como o grau de regulação (existência de leis que governam as transações de mercadorias e serviços) e a situação macroeconômica do país e da região, precisam ser avaliados no momento da precificação (veja a figura a seguir).

Figura 7.1 Fatores internos e externos que devem ser considerados quando da precificação do produto.
Fonte: dos autores.

Os objetivos dos preços também podem ser compreendidos a partir do ponto de vista dos compradores ou demandantes. Geralmente, os objetivos dos demandantes se opõem aos objetivos dos ofertantes. Ou seja, se os ofertantes tentam maximizar os preços dos produtos vendidos, os demandantes buscam minimizar a fixação desses. No exemplo do veículo a ser vendido, o comprador não percebe os valores sentimentais que o vendedor considera no momento da precificação. Para o comprador, o que importa são as características do veículo e como elas satisfazem as suas necessidades e desejos. Assim, o veículo cujo preço original seria, na ótica do vendedor, R$ 40.000,00, pode ser avaliado, pelo comprador, em R$ 35.000,00, em decorrência das condições mecânicas do carro, por exemplo.

Para o comprador, o preço representa o dinheiro a ser pago pelo produto. Dessa forma, quando se estabelece uma estratégia de preço, deve-se considerar o quanto o demandante está disposto a pagar. E empresas bem-sucedidas compreendem que os clientes dispõem de muitos outros ativos, além do dinheiro, quando do ato de compra de um bem ou serviço. Se enquadram nessa categoria ativos como tempo e expectativas com relação ao produto.

Do **ponto de vista do comprador**, dois elementos são fundamentais quando se observa a estratégia de preços de uma empresa:

- Valor percebido pelo cliente.
- Sensibilidade aos preços.

O dinheiro que os clientes dão por um produto ou serviço está relacionado ao valor percebido desse bem. O preço monetário é apenas uma parte da equação do valor, que deve sempre estar sendo avaliada pelo profissional responsável pela estratégia de precificação.

> **IMPORTANTE**
> O valor atribuído ao produto pelo cliente é resultado da diferença entre os benefícios de aquisição (qualidade, experiência de uso, *status*, etc.) e os custos associados à compra (preço monetário, tempo de espera, juros, etc.). Uma empresa que compreende essa equação compreende melhor seus consumidores.

> **Valor = benefícios – custos**

Outro elemento a considerar, sob a ótica dos clientes, é sua sensibilidade com relação às variações de preços (e por vezes de outros condicionantes, como taxas de juros, prazos de pagamentos e entregas, etc.). Esse indicador é amplamente debatido pelos economistas e é conhecido como **elasticidade-preço**. Significa dizer qual será o impacto na quantidade demandada de um bem, se sofrer um aumento (ou redução) no seu preço. Muitos supermercados, hoje, utilizam essa medida para simular eventuais modificações nos preços de produtos específicos e conhecer as reações dos consumidores.

> **WWWo**
>
> **>> NO SITE**
> Aprenda mais sobre elasticidade-preço visitando o ambiente virtual de aprendizagem Tekne: **www.bookman. com.br/Tekne.**

>> Elementos determinantes das estratégias de preços

A complexidade e a flexibilidade que caracterizam as estratégias de precificação fazem com que as decisões sobre preços estejam entre aquelas que exigem maior competência do gestor. A decisão sobre preços impõe uma vasta compreensão de inúmeros elementos importantes, que são explicados a seguir.

>> Oferta e demanda

As clássicas leis da oferta e de demanda devem ser sempre lembradas como um dos elementos fundamentais na determinação de preços. Porém, para além das relações entre preço e demanda, os profissionais de marketing devem atentar para duas situações importantes:

- Na prática, poucos produtos, quando se encontram em momentos de elevação da demanda, têm seus preços reduzidos (é o caso dos sorvetes no verão, p. ex.).
- Grande parte dos consumidores tem expectativas com relação aos preços dos produtos no momento da compra. Por exemplo, é natural que os consumidores esperem pagar mais pela entrada em uma peça de teatro no seu lançamento. O mesmo ocorre no lançamento de uma nova coleção de calçados.

Sabendo disso, o profissional de marketing pode empregar melhor as estratégias de precificação, associando-as com as expectativas dos consumidores.

» Objetivos da precificação

A regra de ouro do estabelecimento de objetivos de precificação é ser:

- Realista.
- Mensurável.
- Realizável.

Uma empresa pode ter diversos objetivos de precificação. No Quadro 7.1, há um resumo dos principais. Geralmente, os resultados de uma empresa advêm das margens de lucro, do volume de vendas ou da combinação desses dois elementos. Os objetivos de precificação devem refletir essa realidade das firmas.

Quadro 7.1 » Principais objetivos de precificação

Orientação ao lucro	Busca maximizar a diferença de preço com relação aos preços dos concorrentes, do valor percebido, da estrutura de custos e da eficiência produtiva. Geralmente, o foco é a definição de um retorno-alvo, e não apenas a maximização do lucro.
Fluxo de caixa	Visa recuperar o caixa o mais rápido possível. Geralmente, emprega-se quando o caixa da empresa enfrenta situação de emergência ou quando o ciclo de vida do produto for curto.
Foco no volume	Fixa os preços com o objetivo de maximizar o volume de unidades vendidas. Nesse caso, geralmente ocorre uma redução da margem de lucro a fim de proporcionar uma maior rotatividade do produto.
Participação de mercado	Empregado quando o objetivo é ampliar ou manter a participação no mercado, independentemente das flutuações de vendas do setor. Geralmente, tal objetivo fica claro no estágio de maturidade do ciclo de vida do produto.
Demanda	Estabelece os preços tendo por base as expectativas do consumidor.
Prestígio	Imprime preços altos, compatíveis com um produto de prestígio ou *status* elevado. Os preços são estabelecidos desconsiderando a estrutura de custos da empresa ou do setor.
Manutenção do *status*	Manutenção dos preços, buscando sustentar uma posição em relação à concorrência.
Alinhamento competitivo	Objetiva igualar ou vencer os preços do concorrente. A meta é fazer com que o mercado consumidor avalie positivamente o produto, mantendo a percepção de bom valor em relação à concorrência.

Fonte: Adaptado de Ferrel e Hartline (2008).

» ATENÇÃO
A organização do setor no qual está inserida a firma influencia as decisões sobre preços.

» Estrutura do setor e organização da concorrência

Muitas empresas, ao determinarem seus preços, necessitam observar claramente a estrutura do setor em que estão inseridos, bem como a situação da concorrência. Mesmo que a estratégia da empresa seja alinhar seus preços aos praticados pela concorrência, os profissionais de marketing devem se informar sobre a situação do setor e a relação da firma, sobre os produtos e os preços, relativamente ao comportamento dos principais concorrentes.

» Ciclo de vida do produto

As estratégias de marketing se alteram à medida que um produto passa pelos diversos estágios de seu ciclo de vida. As mudanças na precificação acompanham as alterações na demanda, no comportamento da concorrência, nas expectativas dos consumidores e no próprio produto. O Quadro 7.2 apresenta as principais mu-

» PARA SABER MAIS
Para conhecer mais sobre o ciclo de vida dos produtos, consulte o Capítulo 1 do livro *Introdução ao Projeto de Produtos*, da Bookman Editora.

Quadro 7.2 » Ciclo de vida do produto e estratégias de precificação

Introdução	O grau de sensibilidade do mercado em relação à variação dos preços merece atenção especial. Em mercados menos sensíveis, podem-se estabelecer preços mais elevados, a fim de gerar lucros maiores e prazo de retorno do investimento inicial mais curto. Em mercados com relativa sensibilidade, deve-se buscar fixar os preços no mesmo nível da concorrência ou até mesmo mais baixos, para marcar a entrada do produto no mercado – conhecida como estratégia de penetração.
Crescimento	Nesse estágio, há diminuição gradual dos preços em virtude do crescimento da concorrência ou de eventuais economias de escala, que provocam reduções nos custos de produção e marketing. Também ocorre uma ampliação da base dos consumidores, o que geralmente provoca maior sensibilidade aos preços.
Maturidade	Enquanto os preços continuam a diminuir, a concorrência se intensifica cada vez mais. Nesse estágio, geralmente empresas com menor eficácia produtiva e de marketing saem do mercado. Para manter as margens de lucro, nessa fase, ocorre uma rigorosa análise dos custos, buscando reduzi-los.
Declínio	Os preços continuam a declinar, a tal ponto que o mercado suporta apenas a existência de poucas empresas. Nesse estágio, os preços tendem a se estabilizar, não havendo grandes diferenças entre os concorrentes.

Fonte: Adaptado de Pride e Ferrel (2001).

danças na precificação ao longo do ciclo de vida do produto. Uma especial atenção deve ser dada à estratégia de precificação no ciclo de introdução, uma vez que as escolhas feitas nesse estágio criam um padrão de comportamento dos preços em relação aos mercados em que o produto atua.

Métodos de estabelecimento de preços

O primeiro passo que qualquer empresa deve dar antes de estabelecer os preços de seus produtos é avaliar a situação em relação a três situações:

- Custos de produção.
- Preços dos concorrentes ou dos produtos substitutos.
- Características exclusivas do produto.

A partir daí, a empresa deve analisar a estrutura de seus custos internos em relação aos padrões do mercado e da concorrência, buscando entender se opera em vantagem ou desvantagem de custos. Após, é necessário conhecer os preços de venda dos concorrentes e dos produtos substitutos, compreendendo também os padrões de qualidade praticados pelas empresas no mercado. Por fim, deve buscar compreender as lacunas existentes nesse mercado, associando a oferta de seu produto ao atendimento de demandas específicas do consumidor, e, na medida do possível, oferecer produtos e serviços que sejam percebidos como exclusivos.

Figura 7.2 Modelo genérico de fixação de preços.
Fonte: dos autores.

Preço de *markup*

É um dos métodos mais empregados, devido à facilidade operacional. Com ele, procura-se acrescentar um *markup*, ou **margem padrão**, ao custo do produto. Empresas de construção civil e restaurantes ou lanchonetes são reconhecidos por utilizar esse método no estabelecimento dos preços finais dos produtos. Diversas categorias de profissionais liberais, como os advogados, também utilizam esse método para estabelecer seus honorários.

>> EXEMPLO

Imagine uma empresa que produz cadernos escolares e, para sua produção, possui os seguintes custos e expectativa de vendas:

- Custo variável por caderno: R$ 5,00
- Custos fixos: R$ 100.000,00
- Previsão de vendas (unidades):   50.000

Com esses dados, é possível calcular o custo unitário de cada caderno, dado pela seguinte fórmula:

> **Custo unitário = custo variável + (custos fixos / previsão de vendas)**

= 5,00 + (100.000,00 / 50.000) = R$ 7,00

Partindo do pressuposto de que o empresário deseja obter um *markup* de 20% sobre as vendas, é possível chegar ao preço de venda a partir da seguinte fórmula:

> **Preço de *markup* = custo unitário / (1 – taxa de retorno esperada)**

= R$ 7,00 / (1 – 0,2) = R$ 8,75

Isso significa que o empresário deve vender cada caderno por R$ 8,75 para cobrir seus custos e obter uma margem unitária de 20% – ou seja, um lucro de R$ 1,75 por unidade vendida.

Digamos que o empresário venda seus cadernos para um varejista que deseja ter um *markup* de 50% sobre cada caderno. O varejista deverá vender o caderno ao consumidor final ao preço de R$ 17,50.

O uso do *markup*, apesar de amplamente difundido, necessita de alguns cuidados:

- As previsões de vendas devem ser o mais precisas possível. As previsões baseadas em paixões ou "achismos" dos empresários ou profissionais de marketing devem ser evitadas.
- Ao se arbitrar o *markup*, deve-se considerar minimamente como os concorrentes elaboram seus cálculos e se a margem escolhida não está extrapolando a média praticada pelo setor, ou não está afetando negativamente o comportamento dos consumidores.

» Preço de retorno-alvo

Essa abordagem estabelece o preço buscando assegurar uma taxa-alvo de **retorno sobre o investimento** (*return on investment* – ROI). Vamos seguir com o exemplo da empresa que produz cadernos escolares.

» EXEMPLO

Para montar seu negócio, o empresário investiu R$ 150.000,00 e deseja estabelecer um preço que garanta 30% de retorno sobre o investimento inicial, ou seja, R$ 45.000,00. O preço retorno-alvo é dado pela fórmula:

> **Preço retorno-alvo = custo unitário + (retorno desejado × capital investido) / previsão de vendas**

$$= R\$\ 7,00 + (0,30 \times 150.000,00) / 50.000,00 = R\$\ 7,9$$

O empresário irá realizar os 30% de retorno sobre o investimento comercializando seus cadernos a R$ 7,90 cada. Mais uma vez, deve-se salientar a importância do estabelecimento de taxas de retorno realistas, bem como previsões de vendas condizentes às realidades do mercado.

No ROI, há um ganho operacional, que é a possibilidade de se estabelecer o volume de vendas de equilíbrio, ou ponto de equilíbrio. A partir desse conceito, é possível verificar facilmente o que ocorrerá com os ganhos da empresa se houver variação nos níveis de vendas. O ponto de equilíbrio (em unidades de produto) pode ser verificado por meio da fórmula:

> **Ponto de equilíbrio = custo fixo / (preço − custo variável)**

» EXEMPLO

No exemplo anterior, sabe-se que os custos fixos para produção dos cadernos são de R$ 100.000,00. Os custos variáveis unitários são de R$ 5,00 e o preço de venda é R$ 7,90. Assim, o volume de vendas que garante a cobertura mínima dos custos da empresa é obtido:

> **Ponto de equilíbrio = R$ 100.000,00 / (7,90 − 5,00) = 34.483 cadernos**

Se os cálculos de previsão de vendas e custos estiverem corretos, o negócio parece ser bom. Sua previsão inicial foi de vender 50.000 cadernos, necessitando comercializar no mínimo cerca de 35.000 para cobrir seus custos.

» PARA SABER MAIS

As análises de ROI devem sempre observar a situação dos concorrentes, bem como a reação dos consumidores às variações nos preços – a chamada elasticidade-preço da demanda.

Saiba mais a respeito do retorno sobre o investimento (ROI) consultando o Capítulo 10 do livro *Métricas de Marketing: o guia definitivo de avaliação do desempenho do marketing*.

> » **DICA**
> A empresa precisa saber que espaço pretende ocupar na "mente do consumidor", e, a partir desse ponto, estabelecer sua relação com o preço do produto.

» Preço de valor percebido

Muitas empresas preferem estabelecer seus preços considerando a **percepção de valor** dos seus compradores em vez de considerar os custos como ponto de partida para a precificação. Nesse caso, uma série de variáveis não relacionadas ao preço são consideradas, buscando entender como os consumidores percebem a aquisição de um determinado produto. Essa abordagem pressupõe uma forte vinculação com a ideia de posicionamento do produto.

> » **DICA**
> Setores como o de siderurgia e de postos de gasolina utilizam essa estratégia de precificação.

Essa estratégia de precificação é comumente utilizada por vinícolas, nacionais e estrangeiras. Ao precificarem seus produtos, não estão preocupadas com a cobertura dos custos – não que isso não seja importante, mas muitas observaram que a percepção do preço de seus produtos pelos consumidores costuma ser influenciada por outros parâmetros, como a percepção de qualidade, a existência de premiações, a safra, o local de produção, etc. Assim, o ponto principal é conhecer a percepção dos consumidores acerca do produto e administrar os custos de forma razoável.

» Preço de mercado

Essa estratégia se baseia na determinação dos preços em função dos valores cobrados pela concorrência, dando menor importância aos custos e à demanda. Também é conhecida como estratégia de **alinhamento competitivo**. Em geral, as empresas que adotam tal estratégia operam em setores oligopolizados e podem fixar os preços uniformemente, maiores ou menores do que o principal concorrente. Nesses setores, as empresas menores acompanham e alteram seus preços conforme o das empresas líderes, não observando as flutuações na demanda ou a mudança em suas estruturas de custo.

> » **DICA**
> Grandes empresas varejistas têm realizado licitações entre fornecedores, a fim de conseguir margens de lucro maiores. *Sites* de leilão eletrônico também utilizam um mecanismo semelhante de fixação dos preços finais dos produtos oferecidos.

Trata-se de uma estratégia muito empregada em setores onde a contabilização dos custos é difícil. Dessa forma, as empresas percebem que os preços do mercado representam uma boa solução nos casos de incerteza. Nos mercados oligopolizados, tal estrutura de preços reflete a curva de aprendizado coletivo das empresas do setor.

» Preço de licitação

É quando as empresas orientam a fixação de seus preços observando o comportamento dos concorrentes. As compras realizadas pelo setor público no Brasil utilizam esse mecanismo, e as empresas que participam das licitações públicas estabelecem seus preços com base nas expectativas de como os demais concorrentes reagirão. Uma das modalidades de compra pública que mais utiliza esse método são os pregões eletrônicos.

Nas licitações, geralmente a empresa vencedora do contrato é aquela que oferece o menor preço. Por outro lado, ela deve observar que existe um limite a ser respeitado, que é o limite dos seus custos de operação. Participar de licitações depende do acerto do preço: se baixo demais, possivelmente não cobrirá os custos; se alto demais, talvez o contrato não seja obtido.

> » **DEFINIÇÃO**
> "Desnatar" significa separar os lucros da parte superior do mercado, ou seja, praticar preços que sejam muito superiores aos custos de produção. É uma estratégia geralmente empregada por empresas de alta tecnologia ou produtoras de bens de luxo, que pretendem atingir públicos que buscam adquirir produtos mais exclusivos.

» Desnatamento

Essa estratégia busca fixar intencionalmente um preço alto em relação ao praticado pela concorrência. É amplamente utilizada nos estágios iniciais do ciclo de vida do produto, e a intenção é recuperar valores investidos na fase de lançamento. Também pode ser utilizado como estratégia complementar à segmentação de mercados com base no preço, ou ainda para controlar a demanda inicial de um determinado produto.

Para a efetivação dessa estratégia, o produto precisa ser percebido como portador de vantagens adicionais aos demais concorrentes. Também deve possuir uma posição de destaque, que dificulte a entrada de produtos substitutos no mercado. Quando isso ocorre, os consumidores não se opõem a pagar um preço a mais para obter o produto.

> » **DICA**
> Diversos segmentos de serviços, como hotéis cinco estrelas, empresas de fretamento de helicópteros e restaurantes, utilizam o preço de prestígio. O objetivo é diferenciar suas ofertas frente ao mercado consumidor, pois os preços elevados pretendem indicar qualidade mais elevada.

» Preço de penetração

O objetivo dessa estratégia é maximizar as vendas, conquistando aceitação do mercado consumidor e garantindo expressiva participação de mercado, por meio da fixação de um preço inicialmente baixo. Geralmente, é utilizado por setores em que a sensibilidade dos consumidores às variações dos preços é maior.

Ao utilizar essa estratégia, empresas de maior porte desencorajam outras empresas a entrarem nesses mercados. Por conta disso, esse modelo não é para todos: uma empresa que decide utilizar estratégia de penetração deve ter consciência plena dos seus custos de produção, além de conseguir produzir com ganhos de escala. Por conta disso, essa estratégia é mais utilizada quando a empresa vislumbra atingir volumes de vendas elevados, a fim de tornar a operação financeiramente viável.

» Preço de prestígio

As empresas que empregam essa estratégia fixam seus preços no ponto mais extremo suportado pelo produto em sua categoria ou mercado. O objetivo é promover uma imagem de exclusividade e qualidade superior, diferenciando o produto dos demais concorrentes. É amplamente utilizada em situações em que é difícil promover um julgamento objetivo sobre o valor do produto, por parte do consumidor.

» Outros métodos de estabelecimento de preços

Existem outras estratégias, por vezes menos formais, de precificação de produtos. O Quadro 7.3 apresenta outras formas de precificação amplamente utilizadas pelas empresas. O que caracteriza essas estratégias é que são utilizadas para promover ajustes temporários nos preços ou para estimular as vendas durante um determinado período ou situação.

Quadro 7.3 » Outras estratégias de precificação para mercados consumidores	
Desconto promocional	Também conhecido como liquidação. É amplamente utilizado para gerar vendas ou estimular uma boa percepção dos consumidores sobre os produtos.
Preço de referência	Estratégia utiliza quando a empresa compara o preço real de venda com algum preço de referência, interno ou externo. A forma mais usual é a comparação entre os preços promocionais e os preços regulares. Exemplo: "somente esta semana: caderno escolar – de R$ 10,90 por R$ 7,90".
Preço quebrado	É a estratégia de não imputar valores inteiros ou redondos aos preços. Para além das questões psicológicas, isso se justifica porque as curvas de demanda dos produtos não são lineares, possuindo elasticidades diferenciadas para cada preço.
Preço de pacote	Também conhecida como preço "tudo incluso". Nessa abordagem, a empresa oferece dois ou mais produtos complementares por um preço único. O preço no pacote deve ser inferior do que a compra individual dos produtos. Não deve ser confundido com "venda casada", que no Brasil é crime.

Quadro 7.3 » Outras estratégias de precificação para mercados consumidores

Preço psicológico	Empresas devem considerar os aspectos psicológicos dos preços, uma vez que muitos clientes são amplamente influenciados por esses aspectos. Está mais associado com atributos de qualidade, exclusividade, manifestações de ego, etc., do que com o preço do produto em si.
Preço geográfico	Estabelece os preços dos produtos conforme as diferentes localidades em que ele é oferecido. Esse preço diferenciado leva em conta, além dos aspectos promocionais da venda, questões como custo de frete, custo de inadimplência e formas de pagamento.
Preços promocionais	São várias as técnicas de fixação de preços promocionais. Os mais utilizados são: "preço isca" (usado pelo varejo, que reduz os preços de marcas conhecidas para gerar tráfego nas lojas); "preço de ocasião" (fixação de preços especiais em certas épocas para atrair mais consumidores); "financiamentos a juros baixos" (em vez de baixar os preços, a empresa oferece aos consumidores a venda financiada a juros baixos).
Preço diferenciado	Também conhecido como preço discriminatório, ocorre quando uma empresa vende um produto a preços diferentes, que não refletem, necessariamente, a diferença nos custos de produção/operação do bem. Exemplo: um filme que estreia no Brasil pode ter o preço das entradas diferenciadas para salas em Manaus e em Blumenau.

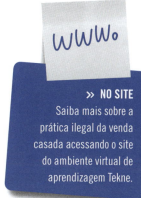

» NO SITE
Saiba mais sobre a prática ilegal da venda casada acessando o site do ambiente virtual de aprendizagem Tekne.

» Reações às mudanças nos preços dos concorrentes

O mercado possui um componente que não pode ser menosprezado: o dinamismo. Como uma empresa deve reagir quando seus concorrentes alteram seus preços, para mais ou para menos? Em primeiro lugar, deve-se verificar a estrutura do mercado em que se está inserido: as empresas oferecem bens homogêneos ou heterogêneos (ou diferenciados)?

Caso a empresa atue em um mercado de oferta de **produtos homogêneos**, a mobilidade dos preços é pequena, e dificilmente uma empresa conseguirá arbitrar preços sem que isso provoque sérios impactos na sua gestão. A primeira reação à alteração dos preços da concorrência é buscar sair dessa situação de homogeneidade, procurando maneiras de fortalecer e diferenciar seu produto dos concorrentes, seja pela prestação de serviços, pelo atendimento ou pela qualificação dos funcionários. Caso isso não seja possível, a única alternativa é acompanhar os preços do mercado.

>> IMPORTANTE

Cada vez mais é difícil encontrar setores que possam ser classificados como homogêneos. A maioria das empresas tem buscado a diferenciação, seja pela oferta de produtos, seja pelo fornecimento de serviços acessórios. E é inserida no dinamismo das diferenciações de mercado que parte significativa das empresas opera suas estratégias de marketing, em especial as estratégias de precificação.

Já em um mercado de **produtos heterogêneos**, há maior margem de manobra para as variações de preços dos concorrentes. Isso porque os compradores escolhem a empresa "vencedora" do processo de concorrência, considerando diversos fatores: percepção de qualidade, serviços, confiabilidade, prazo de entrega, etc. Tais fatores "blindam" algumas empresas das variações dos preços dos concorrentes.

>> ATENÇÃO

Nos mercados diferenciados, antes de reagir às variações dos preços, é prudente que a empresa analise quatro situações:

- Por que o concorrente alterou seu preço? Qual é o seu objetivo (conquistar mercado, ampliar o uso das instalações, adequar-se às mudanças na estrutura de custos)?
- As alterações de preço do concorrente são temporárias ou permanentes?
- O vai acontecer com a participação de mercado e com lucratividade da empresa, caso se decida não reagir às alterações dos preços da concorrência?
- Quais serão as possíveis reações dos concorrentes às decisões que a empresa tomar?

Outra análise importante é saber se esse mercado está organizado por meio da existência de uma empresa líder e demais empresas seguidoras. Em geral, os mercados diferenciados se comportam dessa forma, com uma empresa que lidera os movimentos das demais, que compõem a estrutura da concorrência. É possível estabelecer algumas **estratégias** genéricas de reação às alterações dos preços da concorrência. As principais delas são:

Manter o preço: a empresa pode manter seu preço e sua margem de lucro por acreditar que:

- Caso baixe o preço, haveria forte redução no seu lucro.
- Caso não altere o preço, não perderia muita participação de mercado.
- Caso perca participação de mercado, pode ser reconquistada com ações de curto e médio prazos.

Um ponto desfavorável dessa estratégia é que geralmente a empresa atacante (aquela que reduz os preços) ganha ânimo e estímulo, à medida que algumas parcelas de consumidores optam por sua marca, em virtude da redução promovida. Esse estímulo costuma ser potencializado caso a empresa atacante saiba como operar com essa informação junto à força de vendas. A situação piora quando a empresa atacada reage de maneira desesperada, reduzindo preços para frear os movimentos da concorrência. As reações à alteração dos preços dos concorrentes devem ser calculadas, nunca decididas no "calor do momento".

Aumentar a qualidade percebida: a empresa atacada pode manter os preços e optar pelo fortalecimento do valor de seus produtos. Geralmente isso se dá pela melhoria dos produtos, dos serviços ou da comunicação com os consumidores. Essa decisão pode ser fruto da conclusão da empresa de que é mais barato manter o preço e promover melhorias incrementais no produto ou nos serviços, de modo que tais mudanças melhorem sua imagem frente aos compradores, neutralizando as reduções de preços dos concorrentes.

Reduzir os preços: a empresa pode reduzir seus preços em relação ao concorrente. Tal decisão geralmente é baseada nas seguintes hipóteses:

- Os custos caem à medida que cai o volume de vendas.
- A empresa perderia significativa participação de mercado, pois o setor em que atua é muito sensível aos preços.
- Caso não reduza o preço, a perda de mercado seria fatal para a empresa.

A soma dessas consequências resulta na perda da lucratividade no curto prazo. Algumas empresas optam por cortar custos (na prestação de serviços ou na qualidade dos produtos), mas isso em geral afeta negativamente os resultados no longo prazo. Assim, caso opte por reduzir os preços, tal ação não deve alterar os padrões de qualidade do produto.

Aumentar o preço e melhorar a qualidade: a empresa pode aumentar o preço e investir na melhoria da percepção de qualidade do produto. Tal estratégia é amplamente utilizada pelas empresas de bebidas no mundo inteira. Basicamente consiste em criar uma marca que recebe fortes aportes em comunicação, cuja intenção é criar a imagem de superioridade em qualidade e distinção aos consumidores.

É uma estratégia bastante arriscada e geralmente vem associada à criação de outras marcas de "combate", a fim de enfrentar, de maneira indireta, as investidas da concorrência com relação aos preços.

Linha de "combate" (preço baixo): uma das estratégias mais utilizadas é escolher produtos que possam suportar reduções intencionais nos preços e com isso conseguir competir com as alterações de preços dos concorrentes, sem afetar a imagem do produto principal da empresa. A ideia é criar uma marca separada, que se identifique com a oferta de produtos com preços baixos. Essa estratégia é amplamente utilizada em setor cuja elasticidade-preço é elevada, ou seja, quando existe grande sensibilidade às variações dos preços pelos consumidores.

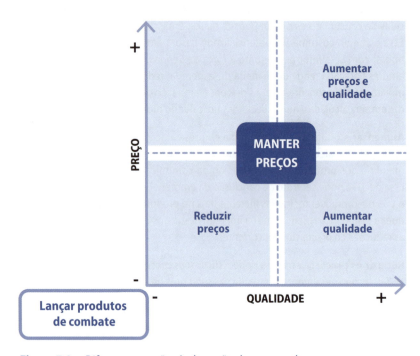

Figura 7.3 Diferentes reações à alteração dos preços dos concorrentes.
Fonte: dos autores.

Um dos grandes problemas das estratégias de reação aos preços é a disparidade no tempo de execução das ações, já que a empresa atacante tem tempo para planejar as alterações, enquanto a empresa atacada precisa decidir de forma imediata. Com isso, percebe-se a importância das empresas conhecerem seus mercados, e em especial seus consumidores. Apenas o investimento constante no conhecimento dos mercados – consumidores e concorrência – pode garantir estratégias mais acertadas ao longo do tempo.

>> RESUMO

Neste capítulo, percebemos que o profissional de marketing também é importante no desenvolvimento das estratégias de precificação, pois o preço é um fator-chave para a empresa. O preço deve ser observado constantemente pela empresa, a partir de diferentes pontos de vista, como o do vendedor e o do comprador. Sua análise é fundamental nos momentos de planejamento e execução das ações de mercado. O preço é, sem dúvida, a parte mais dinâmica do composto mercadológico.

>> Agora é a sua vez!

1. Vendedores e consumidores possuem perspectivas distintas com relação ao preço. Explique essa afirmação.
2. Quais fatores influenciam as decisões de preço de um produto?
3. Para a firma, quais são os principais elementos que orientam as estratégias de precificação?
4. Quais fatores externos podem influenciar as decisões de preço de um produto?
5. Explique a equação do valor e como ela se relaciona com o preço de um produto.
6. Como a sensibilidade dos consumidores ao preço exerce influência nas decisões dos profissionais de marketing?
7. Quais são os principais objetivos de precificação de um produto?
8. Como o ciclo de vida de um produto influencia as decisões sobre preço?
9. Imagine que você é produtor de bens de consumo rotineiros, como leite e pão. Que método de precificação você utilizaria para fixar os preços desses produtos? Justifique.

REFERÊNCIAS

FERRELL, O. C., HARTLINE, M. D. *Estratégia de marketing*. São Paulo: Cengage Learning, 2008.

FOREVER 21 tem o desafio de manter preços baixos. [São Paulo: Estadão], 2014. Disponível em: <http://revistapegn.globo.com/Noticias/noticia/2014/03/forever-21-tem-o--desafio-de-manter-precos.html>. Acesso em: 29 jul. 2014.

PRIDE, W. M.; FERREL, O. C. *Marketing*: conceitos e estratégias. Rio de Janeiro: LTC, 2001.

>> capítulo 8

Canais de distribuição

A distribuição e a logística desempenham funções cada vez mais importantes no ambiente de negócios de todos os setores da economia. Tal importância é reflexo do papel central do cliente nas decisões dos gestores, e demonstra a relevância do marketing nos processos de negócios das empresas. Neste capítulo, mostramos como se estruturam os canais de marketing, quais são suas funções e seus fluxos. Apresentamos, também, as principais questões estratégicas ligadas à gestão da distribuição e algumas tendências na gestão dos canais de marketing.

Objetivos de aprendizagem

>> Definir e exemplificar os canais de marketing e justificar o porquê de sua utilização.

>> Listar as principais vantagens do uso de canais, apontando, também, possíveis desvantagens.

>> Identificar cada nível do canal e no que consiste.

>> Diferenciar as funções do canal, reconhecendo a importância de especializar-se em uma delas.

>> Explicar as questões estratégicas fundamentais relacionadas à gestão da distribuição.

>> Identificar os principais conflitos que se estabelecem nos canais.

>> Reconhecer algumas tendências dos canais de marketing.

>> PARA COMEÇAR

Empresa substitui serviços de entrega dos Correios em favela do Rio de Janeiro

Hoje, há um crescimento desordenado das comunidades e favelas, sobretudo nos grandes centros urbanos do País. Estima-se, segundo dados do IBGE (Instituto Brasileiro de Geografia e Estatística), que cerca de 12 milhões de pessoas residem nas favelas no Brasil. Essas pessoas têm necessidades e desejos variados, e a satisfação deles se dá pelo acesso aos mercados. Mas como as empresas fazem para acessar essas pessoas? O simples ato de receber uma carta ou uma fatura de cartão de crédito pode ser tarefa quase impossível.

Grande parte dos moradores das favelas brasileiras reside em áreas irregulares, fora do alcance dos serviços oficiais dos Correios. Muitas das correspondências vão parar em uma caixa de papelão que fica no início de cada rua ou em algum estabelecimento comercial conhecido. Cabe a cada morador fazer uma peregrinação por esses locais para verificar se há alguma correspondência. Essa situação (que se apresentou como uma oportunidade) fez surgir, no ano 2000, a empresa Carteiro Amigo, criada por três moradores da Rocinha. Era algo inédito: eles queriam distribuir correspondências e entregas nas favelas em que os Correios não chegavam, devido à dificuldade de achar ruas que não estão no mapa.

A iniciativa foi concebida pelos primos Silas da Silva, 44 anos, e Carlos Pedro da Silva, 43, e pela mulher de Carlos, Elaine da Silva, 41. Trabalhando como recenseadores do IBGE na Rocinha, os três constataram como era difícil encontrar os destinatários. "Se é complicado para a gente, que mora lá, imagina para um carteiro", diz Silas. Só na Rocinha, hoje há 70 mil moradores.

De início, a preocupação dos fundadores era conquistar a confiança dos moradores. Eles não queriam que o negócio fosse confundido com um dos inúmeros projetos sociais criados na comunidade que desapareciam depois de alguns meses. "Alugamos uma loja para as pessoas nos enxergarem como uma empresa", afirma Silas. O próximo passo foi comprar os uniformes e instalar um telefone na loja com a ajuda de um empréstimo bancário. Para atrair os primeiros clientes, eles ofereceram o serviço de graça no primeiro mês; após esse período, o custo mensal seria de R$ 3. Não há uma parceria com os Correios: o Carteiro Amigo busca as correspondências nas caixas e nos pontos comerciais da favela. Com o tempo, alguns moradores passaram até a colocar a loja como seu endereço residencial.

Os próprios sócios foram os primeiros carteiros. Depois de três meses, eles arrecadaram o suficiente para pagar as dívidas e contratar funcionários, sempre recrutados na comunidade. Logo começaram a abrir lojas em outros pontos da Rocinha. Em dois anos, empregavam 27 pessoas em quatro unidades. No entanto, notaram que haviam cometido um erro: era caro e desnecessário ter tantas lojas. "Somos um serviço de entrega, não precisamos de uma estrutura grande", diz Silas. Então, eles fecharam três unidades e reduziram o número de funcionários para oito. No final de 2012, a empresa voltou a pensar em expansão, mas em um novo formato: decidiram se preparar para se transformar, em 2013, na primeira franquia criada em uma favela brasileira.

Os sócios começaram a negociar as unidades em setembro. Em três meses, já tinham oito franqueados no Rio, em pontos como o Morro do Alemão, o Morro do Juramento e a Favela do Rola. O administrador de empresas Alexandre Bastos é dono de cinco franquias, em sociedade com sua mulher, Maria Laura. O que o levou a investir no negócio foi a possibilidade de ter uma empresa enxuta. "Você não precisa de uma grande estrutura. Só de alguém que conheça bem a comunidade, tanto os endereços como a rotina das pessoas", afirma. "O resto do serviço é pura logística." Hoje, a rede tem 7 mil clientes, que pagam R$ 16 por mês para receber as cartas. O plano dos sócios é levar o Carteiro Amigo para outros estados. Agora, eles avaliam propostas da Bahia e de São Paulo.

Reportagem extraída de Pires (2014).

>> Canais de marketing

Grande parte das empresas opera seus negócios usando intermediários para disponibilizar seus produtos e serviços aos clientes. Tais intermediários são os **canais de marketing**, também conhecidos como canais de comercialização ou canais de distribuição.

Assim, criar canais de marketing nada mais é do que delegar tarefas e responsabilidades para intermediários. Mas por que fazer isso? Ao criar canais de marketing, o empresário ou profissional de marketing deve estar ciente de que está transferindo parte do controle de uma área estratégica do negócio. Isso pode fragilizar a situação da empresa, mas também pode trazer inúmeros benefícios. As principais vantagens para o estabelecimento de intermediários são:

> **>> DEFINIÇÃO**
> Canais de marketing são conjuntos de organizações interdependentes envolvidos no processo de tornar um bem disponível para uso ou consumo.

Necessidade de recursos financeiros: muitos produtos ou serviços, para serem disponibilizados aos seus consumidores, exigiriam grandes somas de recursos se a empresa decidisse fazer a entrega direta. Muitas empresas optam por estabelecer redes de distribuidores para tornar a venda dos produtos mais acessível. É o caso, por exemplo, dos fabricantes de máquinas e implementos agrícolas, que, utilizando uma rede de concessionárias, diminuem os custos para acessar os clientes.

Viabilidade operacional: muitas empresas não conseguiriam tocar seus negócios caso tivessem que operar por meio da venda direta. Inúmeros negócios somente se viabilizam, operacional e financeiramente, a partir do uso de intermediários. É o caso dos fabricantes de refrigerantes, sucos e bebidas, que não precisam vender porta a porta seus produtos graças aos intermediários.

Acesso facilitado aos mercados: o emprego de intermediários torna mais eficiente a distribuição de bens, uma vez que os torna amplamente disponível aos mercados consumidores. Ao contratar um intermediário, a empresa está indiretamente adquirindo a experiência, os contatos e a especialização necessários para conhecer aquele mercado em especial. Ou seja, o uso de intermediários reduz o esforço da empresa e aumenta a sua eficácia frente ao mercado-alvo.

Redução do custo logístico: pela Figura 8.1, é possível perceber que, ao utilizar um intermediário, a empresa reduz consideravelmente seus custos logísticos. Isso ocorre porque o intermediário reduz a carga de trabalho e otimiza as operações de contato entre a empresa e seus consumidores. O preço final do produto também pode ser impactado, uma vez que havendo menos transporte, há menor incidência de impostos, tornando o produto mais acessível ao mercado.

>> PARA REFLETIR

Pense em algum produto que seja comercializado de forma direta, ou seja, a empresa fabricante vende seus produtos diretamente aos consumidores finais. Que benefícios, em sua opinião, a empresa tem ao decidir por essa estratégia?

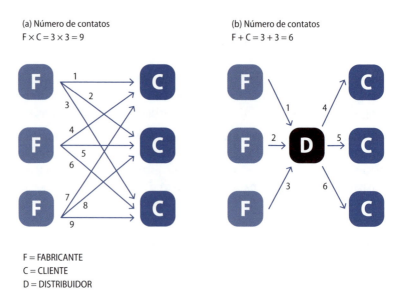

F = FABRICANTE
C = CLIENTE
D = DISTRIBUIDOR

Figura 8.1 Ganhos de eficiência com o uso de intermediários.
Fonte: Adaptado de Kotler e Keller (2006).

Um canal de marketing desempenha um importante papel no estabelecimento das relações entre os fabricantes/produtores e os clientes finais. Por vezes, o canal é responsável por viabilizar a chegada dos produtos e serviços aos consumidores no tempo e local certos, possibilitando, com isso, a transferência da titularidade do bem – o produto deixa de ser do produtor e passa a ser do consumidor. Tais canais de marketing podem ser diretos (quando há o produtor comercializa seus produtos diretamente aos consumidores ou usuários) ou indiretos (quando a empresa decide empregar intermediários). A Figura 8.2 demonstra esses dois tipos de interação entre as empresas e seus mercados consumidores, bem como os diversos tipos de intermediários possíveis.

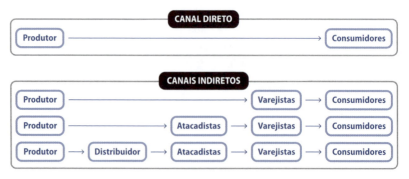

Figura 8.2 Canais de marketing (direto e indireto) e tipos de intermediários.
Fonte: dos autores.

Quando a empresa opta por utilizar intermediários, deve considerar que eles possuem algumas funções básicas dentro de um canal de marketing (veja o Quadro 8.1).

Quadro 8.1 » Funções básicas dos intermediários

Transferência de propriedade	O canal é responsável pela transferência física do produto da empresa para o consumidor.
Disponibilidade de informações	Os intermediários devem disponibilizar às fabricantes informações sobre os mercados consumidores, além de monitorar a atuação dos concorrentes e as tendências e mudanças nos mercados.
Promoção	O intermediário é o agente responsável pelo desenvolvimento e disseminação de campanhas promocionais.
Financiamento	Uma das funções principais do intermediário, que consiste na alocação de fundos para financiar os estoques em diferentes níveis do canal, além de viabilizar a venda com pagamento parcelado aos consumidores.
Risco	Ao operar como facilitador de negócios entre fabricantes e consumidores, o intermediário assume uma parcela dos riscos do empreendimento.

> **» IMPORTANTE**
> As tarefas que fazem parte dos canais de comercialização, de entrega e de serviços não necessitam ser executadas pela mesma empresa. Cada um desses canais pode ser gerenciado por empresas diferentes.

Sabendo que os intermediários nos canais de marketing possuem essas atribuições básicas, uma empresa deve ter claro que pelo menos três canais devem estar plenamente estabelecidos: canais de comercialização, de entrega e de serviços. Os **canais de comercialização** são as formas que a empresa elegerá para acessar os mercados consumidores – venda por meio de representantes e atacadistas ou via varejo amplo, etc. Os **canais de entrega** são as formas como a empresa entrega o produto ao consumidor. Os **canais de serviços** são as formas de disponibilizar serviços necessários à utilização dos produtos – seguros, assistência técnica, pós--venda, etc.

Segundo Kotler e Keller (2006), a questão é quem deve desempenhar as várias funções de canal necessárias. A partir desse ponto de vista, fica evidente que as demandas relacionadas ao canal de marketing de uma empresa dizem respeito à tomada de decisões estratégicas e à delegação de autoridades e medidas de controles para outras empresas, os intermediários.

À medida que aumentam as responsabilidades do intermediário, deve ficar claro para o produtor que os custos dessa operação também vão aumentar. Por vezes, o

» **IMPORTANTE**
A competitividade está mais associada à eficiência dos agentes do canal. No entanto, o baixo desempenho dos produtores pode ser compensado pela eficiência do intermediário e vice-versa. É preciso ter muito cuidado na seleção e na escolha dos intermediários, além de um zelo constante com relação ao desempenho do canal.

» **DEFINIÇÃO**
Eficácia, em administração, compreende o cumprimento de metas e objetivos estabelecidos pela empresa com relação aos seus consumidores.

aumento desses custos é arcado pelo consumidor, mas deve-se analisar esse ponto com cuidado: a empresa, no intuito de reduzir custos diretos e acessar mercados de forma efetiva, pode perder competitividade devido ao aumento de preço ocasionado pelo uso de intermediários. Essa não é uma decisão fácil, mas cada vez mais se apresenta como uma decisão vital para qualquer empresa, independentemente de porte ou setor em que atue.

» Eficiência e eficácia dos canais de marketing

Em razão do aumento da competitividade, as decisões de canal de marketing estão cada vez mais suscetíveis a duas questões:

- O canal é eficaz?
- O canal é eficiente?

A resposta dessas questões deve ser "sim". Porém, como é possível atingir níveis aceitáveis de eficiência e eficácia nos canais de marketing?

Atualmente, **eficácia** dos canais de marketing significa oferecer aos consumidores uma resposta vantajosa em termos de tempo, localização e posse. Um canal eficaz será aquele que souber articular esses três atributos na relação com os consumidores.

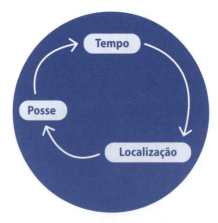

Figura 8.3 Fatores de eficácia do canal de marketing.
Fonte: dos autores.

O atributo **tempo** talvez seja o elemento que mais tenha sofrido transformações nos últimos anos, sobretudo com o uso das tecnologias de informação e comunicação. Hoje, é possível acessar facilmente um canal de marketing, a qualquer hora do dia. O elemento **localização**, igualmente, tem passado por profundas transformações. Há cem anos, grande parte dos consumidores se deslocava grandes distâncias para efetivarem suas compras. Agora, as empresas têm investido maciçamente na instalação de infraestruturas que possibilitem maior conveniência de acesso de produtos aos consumidores. No tocante à **posse**, a eficácia do canal de marketing se expressa na facilidade com que os processos de compra se efetivam. Os consumidores não estão mais dispostos a comprar produtos em quantidades desnecessárias e, acima de tudo, querem escolher as formas e prazos de pagamento. Exemplo disso são os meios de pagamento *online*, que auxiliam nos processos de compra.

A outra questão a ser respondida diz respeito à **eficiência**. A eficiência no canal de marketing é obtida quando se melhoram os **processos internos**. Para aumentar a eficiência do canal, as empresas devem buscar cortar custos, eliminando desperdícios e retrabalhos. Assim, ganhar eficiência no canal é basicamente melhorar o desempenho logístico do negócio, reduzindo custos de estoques, transportes, armazenagem, embalagem, etc.

> **» CURIOSIDADE**
> Muitos autores consideram um novo padrão de utilidade do tempo, denominado 24/7/365. Trata-se de um conceito que reflete o desejo do consumidor de acessar informações e realizar suas compras 24 horas por dia, sete dias por semana e a cada dia do ano. Esse tem sido um grande diferencial competitivo para muitas empresas.

» Níveis de canal

O fabricante e o consumidor final fazem parte de todos os níveis de canal. A Figura 8.4 ilustra vários canais de marketing de bens de consumo, cada um com uma extensão diferente.

Um canal de **nível zero**, também chamado de marketing direto, consiste em um fabricante que vende diretamente ao consumidor final. Os melhores exemplos são vendas de porta em porta, reuniões domiciliares com demonstrações (reuniões de vendas), mala direta, telemarketing, vendas pela televisão, vendas pela internet e lojas próprias do fabricante.

Um canal de **nível um** conta com um único intermediário, como um varejista. Geralmente é o que ocorre nos mercados de bens de consumo. Já um canal de **nível dois** conta com dois intermediários, geralmente um varejista e um atacadista. Por fim, um canal de **nível três** contém três intermediários, que, além dos já mencionados no nível dois, pode contar ainda com um varejista/atacadista especializado (ou distribuidor). Os principais exemplos são a indústria de alimentos processados e de bebidas.

> **» DICA**
> A eficiência e a eficácia não devem ser preocupações exclusivas da empresa produtora, mas de todos os agentes envolvidos no processo de distribuição. Cada intermediário que desempenha alguma função para levar o produto ao consumidor final constitui um nível do canal.

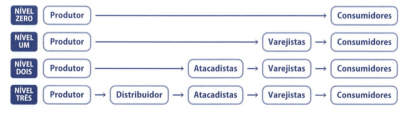

Figura 8.4 Níveis de canal.
Fonte: dos autores.

Um fabricante de mercadorias para consumo industrial pode utilizar sua força de vendas para vender diretamente para seus clientes ou pode vender para distribuidores do setor em questão, que vendem para os clientes industriais. Pode ainda utilizar representantes próprios ou de divisões de vendas diretas aos clientes, ou ainda distribuidores industriais. A Figura 8.5 mostra os canais comumente utilizados no marketing industrial.

> **» DICA**
> Os canais de marketing de nível zero e de um e dois são bastante comuns no marketing industrial.

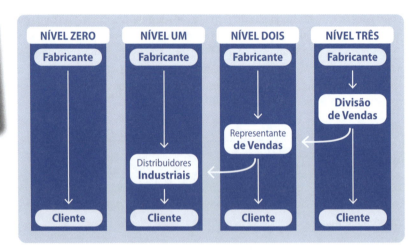

Figura 8.5 Níveis de canal para bens industriais.
Fonte: dos autores.

> **» NO SITE**
> Para saber mais sobre a logística reversa, acesse o ambiente virtual de aprendizagem Tekne: **www.bookman.com.br/tekne**.

Outra questão a considerar são os frequentes avanços das tecnologias e seus impactos na organização dos canais de marketing. Quanto mais exposto às tecnologias, mais apurado e organizado tende a ser o canal. As questões ambientais também impactam e orientam diversas decisões sobre canais. A reciclagem de resíduos e as políticas de descarte são realidades em muitos segmentos da economia. No Brasil, produtores de pilhas, baterias, pneus, etc., devem possibilitar aos seus consumidores formas de descarte dos bens após o uso – é a chamada **logística reversa**.

Além dos fluxos e dos níveis distintos para os bens industriais, deve-se considerar que, no setor de serviços, também há algumas peculiaridades. Nos últimos anos, os canais de marketing não têm se restringido apenas à distribuição física de bens, e vem aumentando a associação entre o consumo de bens físicos e serviços. No caso específico de fornecedores de serviços, também ocorre a necessidade de tornar sua oferta mais acessível ao público-alvo. O crescimento da oferta de cursos na modalidade à distância, por exemplo, é decorrência da necessidade das instituições de ensino de estarem mais próximas de seus clientes e de atenderem a demandas específicas desse público-alvo.

As tecnologias ampliam a noção de necessidades do consumidor e servem para diferenciar e aproximar empresas de seus clientes. Bancos, hospitais, corretoras de seguros e escolas, por exemplo, têm, em todo o mundo, investido tempo e recursos financeiros para aproximar seus serviços dos consumidores, buscando atender uma das necessidades mais prementes nos dias atuais: **conveniência**. Um bem de conveniência é todo aquele adquirido com frequência ou com um esforço mínimo. Essa característica tem sido a marca em vários setores do segmento de serviços.

❯❯ PARA SABER MAIS

O sucesso das empresas do setor de comércio e serviços está cada vez mais atrelado a dois aspectos: uso correto das tecnologias e desenvolvimento de estratégias de negócios que aproximem cada vez mais as empresas de seus consumidores. Isso se aplica para grandes empresas e até para os pequenos serviços cotidianos (como dentistas, serviços de táxi, tele-entrega de pizza, etc.). Para saber mais sobre o recente desempenho do setor de serviços no Brasil, acesse o ambiente virtual de aprendizagem Tekne.

❯❯ PARA REFLETIR

Como as novas tecnologias de informação e comunicação, bem como as estratégias de distribuição, podem ajudar pequenos empreendimentos do setor de serviços a obterem melhores resultados? Você consegue pensar em algum caso real de sua cidade?

❯❯ Funções do canal

Ao longo de um canal de marketing, várias empresas se organizam, e cada uma possui certa *expertise*. Algumas são melhores na fabricação, outras no transporte ou armazenagem, enquanto outras são excelentes na comercialização. Em função da eficiência e eficácia do canal, dificilmente uma empresa vai desempenhar de forma satisfatória todas as funções do canal. Assim, os intermediários buscam se especializar em uma ou mais dessas funções:

» DICA
A manutenção do estoque não pode ser executada por prestadores de serviço, por conta da característica básica desse setor, que é o consumo simultâneo à prestação do serviço. Esse tema será mais bem explorado no Capítulo 11, *Marketing de Serviços*.

Seleção: enquanto os fabricantes produzem, os consumidores precisam de uma ampla gama de bens para atender a suas necessidades. Uma das funções do intermediário é selecionar um sortimento de diferentes produtos para oferecer ao consumidor.

Fragmentação: fabricantes produzem, geralmente, em grandes quantidades, a fim de obterem os benefícios de economias de escala. Porém, os consumidores necessitam apenas de pequenas quantidades de alguns itens. Uma das funções do intermediário, em especial do varejista, é fragmentar os produtos no canal, superando discrepâncias de quantidade.

Manutenção do estoque: é dever do canal fornecer a armazenagem dos produtos para futura compra e uso. Ao fazer isso, o intermediário resolve uma discrepância de tempo para o consumidor.

Locais de conveniência: fabricantes e consumidores estão separados geograficamente. Cabe ao canal superar essa barreira de espaço, disponibilizando os produtos em locais convenientes, que facilitem o acesso ao produto e a frequência de compra.

Provisão de serviços: parte significativa da agregação de valor aos produtos reside na oferta de serviços facilitadores, como seguros, manutenção, armazenagem e financiamento.

É importante que cada uma dessas funções seja executada para que haja eficiência e eficácia no canal de marketing. Pouco importa qual intermediário executa a função: o que importa é que ela seja executada. Atualmente, pode-se atribuir o forte poder que o varejo possui ao fato dele executar a quase totalidade dessas funções. Muitas redes varejistas têm trabalhado para se tornar um canal de distribuição que atende a todas as necessidades do consumidor, modalidade que está sendo chamada de *one stop shopping*.

» PARA REFLETIR

Surgido nos Estados Unidos, na década de 1920, o *one stop shop* estabeleceu um modelo de varejo de amplo espectro. Hoje, é um modelo de negócio muito comum. Varejistas oferecem aos seus consumidores a conveniência de adquirir tudo o que precisam em apenas um lugar, numa só parada. Exemplos comuns são as grandes redes de supermercados, que hoje oferecem ao consumidor muitos produtos antes só encontrados em lojas especializadas (como de eletrodomésticos, p. ex.). Esse tipo de negócio foi beneficiado pelo aumento de famílias em que ambos os pais trabalham fora, tendo cada vez menos tempo, e pela dificuldade de se encontrar lugares para estacionar nos grades centros urbanos.

Questões estratégicas em gestão da distribuição

Em primeiro lugar, deve-se distinguir a ideia tradicional de canal de marketing e **cadeia de suprimentos**, também denominada *supply chain*. Em um canal tradicional, cada empresa está interessada, principalmente, no lucro obtido ou na participação de mercado que seu negócio consegue gerar. Já em uma cadeia de suprimentos, o interesse principal reside na capacidade que a cadeia como um todo tem de gerar resultados para todos. Assim, o que importa é a participação de mercado das empresas que compõem a cadeia, e não das empresas individualmente.

Ao se pensar sobre a cadeia de suprimentos, pressupõe-se que seus benefícios estão relacionados ao sucesso de sua gestão. Esse tema tem sido muito discutido nos últimos anos, por meio da temática denominada **gestão da cadeia de suprimentos** (*supply chain management*).

Sob a perspectiva do marketing, a gestão da cadeia de suprimentos considera três questões estratégicas fundamentais:

- A estrutura do canal.
- A integração do canal.
- As formas de criação de valor na cadeia de suprimentos.

À medida que essas três questões se inter-relacionam, vai se evoluindo de uma situação de operação em um canal de marketing tradicional para uma cadeia de suprimentos vigorosa e integrada. A seguir, vamos examinar cada um desses itens de forma detalhada.

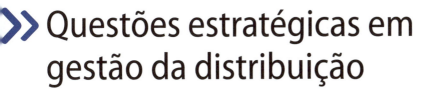

> » **DICA**
> Existem benefícios individuais (para as firmas) e coletivos (para todos que integram o canal) ao planejar os negócios sob a lógica de cadeias de suprimentos.

> » **PARA SABER MAIS**
> Para conhecer mais sobre *supply chain management*, consulte o livro *Marketing*, 2. ed., da Editora McGraw-Hill.

Estrutura dos canais

Uma estratégia de distribuição bem articulada e planejada é fundamental para o sucesso de um negócio. As decisões sobre estruturas de canais de marketing costumam demandar muitas reflexões e análises antes da execução efetiva do plano. Isso porque são decisões complexas e afetam diretamente o resultado de todas as empresas que compõem a cadeia de suprimentos. Geralmente, uma empresa pode optar por três estratégias: distribuição exclusiva, seletiva e intensiva.

Distribuição exclusiva

Basicamente, essa estratégia limita o número de intermediários para obter deles maior dedicação e aperfeiçoamento nos estágios de pré-venda, venda e pós-venda. Esse tipo de distribuição depende de uma parceria mais estreita entre a empresa e o revendedor. Tal exclusividade pode se dar ao nível do produto ou de uma

> » **IMPORTANTE**
> A distribuição exclusiva também permite à empresa influenciar a precificação de forma mais acentuada do que em outras opções de distribuição. É o caso das revendas de carros importados e das lojas de comercialização de barcos e lanchas.

> **IMPORTANTE**
> A empresa fabricante que utiliza a distribuição seletiva não precisa dispersar seus esforços criando espaços exclusivos de venda e pode ter uma cobertura de mercado mais adequada, com mais controle e menos custo do que na distribuição intensiva.

> **IMPORTANTE**
> A distribuição intensiva aumenta a disponibilidade dos produtos. Porém, pode resultar em uma competição acirrada entre fabricantes e varejistas, resultando em uma guerra de preços e reduzindo a lucratividade.

zona geográfica de distribuição definida. Uma empresa que opta por uma distribuição exclusiva está preocupada em atender segmentos de mercado bem definidos, e, geralmente, os clientes desses mercados exigem muitas informações acerca dos produtos e serviços oferecidos. Esses produtos, por vezes, possuem forte conotação de prestígio ou imagem de exclusividade.

Distribuição seletiva

É a utilização de determinados intermediários ou canais para comercializar um produto específico em uma determinada região. Esse tipo de distribuição costuma ser utilizado em mercados em que os consumidores buscam realizar comparações entre produtos e marcas antes da decisão de compra, bem como em mercados em que os serviços de pós-venda são importantes. Muitos segmentos utilizam muito essa estratégia de distribuição, podendo-se citar o segmento de vestuário, cosméticos e aparelhos eletrônicos. É empregado tanto por empresas já estabelecidas como por novas empresas que buscam distribuidores.

Distribuição intensiva

Consiste na disponibilização de um produto ou serviço no maior número de revendedores ou canais de venda possível. Essa estratégia geralmente é utilizada para produtos de conveniência, como bens de consumo em geral (refrigerantes, cigarros, materiais de escritório e materiais de construção civil). Bens de consumo são produtos que necessitam de alto volume de vendas e possuem margens baixas, geralmente. Em vista disso, e para obter sucesso, os fabricantes abrem mão de certo grau de controle sobre a precificação e sobre a capacidade de exposição do produto – elementos controlados pelos revendedores.

» Integração do canal

A integração do canal diz respeito ao uso de vínculos informacionais, tecnológicos, sociais e infraestruturais para criar uma rede contínua de fornecedores, distribuidores, produtores e consumidores. Essa integração proporciona agregação de valor ao negócio, via coordenação do fluxo de bens e serviços (desde os fornecedores de matérias primas ou insumos até o consumidor) e do fluxo de informações (que faz o caminho inverso, dos consumidores aos fornecedores).

Figura 8.6 Fluxos de bens, serviços e informações ao longo da cadeia de suprimentos.
Fonte: dos autores.

O sucesso na integração dos canais de marketing depende de três elementos estratégicos:

Colaboração: é o reconhecimento dos membros da cadeia de suprimento de que existe uma relação de interdependência entre eles. A colaboração extravasa o cumprimento de obrigações contratuais e estabelece processos, comportamentos e estruturas que promovam uma ação compartilhada entre as empresas da cadeia. A partir desse comportamento, as empresas aprendem a priorizar as necessidades da cadeia em vez de as necessidades individuais da firma, pois entendem que o sucesso do empreendimento está associado ao sucesso da cadeia.

Conectividade: são os vínculos tecnológicos e informacionais entre as empresas da cadeia de suprimentos. A conectividade possibilita que as empresas, ao longo da cadeia, possam acessar informações em tempo real sobre o seu desempenho. Existem vários *software* que auxiliam as empresas nesse sentido. A partir da década de 1990, sobretudo no Brasil, as cadeias de suprimento obtiveram uma significativa evolução com a utilização de novas tecnologias e novos conceitos, como *Enterprise Resource Planning* (ERP), *Customer Relationship Management* (CRM), *Warehouse Management System* (WMS) e *Eletronic Data Interchange* (EDI), que têm contribuído para a formação e consolidação de cadeias.

Comunidade: é a noção de que as empresas que compõem a cadeia devem possuir metas e objetivos comuns. Esse elemento estratégico auxilia a construção da identidade da cadeia, ligando os objetivos individuais das empresas aos objetivos da cadeia.

O processo de integração não é fácil, e sua complexidade está intimamente relacionada à extensão da cadeia de suprimentos. Quanto mais ampla ela for, ou seja, quanto mais integrantes tiver, mais complexa será, carecendo de um nível de integração maior. Temos que considerar também que, atualmente, as cadeias podem ser compostas por empresas dispersas geograficamente. O setor de alimentos processados costuma se organizar sob a forma de **cadeias longas**, compostas por empresas produtoras e distribuidoras espalhadas por todo o mundo. O mesmo setor de alimentos também se organiza de outra maneira, denominada **cadeias curtas**, cujo exemplo mais próximo é a produção de alimentos orgânicos, em que a produção e o consumo estão concentrados geograficamente.

» DICA
Integração do canal requer gestão dos fluxos de bens e serviços e de informações ao longo da cadeia.

» NO SITE
Acesse o ambiente virtual de aprendizagem Tekne para saber mais sobre ERP, CRM, WNS e EDI.

» PARA REFLETIR

O quão complexas podem ser as decisões de integração nas cadeias longas e nas curtas?

» DEFINIÇÃO
Sinergia é a capacidade que o todo tem de ser maior do que a soma das partes que integram esse todo.

» Criando valor por meio do canal

Os profissionais de marketing devem ter a sólida convicção de que os diversos elos de uma cadeia de suprimentos somente terão sucesso se estiverem ligados pelos componentes de valor que os consumidores identificam como atraentes. O segredo do sucesso, então, é descobrir quais são os elementos valorizados pelo público-alvo e estabelecer combinações sinérgicas entre as empresas que formam a cadeia de suprimentos.

A criação de valor ao cliente depende, então, da combinação e integração de capacidades específicas de cada uma das empresas que compõem a cadeia. Essa ação sinérgica pode gerar ganhos de comunicação e vendas, além de ampliar e melhorar os serviços pós-venda e a eficiência da entrega e de oferecer soluções aos consumidores – em vez de simples produtos ou serviços.

Pro meio da criação de valor, há a redução do foco sobre os preços como elemento crucial no processo de seleção de produtos e serviços entre as empresas da cadeia. Assim, os consumidores, ao considerarem a totalidade dos elementos oferecidos pela empresa, deixam de observar apenas o aspecto preço, passando a considerar outros elementos como qualidade, serviços pós-venda, tempo e formas de entrega, sortimento e disponibilidade de estoques. Dessa forma, pressões para reduzir preços e margens se tornam inócuas, frente ao conjunto de soluções oferecidas pelas empresas da cadeia.

Nos últimos anos, muitas empresas têm obtido reconhecimento por parte dos consumidores por seus esforços de agregar valor por meio da consolidação de cadeias de suprimento bem elaboradas. Existem inúmeros casos de sucesso, mas podemos avaliar o papel de destaque que o varejo vem assumindo nos últimos anos. As relações de compra têm sido fortemente impactadas pelo desempenho do varejo, em segmentos que vão desde a alimentação até o vestuário, passando por medicamentos e eletroeletrônicos.

Esse fortalecimento do varejo, ao mesmo tempo em que está apoiado em uma visão de cadeia em detrimento de comportamentos mais individuais das firmas, traz consigo problemas relacionados aos conflitos que podem surgir entre os membros de uma cadeia de suprimentos. A cadeia é responsável pelo fluxo de bens, serviços, informação e comportamentos, que podem ser conflituosos ou colaborativos (veja a seguir).

» DICA
Ao ofertar produtos e serviços complementares, uma cadeia de suprimentos pode oferecer uma gama de soluções para as diversas necessidades e desejos dos consumidores, agregando valor ao processo de compra.

» NO SITE
Saiba mais sobre a importância do varejo no cenário econômico do Brasil acessando o ambiente virtual de aprendizagem Tekne.

Colaboração e conflito no canal de marketing

> **» ATENÇÃO**
> Por vezes, a decisão de formar cadeias gera mais conflitos do que ações colaborativas. O estabelecimento de canais de distribuição envolve disputas de poder, visto que, não raro, há uma grande disputa por quem "fará o contato mais direto com o consumidor", ou seja, qual agente da cadeia de valor estabelece relação direta com aquele que é o alvo das estratégias de marketing: o consumidor.

Conduzir os negócios mais pela lógica da formação de cadeias de suprimento do que pela lógica individualista da firma é uma mudança que pressupõe uma alteração de atitude por parte dos empresários. Ao adequarem seus negócios a essa visão de cadeia, devem encarar suas relações interfirmas de maneira mais colaborativa, onde todas aquelas que integram a cadeia devem prosperar.

Tal alteração de mentalidade gera uma mudança na lógica temporal das firmas, que passam a observar suas relações e os resultados delas em uma lógica de longo prazo. Também, além do prazo, altera-se o foco: da venda direta para o próximo nível do canal, passa-se a buscar a satisfação do consumidor final. E para que essa satisfação ocorra, as empresas que formam a cadeia devem compartilhar informações, de maneira sincera e frequente. Porém, como é possível perceber, tais mudanças não ocorrem de maneira suave.

Assim como as ações colaborativas são desejadas, os conflitos são partes inerentes do processo de formação de cadeias de suprimentos. Primeiramente, os conflitos surgem porque as cadeias são formadas por empresas individuais, com seus objetivos, metas, sonhos, crenças e valores. Por conta disso, é comum que cada empresa pense primeiro no seu próprio interesse, expresso muitas vezes pela busca de atingir suas metas, desconsiderando as metas coletivas da cadeia.

> **» DICA**
> O poder pode ser compreendido como a influência que um membro do canal possui sobre os demais.

Em segundo lugar, trabalhar sob a lógica de cadeia requer assumir um comportamento de interdependência, ou seja, considerar que o sucesso da cadeia depende da interação das empresas que a compõem. Ao fazer isso, as empresas precisam abrir mão de parte considerável do controle de seus processos e metas, e de certa forma, dos seus próprios destinos. Além disso, há que se considerar que as empresas possuem capacitações e recursos distintos, o que dará, a cada uma delas, certa dose de poder e controle em etapas diferentes do processo de produção, comercialização e distribuição dos bens. Membros com mais poder em uma cadeia influenciam as decisões de outros membros, com menos poder. A operação desse poder pode gerar conflitos e tensões ou produzir um fluxo eficiente e eficaz.

Analisando as cadeias de suprimento, podem-se distinguir cinco fontes básicas de poder, conforme o Quadro 8.2.

À medida que as cadeias vão evoluindo nos seus relacionamentos internos, bem como na sua relação com os consumidores, os conflitos tendem a ceder espaços para atitudes mais colaborativas entre as empresas. No entanto, a integração das empresas não é tarefa simples, e, por vezes, as atitudes, sejam conflituosas ou colaborativas, independem do simples desejo das empresas e de seus gestores.

» NO SITE
Para saber mais sobre inteligência competitiva, acesse o ambiente virtual de aprendizagem Tekne.

» DICA
Fatores externos à cadeia, como a ação dos governos e dos sindicatos e o acesso a tecnologias, influenciam a manifestação de atitudes conflituosas ou colaborativas.

Quadro 8.2 » Fontes básicas de poder

Poder legítimo	A fonte de poder tem a ver com a posição da empresa na cadeia de suprimentos. Até os anos 1990, os fabricantes detinham a maior parte desse poder, que atualmente tem sido repassado para o varejo. Muitos autores defendem que o único detentor de poder legítimo nas cadeias deveria ser o consumidor.
Poder de recompensa	Capacidade de auxiliar as demais empresas da cadeia a atingir suas metas, por meio de recompensas. As recompensas, em geral, podem ser expressas em termos de maior volume de vendas, margens mais atraentes ou ambas.
Poder de coerção	Ao contrário da recompensa, o poder de coerção é a capacidade de impedir que empresas da cadeia atinjam resultados positivos, favorecendo outros membros do canal. A coerção pode se dar também pela capacidade de punir membros da cadeia.
Poder de informação	Capacidade de reter e compartilhar informações e conhecimentos, de maneira eficiente, eficaz e sistemática. Esse poder pode se originar de previsões de vendas, de tendências de mercado, sobre o uso de produtos, etc. Muitas empresas têm investido na formação de departamentos de inteligência competitiva como forma de obter esse tipo de poder sobre as demais empresas da cadeia.
Poder de referência	No ambiente de negócio, significa o estabelecimento de afinidades entre empresas, que pode se dar por meio de culturas, valores ou objetivos semelhantes.

» Tendências em canais de marketing

Muitas tendências foram discutidas ao longo deste capítulo, entre elas a mudança de comportamento das empresas, de um olhar individual, para um comportamento de cadeia, observando o processo como um todo. Além dessa grande mudança, uma série de outras tendências tem surgido. Algumas das principais são:

Avanço tecnológico: muitos avanços observados nos últimos anos têm alterado drasticamente a forma de estruturação dos canais de marketing. O crescimento da internet e do comércio eletrônico é o sinal mais óbvio dessa mudança. À medida que os consumidores têm utilizado cada vez mais essas tecnologias para acessar produtos e serviços, mais direto se torna o relacionamento entre empresas e consumidores, diminuindo os níveis de intermediários. O mesmo se pode dizer do uso cada vez mais frequente das mídias sociais como fonte de acesso à informação dos consumidores por parte dos membros da cadeia. Tais informações têm subsidiado alterações nos produtos, que cada vez mais têm sido oferecidos de forma customizada.

Alterações no poder do canal: o poder do canal de marketing esteve, tradicionalmente, nas mãos dos fabricantes de produtos. No entanto, essa realidade vem mudando. Desde meados dos anos 1990, percebe-se a forte concentração de poder entre os varejistas e atacadistas. Em parte, tal alteração se deu em virtude da adoção de sistemas mais eficientes de gerenciamento dos estoques, que diminuiu a dependência em relação aos fabricantes. Somado a isso, o aumento no uso das tecnologias que auxiliam no reconhecimento de padrões de compra concedeu aos varejistas um poder de informação que até então os fabricantes não tinham. Agora, o varejo se comporta como o "porta-voz" do consumidor, informando à indústria o que o consumidor deseja, quando, onde e quanto deseja pagar por seus produtos.

Crescimento da distribuição direta: os consumidores preferem comprar produtos de maneira mais direta, sem a adição de custos a cada nível de canal adicionado, entre o produtor e o consumidor. Ou seja, existe certa tendência de eliminação de intermediários. Isso pode ser constatado pelo crescimento de certos canais não tradicionais, como o marketing de catálogo, a venda direta (Avon, Natura, Tupperware, etc.), o comércio eletrônico (Amazon.com, Decolar.com, etc.) e as propagandas de resposta direta (campanhas que vendem produtos por telefone, via 0800, ou pela internet).

Crescimento do *omni-channel*: *omni-channel* é o nome do conceito em que cada consumidor é tratado como único, independentemente do canal pelo qual interage com a marca, podendo ser loja virtual, loja física, rede social ou qualquer outro meio de venda. Hoje se sabe que o consumidor é multicanal, pois, se for a uma loja física e ela estiver fechada, procura o produto em uma loja virtual. Ele também pode realizar sua compra pelas vias tradicionais, ou ainda através da internet, pelas mídias sociais, por telefone ou pela televisão. As empresas necessitam refletir sobre essa nova realidade, pois ela impacta diretamente a forma como se estruturam os canais de marketing.

Como o mercado é dinâmico, a cada dia muitas mudanças vem ocorrendo e afetando tanto as empresas como os profissionais de marketing. Isso exige um compromisso da parte de empresas e profissionais no sentido de compreender as mudanças e promover as alterações necessárias, da forma mais eficiente e eficaz.

>> PARA SABER MAIS

Em meados de 2010, o número de *smartphones* e *tablets* no mundo ultrapassou o de PCs. Desde então, percebeu-se o início de uma mudança de cultura, a exemplo do que aconteceu em 2002, quando o número de celulares suplantou o de telefones fixos. Como decorrência do que está sendo chamado de *boom mobile*, o nível de exigência das pessoas por informações em tempo real tende a aumentar, e os profissionais de marketing devem pensar em ações para atender essa nova demanda. O número de adultos com *tablets* nos Estados Unidos pulou de 2% em 2009 para 29% em 2012, segundo pesquisa divulgada pela Pew Research Center. Outra forte evidência é que no Natal de 2012, o maior desejo de quase metade (48%) das crianças de 6 a 12 anos nos Estados Unidos era um iPad, a frente até do videogame Wii (39%). Em terceiro, o iPad mini (36%). Ou seja, até as crianças estão totalmente conectadas. O fato das pessoas estarem conectadas 24 horas por dia afeta diretamente o entendimento que as empresas devem ter acerca do papel que os canais de marketing possuem na relação com seus consumidores.

Fonte: Adaptado de Castro (2012).

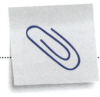

>> RESUMO

Neste capítulo, demonstramos a importância dos canais de distribuição e da cadeia de suprimentos para o sucesso das ações de marketing de uma empresa. Apesar de ser um dos elementos do composto mercadológico, a distribuição foi, durante muitos anos, relegada a uma posição subalterna, por vezes confundida apenas como o elemento de localização dos pontos de venda de um produto ou serviço. Após a leitura deste capítulo, fica evidente que algumas questões estratégicas precisam ser consideradas quando se analisam os canais de marketing, em especial a sua estrutura, a integração e as formas de criação de valor pelo canal. Também apresentamos algumas das principais tendências em canais de marketing, em especial aquelas vinculadas ao avanço tecnológico, às mudanças de poder no canal, ao crescimento da distribuição direta e ao *omni-channel*.

>> Agora é a sua vez!

1. Defina o que é canal de marketing.
2. Quais são as principais funções exercidas pelos intermediários de um canal de marketing?
3. O que vem a ser eficiência para um canal de marketing? E eficácia?
4. Explique os níveis de canal de marketing.
5. Que diferenças você apontaria ao comprar um produto em uma loja física e uma loja *online*?
6. Visite o *site* de três varejistas de livros. Quais são as principais diferenças e semelhanças entre eles, sob a ótica distribuição?
7. Quais são as principais fontes de conflitos nos canais de marketing?
8. Aponte mais duas tendências que você acredita que podem afetar o mercado brasileiro nos próximos cinco anos, além das já descritas no capítulo.

REFERÊNCIAS

CASTRO, M. *Treze tendências de marketing para 2013*. 2012. Disponível em: <http://exame.abril.com.br/rede-de-blogs/midias-sociais/2012/12/06/treze-tendencias-de-marketing-para-2013/>. Acesso em: 29 jul. 2014.

KOTLER, P.; KELLER, K. L. Administração de marketing. 12. ed. São Paulo: Pearson Pretience Hall, 2006.

PIRES, F. *Franquia substitui Correios em favela do Rio de Janeiro*. 2014. Disponível em: <http://revistapegn.globo.com/Noticias/noticia/2014/03/franquia-substitui-correios-em-favela-do-rio-de-janeiro.html>. Acesso em: 29 jul. 2014.

LEITURAS RECOMENDADAS

BALLOU, R. H. *Gerenciamento da cadeia de suprimentos*. 4. ed. Porto Alegre: Bookman, 2001.

FERREL, O. C.; HARTLINE, M. D. *Estratégia de marketing*. São Paulo: Cengage Learning, 2008.

DAWSON, R. *Secrets of power negotiation*. 2. ed. Franklin Lakes: Career Press, 1999. p. 104-106.

KOTLER, P. *Administração de marketing*: análise, planejamento, implementação e controle. 5. Ed. São Paulo: Atlas, 1998. p. 466.

capítulo 9

Promoção

Neste capítulo, abordaremos os conceitos de comunicação e de promoção. Como veremos, para o marketing, promoção não se refere apenas à promoção de vendas, que é uma das ferramentas da comunicação. Promover é uma ação mais ampla do que apenas um desconto para vender mais, é tornar o produto conhecido. Além disso, discutiremos o processo básico de comunicação e como os consumidores processam as informações. Também serão apresentados as ferramentas do composto promocional e os tipos de mídia.

Objetivos de aprendizagem

» Definir comunicação e explicar para que serve a comunicação de marketing.

» Identificar os componentes do processo básico de comunicação.

» Listar os fatores que devem ser debatidos e definidos antes da emissão da mensagem.

» Descrever cada umas das ferramentas do composto promocional.

» Diferenciar propaganda de publicidade.

» Distinguir as diversas mídias de comunicação.

» Descrever o funcionamento da comunicação integrada e explicar sua importância.

» PARA COMEÇAR

Dona de loja de acessórios adere ao Facebook e faturamento cresce 20% em menos de um ano

Após marcar presença no Facebook, a empresária Denise Furlan viu o faturamento de sua loja crescer 20% em menos de um ano. "Passei a atingir um público bem maior e até ficou complicado calcular o frete para outros estados, por isso implantei uma loja virtual". Antes de adotar a mídia digital como veículo de divulgação da loja Denise Furlan Complements, a empresária fez um curso para aprender a usar a ferramenta profissionalmente. Depois, contratou uma empresa para ajudar a administrar a página.

Denise diz que, em 2010, gastou R$ 1.000,00 por mês em anúncios numa revista, mas não obteve o resultado esperado. Em 2011, passou a pagar R$ 500,00 para uma empresa cuidar do marketing digital da sua empresa e ficou bastante satisfeita.

Segundo a empresária, o Facebook também serviu para aproximá-la das pessoas do bairro. "A loja fica na zona leste, mas moro na Vila Mariana (zona sul de São Paulo). Por isso, não conhecia a vizinhança. Por meio das conexões da rede, conheci muita gente, o que ajudou a melhorar o movimento na loja". Para aumentar o número de fãs em sua página, ela faz enquetes sobre os produtos, realiza sorteios e promove eventos.

A loja virtual Adoro Acessórios também está no Facebook: em quatro meses de presença nessa rede social, a empresa conquistou 1.300 seguidores. "Percebo que os produtos que divulgo nas redes sociais despertam mais interesse no público. Essas ferramentas dão muita visibilidade à loja e permitem a comunicação direta com o público alvo", comenta a proprietária, Michele Silva. Além do Facebook, ela também divulga sua loja em *blogs* do setor e posta informações no Twitter e no Pinterest.

O Pinterest também é utilizado pela loja carioca Camiseteria. O aplicativo oferece murais, individuais ou coletivos, em que os usuários penduram conteúdos visuais interessantes encontrados na internet. O nome une as palavras "pin", tachinha, e "interesting", interessante. Antenado com a era digital, o proprietário, Fábio Seixas, afirma que a empresa, que cria estampas para camisetas a partir da interação virtual com os clientes, sempre esteve aberta às novas possibilidades lançadas pela internet: "Adotar rapidamente as novidades dá vantagem competitiva ao negócio", avalia. A empresa também tem *blog* e Twitter. Atualmente, o Facebook é a mídia mais usada pela Camiseteria, que vende cinco mil peças por mês e conta com 104 mil seguidores. "Por ser uma empresa de *design*, usamos bastante o Flickr e mais recentemente o Pinterest". Para Seixas, o uso das redes sociais serve para moldar a imagem da empresa perante os clientes. "É uma forma de humanizar as marcas", conclui.

Reportagem extraída de Olivette (2012).

Com base nos exemplos apresentados, verificamos a necessidade de descobrir qual é o meio de comunicação que melhor atinge o público-alvo da empresa. Revista, *site*, *blog* ou redes sociais, como Facebook, Twitter, Pinterest e Flickr? Além da discussão sobre as vantagens e desvantagens de cada meio, após estudar este capítulo, você poderá delinear estratégias de como abordar seu público-alvo.

Entendendo a comunicação

>> **CURIOSIDADE**
Quando indagadas sobre o que é marketing, as pessoas comumente respondem que marketing diz respeito a propaganda ou vendas, que são, na verdade, algumas ferramentas da promoção.

Como vimos, um dos 4 Ps do marketing é a **promoção**, que significa comunicar, promover. Ou seja, são as diversas maneiras que a empresa dispõe para transmitir uma mensagem para seus clientes ou potenciais clientes.

A promoção é peça fundamental na dinâmica das organizações. Não basta ter um excelente produto com um ótimo preço e um canal de distribuição acessível – é necessário que os clientes saibam que o produto, marca ou empresa existem e percebam valor o seu valor. E isso só se torna possível com a **comunicação**.

A comunicação envolve os cinco sentidos, conforme pode ser visto no Quadro 9.1.

Quadro 9.1 >> **A comunicação e os sentidos**

Sentido	Exemplo
Audição	Mensagem falada.
Visão	Leitura, imagem ou vídeo.
Olfato	Aromas associados a produtos, ambientes, pessoas ou memórias.
Tato	Experimentação dos produtos.
Paladar	Gosto de um produto ou associado a alguma experiência gustativa.

>> **DEFINIÇÃO**
Comunicação vem do latim *communicare*, que significa tornar comum, partilhar, repartir, associar, trocar opiniões.

A comunicação de marketing serve para promover a empresa junto a seus clientes. O objetivo da comunicação pode ser:

- **Informar** sobre produtos, serviços, marcas e condições de venda, oferecendo às pessoas conhecimento e consciência sobre os produtos e marcas.
- **Lembrar** sobre seus produtos e serviços, em épocas de baixa procura.
- **Persuadir** os clientes a preferirem seus produtos aos da concorrência.
- **Induzir** os clientes a uma ação ou um comportamento desejado, para que eles tenham convicção e efetivem a compra.

A comunicação pode ser de massa, quando atinge um grande número de pessoas, ou segmentada, atingindo apenas um número restrito de pessoas ou um único indivíduo. Ela deve ser entendida como uma via de mão dupla – tanto emissores quanto receptores devem ter a oportunidade de expressar suas opiniões. Na próxima seção será apresentado o processo de comunicação que mostra essas relações.

» Processo básico de comunicação

O processo de comunicação envolve diversos elementos, como se verifica no Quadro 9.2.

Quadro 9.2 » **Resumo do processo de comunicação**

Emissor	É quem envia a mensagem, portanto, o responsável por ela.
Mensagem	Ideia a ser codificada. Precisa ter um conteúdo e a expressão desse conteúdo na forma de imagem, comunicação falada, texto, música ou vídeo. Esse conteúdo é expresso a partir de uma ferramenta do composto promocional.
Meio	É a forma como será enviada/transmitida a mensagem. É preciso considerar, além das opções do meio que mais atingem o receptor (vendedor, televisão, internet, correios, etc.), o veículo que será usado (p. ex., por que canal de televisão será veiculada a mensagem).
Receptor	Pessoa, ou pessoas, que recebem a mensagem e que realizam a decodificação do conteúdo.
Feedback	É o retorno para o emissor. Pode ser uma concordância com a mensagem, uma negativa ou mesmo a indiferença. Ele também pode ser obtido por meio de uma pesquisa de marketing, da mudança na participação de mercado ou nos relatórios de venda.

Esse processo pode sofrer impactos de **ruídos** (obstáculos à comunicação) do ambiente, tanto na codificação quanto na decodificação da mensagem (veja o exemplo a seguir). É nessa tradução do receptor que atuam as percepções de estímulos diferentes, e, no *feedback* do receptor para o emissor, evidenciam-se mais as emoções (esses fatores intervenientes foram discutidos no Capítulo 2). A Figura 10.1 exemplifica o processo.

» **IMPORTANTE**
A comunicação efetiva é aquilo que o receptor entendeu, e não o que o emissor pretendeu dizer. Por isso, uma empresa deve estar atenta ao que comunica e também a como o público-alvo decodifica, sente e percebe essa comunicação.

Figura 9.1 Processo básico de comunicação.
Fonte: dos autores.

> **EXEMPLO**
>
> **Processo básico de comunicação nos negócios**
>
> Uma pequena empresa produz e vende semijoias e deseja comunicar-se com seus clientes. A nova coleção é o tema da mensagem e deve ser codificada. Então, é escolhido o meio de comunicação mais adequado para atingir o público-alvo: uma revista encartada junto ao jornal dominical de maior tiragem na sua região. Seu público – mulheres entre 25 e 45 anos, com alto poder aquisitivo – lê o jornal e aprecia as fotos com as peças da nova coleção. O retorno para a empresa acontece por meio do aumento de acesso no *site*, do crescimento instantâneo de seguidores nas redes sociais e também do maior número de clientes que vão à loja nos dias seguintes ao anúncio.
>
> Contudo, pode ter ocorrido um ruído, como um erro de digitação no valor de uma das peças. Outro ruído poderia ser uma interpretação por parte do receptor (cliente, neste caso) diferente do planejado, como uma rejeição à modelo escolhida, por ser magra demais ou por ser uma celebridade polêmica.

Para antever um ruído, a empresa deve planejar minuciosamente sua comunicação, incluindo o tom e a frequência desse "diálogo", e entender muito bem seu público-alvo. As peças de comunicação produzidas devem ser lidas, ou assistidas, quantas vezes forem necessárias a fim de evitar a divulgação de informações erradas, dúbias ou contraditórias, que podem ocasionar rejeição.

Contudo, mesmo se revisando as peças, erros podem acontecer. Para compensar um ruído, a empresa deve adotar uma postura confiável, assumir o erro e tentar minimizar a questão junto aos atingidos. Para ilustrar as consequências de uma promoção mal planejada, veja o exemplo a seguir.

> **EXEMPLO**
>
> **Promoção mal planejada aterroriza a população do Rio de Janeiro**
>
> No dia 24 de novembro de 2010, houve um verdadeiro alvoroço na Zona Sul da cidade do Rio de Janeiro. Policiais civis do esquadrão antibomba foram chamados e explodiram caixas que foram encontradas em uma praça no bairro Ipanema. Diante do clima de insegurança na cidade por conta de ataques do tráfico de drogas, as caixas levantaram suspeitas de bomba. Policiais chegaram a interditar ruas de Ipanema, no entorno das praças onde estavam essas duas caixas. A população estava assustada.
>
> Horas após o trabalho da polícia, a empresa Procter & Gamble enviou comunicado à imprensa afirmando que as caixas suspeitas faziam parte de ação promocional da empresa. A companhia lamentou o ocorrido e afirmou que suspendeu a ação publicitária em todas as cidades em que estavam programadas.
>
> Logo vemos que se tratou uma ação mal planejada, sem a compreensão do cenário geral que o público-alvo vivia na época. A comunicação não saiu como o esperado e gerou diversos ruídos e medo na população. A mensagem enviada não tinha clareza na sua decodificação, sendo mal sucedida.
>
> *Fonte*: Extra (2011) e O Globo (2011).

É importante o profissional responsável pela comunicação ter claro alguns fatores que devem ser bem debatidos e definidos antes da emissão da mensagem:

Objeto: uma comunicação pode ter como foco o produto, uma linha de produtos ou a própria instituição como um todo.

Natureza: a natureza da comunicação pode estar envolvida com o lançamento ou a sustentação de um produto ou serviço ou da própria instituição.

Apelo: pode ser cognitivo (recomendável para lançamento) ou emocional (mais indicado para sustentação, por ser mais persuasivo).

Abordagem: pode ser de caráter eminentemente social, humorístico, técnico, testemunhal, emocional ou sensual.

Objetivo: o que se pretende efetivamente comunicar, podendo ser mais genérico ou pontual.

Conceito: deve traduzir de maneira clara e com o menor nível de ruído possível os itens anteriores.

Esses fatores, em conjunto, definem o **conteúdo da mensagem**, ou seja, definem o que se pretende comunicar para o receptor/público-alvo. É muito importante que o emissor faça um esforço para se colocar no lugar do receptor e busque entender como seu público-alvo compreenderá a comunicação. Ou seja, a **empatia** é de suma importância. Quando se conhece com profundidade o cliente, a comunicação flui com eficácia.

» NO SITE
Para entender e conhecer melhor os significados de empatia e de fidelização do cliente acesse o ambiente virtual de aprendizagem Tekne: **www.bookman.com.br/tekne**.

» PARA REFLETIR

Será que a mesma mensagem serve para todos os públicos? Ou seria mais adequada uma mensagem distinta para os diferentes públicos?

Uma comunicação eficaz tem clareza na definição de objetivos, excelente capacidade de codificação/expressão, domínio psicológico, empatia/carisma em relação ao consumidor e capacidade de compreender o meio ambiente (ODGEN; CRESCITELLI, 2007).

O **processamento das informações**, por parte do receptor, ocorre da seguinte maneira:

- O receptor recebe o estímulo por meio de uma exposição da peça de comunicação.
- Essa comunicação deve chamar-lhe a atenção.

- Se essa comunicação estiver bem direcionada, o receptor deverá mostrar compreensão, aceitação (ou rejeição), retenção em relação à comunicação. Também deve tomar uma atitude, comprando, por exemplo, ou rechaçando a marca ou produto.

A seguir, discutiremos sobre as ferramentas do composto de comunicação.

» ATENÇÃO
Atenção, compreensão, aceitação e retenção são etapas que necessitam da memória do ser humano.

» Ferramentas do composto promocional

A comunicação de marketing acontece com a utilização de um **composto promocional**, que é o conjunto das ferramentas utilizadas para transmitir a mensagem. São elas: propaganda, publicidade, relações públicas, promoção de vendas, marketing direto, venda pessoal, *merchandising* e *product placement*.

Vamos, então, conhecer mais sobre essas ferramentas. Primeiramente, vale destacar que, no Brasil, há muita confusão entre os termos publicidade e propaganda, sendo que a maioria das pessoas utiliza-os como sinônimos. Contudo, referem-se a questões diferentes.

» DEFINIÇÃO
Propaganda é uma forma paga de divulgar uma ideia ou um ideal. É um anúncio, impresso ou eletrônico, pago pelo anunciante.

» Propaganda

A propaganda é qualquer forma paga de apresentação, divulgação e promoção não pessoal de ideias, produtos ou serviços, ou de caráter institucional, realizada por um patrocinador identificado. Está vinculada a um público-alvo específico, atingindo um grande número de pessoas ao mesmo tempo, e é veiculada durante um determinado período.

A propaganda é veiculada em um meio/mídia de massa (televisão, sala de cinema, rádio, jornal, revista, internet, *outdoor*, folhetos, entre outros), do qual se escolhe um determinado veículo de comunicação, como o principal jornal da cidade ou o canal de televisão mais popular.

Nos meios de comunicação *off-line* (televisão, rádio, jornal, revista impressa), a propaganda costuma ser uma comunicação unilateral. Já quando se trata de uma mídia *online* (redes sociais e internet em geral), é possível verificar propagandas que ganham retorno/*feedback*, ou seja, que são bilaterais.

» DICA
A propaganda é impessoal, pois o receptor não tem contato direto com o anunciante, apenas com o meio de comunicação. Se bem planejada e organizada, essa ferramenta auxilia a criar a imagem e a reforçar o posicionamento da marca da empresa.

Existem alguns cuidados a serem tomados no planejamento de uma peça de propaganda, como:

- A peça deve atingir seu público-alvo, com cobertura adequada, sendo exibida na quantidade certa, nem mais, nem menos, nos veículos certos.
- Deve ter um apelo estético, ser bem feita, organizada, limpa, chamar a atenção do público.

Os pontos negativos da utilização da propaganda é que os anúncios acabam concorrendo com muitos outros estímulos, costumam custar caro, especialmente as propagandas na televisão, e acabam invadindo a vida da audiência.

Figura 9.2   Exemplo de propaganda.
Fonte: Sinapro Paraná (2014).

» Publicidade

A publicidade é uma comunicação gratuita. Trata-se de um espaço gratuito que algum veículo de comunicação dispensa para determinada empresa ou produto. Pode ser um editorial, uma notícia ou um depoimento de um jornalista. São meios de publicidade a televisão, o rádio, os jornais, as revistas e a internet.

» **DEFINIÇÃO**
Publicidade significa tornar público. Está vinculada a uma comunicação gratuitamente gerada.

FRACASSO

O site Sad Tweets (www.sadtweets.com) foi criado para verificar as publicações menos populares de um usuário no Twitter.
É só fazer o login e pronto: ele vai mostrar todos os tuítes que não provocaram nenhuma reação e há quanto tempo estão online.

Figura 9.3   Exemplo de publicidade.
Fonte: Fracasso (2014).

A publicidade pode ser:

Espontânea: quando surge por um movimento do veículo de comunicação que se interessa por algum assunto relacionado à empresa.

> **EXEMPLO**
>
> **Publicidade espontânea**
>
> No inverno, em uma região fria, um jornal está produzindo uma reportagem sobre a epidemia de gripe da gripe A e busca um laboratório de análises clínicas para falar sobre o exame de sangue que permite o diagnóstico correto da doença. Essa situação é uma oportunidade de divulgar o trabalho do laboratório de forma gratuita e espontânea por parte da imprensa.

Pautada: quando acontece por meio do envio de uma sugestão de pauta para algum jornalista ou veículo de comunicação. Chamamos de *release*, ou *press release*, essa sugestão de pauta, que geralmente é enviada por um assessor de imprensa da empresa. Se o jornalista e o veículo considerarem a pauta pertinente, o assunto poderá ser trabalhado e publicado.

> **EXEMPLO**
>
> **Publicidade pautada**
>
> Utilizando a mesma situação do inverno em uma região fria, em que há um número elevado de pessoas contaminadas por vírus da gripe, um laboratório de análises clínicas envia um *release* para um jornalista de um jornal impresso, divulgando seu novo exame para o diagnóstico da gripe A. Como a sugestão de pauta surgiu no período certo, é provável que o jornalista se interesse e acabe por divulgar a notícia, oportunizando espaço gratuito para a empresa no jornal.

A principal desvantagem da publicidade é que é totalmente dependente do interesse do jornalista, seja pela aceitabilidade da pauta sugerida ou pelo interesse despertado pelos produtos ou serviços oferecidos por determinada empresa.

>> Relações públicas

O trabalho de **relações públicas** (RP) busca o desenvolvimento de boas relações com os diversos públicos da empresa, visando obter publicidade favorável. O ponto de partida é a definição dos públicos relevantes (ou *stakeholders*), como clientes, acionistas, fornecedores, distribuidores, funcionários, órgãos de classe, sindicatos, entidades, ou pessoas da comunidade e imprensa (URDAN; URDAN, 2013). Não se trabalha apenas o consumidor.

> **>> DICA**
> A desvantagem da atividade de RP é que os efeitos não costumam ser rapidamente percebidos ou medidos. Sua atuação nas vendas da empresa é indireta.

São ações vinculadas à atividade de RP:

- *Lobby* junto a órgãos públicos.
- Assessoria de imprensa.
- Ações sociais da empresa, como patrocínios de eventos, causas ou artistas.
- Participação em feiras.
- Organização de eventos, como festa de final de ano para funcionários, festa para a comunidade onde está inserida, jantar com acionistas, café da manhã com a imprensa, palestras, seminários, etc.
- Produção de informativo da empresa, como revista ou jornal.
- Gestão da imagem corporativa em momentos de crise, como em boatos e eventos desfavoráveis.

>> EXEMPLO

Feitiço contra o feiticeiro

"O público que cativamos era também o mais bem preparado para 'botar a boca' na gente". O diagnóstico é de Andrei Schneider, responsável pelo gerenciamento da marca Pampa Burger. Desde que foi inaugurada pelo empresário Charles Buffet, a lanchonete apostou em uma mistura de apelo tradicionalista, pratos generosos em carne e forte presença em redes sociais para cativar um público jovem, propenso a propagandear na internet os lugares que frequenta e curte.

O mesmo público que ajudou a lotar o Pampa Burger colocou a lanchonete em desgraça após casos de intoxicação alimentar, em janeiro de 2012. Segundo a Vigilância Sanitária, mais de 170 casos foram comunicados, o que provocou a interdição de uma das suas unidades por 12 dias. "Temos picos de 80%, mas, geralmente, o movimento é em torno de 60% do que tínhamos antes", diz o gerente administrativo Juliano Ribas.

No Facebook do Pampa Burger, percebia-se o tamanho do revés. Em novembro de 2011, 2.379 pessoas curtiram a *fan page* da lanchonete. Em dezembro do mesmo ano, 1.811. Em junho de 2012, o número baixou para 328. Para Schneider, há mais fatores envolvidos na queda da popularidade do que o medo de uma nova contaminação. "Como apostamos no discurso da tradição, da boa culinária gaúcha, o pessoal se sentiu traído, ressentido em ter confiado".

Após contratar uma empresa de gerenciamento de crises, os responsáveis apostaram na transparência. Falaram abertamente do caso e mantiveram por alguns meses um número de telefone exclusivo para atender aos intoxicados. Além de aprimorar os procedimentos sanitários, foi reformada a chaminé do restaurante, fonte de nova dor de cabeça causada por um princípio de incêndio ocorrido em abril de 2012.

Hoje, a estratégia é multiplicar as promoções e fazer com que o cliente não se arrependa de dar uma nova chance ao hambúrguer gaudério. Abandonar a marca, eles juram, nunca foi uma alternativa.

"Ainda rastreamos situações no Twitter, como alguém dizendo que foi ao Pampa Burger, e outra pessoa perguntando, com ironia: 'e está tudo bem?'. Mas a gente percebe o tom de brincadeira. A piada fica, mas o cliente um dia volta", aposta Schneider.

Fonte: Adaptado de Fonseca (2012).

» Promoção de vendas

A **promoção de vendas** é a ferramenta que mais se associa ao P do *mix* de marketing chamado de promoção, embora seja apenas um dos seus elementos.

São formas de promoção de vendas, dentre outros:

- Distribuição de amostras ou brindes.
- Descontos, como "pague 2, leve 3".
- Pacotes promocionais, como "reserve o hotel e ganhe uma diária para a locação de carro".
- Sorteios e programas de treinamento ou prêmios de viagens para vendedores.

Ao utilizar a promoção de vendas, objetiva-se acentuar o desejo de compra, criar motivação para a força de vendas e/ou incrementar vendas fracas. É uma peça útil na atualidade, visto que o consumidor está cada vez mais sensível a preço. E, além disso, a maior parte das decisões de compra ocorre no ponto de venda.

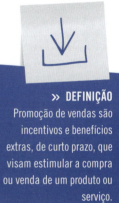

> » **DEFINIÇÃO**
> Promoção de vendas são incentivos e benefícios extras, de curto prazo, que visam estimular a compra ou venda de um produto ou serviço.

Figura 9.4 Promoção de vendas.
Fonte: Propaganda GVT (2014).

> » **DICA**
> A desvantagem da promoção é que ela acaba treinando o consumidor a procurar por ofertas, em vez de incentivá-lo a ser leal a uma marca. É preciso utilizar essa ferramenta com cautela, para que os clientes não se acostumem a ter desconto o tempo todo.

» Marketing direto

O **marketing direto** é a ferramenta promocional implementada com o objetivo de atingir consumidores selecionados e obter deles uma resposta imediata, como visitar um ponto comercial ou fazer o pedido de compra. Os meios mais utilizados

» DICA
O ponto negativo do marketing direto é que sua efetividade depende de um banco de dados atualizado, com dados corretos, o que geralmente representa um grande desafio para qualquer empresa.

por essa ferramenta são a mala-direta (por correio e por *e-mail* – *e-mail* marketing), o catálogo e o telemarketing.

O marketing direto é impulsionado por uma base de dados de contatos de clientes ou potenciais clientes, o que permite a seleção dos melhores nomes para cada campanha de marketing direto. Pode, portanto, criar comunicação um a um pela personalização (URDAN; URDAN, 2013).

» Venda pessoal

A **venda pessoal** também pode ser entendida como uma ferramenta do composto promocional, uma vez que o vendedor exerce uma ação importante junto ao consumidor, por meio de comunicações pessoais e persuasivas.

» DEFINIÇÃO
A venda pessoal são as apresentações de vendas. São comunicações face a face, por telefone ou eletrônicas, com o propósito de vender.

Para que essa ferramenta seja eficiente, é necessário dispor de uma equipe bem treinada, conhecedora da empresa, do produto e do cliente, a fim de que a comunicação ocorra de modo apropriado.

A venda pessoal é cara, pois exige o contato individualizado entre força de vendas e cliente. Além disso, caso o receptor não a deseje ou o vendedor não seja competente, a técnica pode ser ineficaz.

» *Merchandising*

Merchandising é uma ferramenta do composto promocional que cria um cenário para um produto ou serviço no ponto de venda (PDV). Esse tipo de ação:

- Proporciona informação e melhor visibilidade/destaque aos produtos.
- Resulta em maiores vendas e, assim, maior giro nos estoques.

» IMPORTANTE
Lembre-se: a maior parte das decisões de compra ocorre no ponto de venda.

Essa atividade tem sua origem no processo de arrumação de mercadorias nas lojas, tornando-se mais importante à medida que o varejo amplia e diversifica o *mix* de produtos e marcas comercializado (ODGEN; CRESCITELLI, 2007). Por exemplo, um posto de gasolina pode trabalhar com cinco tipos de produtos diferentes (gasolina comum, gasolina aditivada, álcool, diesel e gás natural veicular), e um hipermercado pode trabalhar com 60 mil produtos diferentes, pois qualquer diferença na mercadoria (tamanho, cor, sabor), mesmo sendo de uma mesma marca, representa um item diferente.

São objetivos dessa técnica:

- Aumentar as vendas do produto.
- Criar uma ligação entre a propaganda e o produto no PDV.
- Obter maior rotação dos estoques.
- Apresentar o produto de forma mais atraente, com maior destaque.

A)   B)

Figura 9.5 Exemplos de A) display e B) móbiles utilizados nos pontos de vendas.
Fonte: (A) Imaginabilis [2014] e (B): PDV PRO [2014].

As peças de comunicação mais utilizadas no *merchandising* são em forma de cartazes, *banners*, móbiles e *displays*.

» *Product placement*

Product placement (inserção do produto) é a modalidade que cuida da inserção ou aparição de produtos em uma cena de um programa de televisão ou filme. Certamente você já viu inserções de produtos ou catálogos da Avon em novelas, ou, no programa Big Brother Brasil, o sorteio de carros da Fiat. São exemplos de *product placement*.

> » **DICA**
> Equivocadamente, o *product placement*, no Brasil, é chamado de *merchandising*. No entanto, *merchandising* é, na realidade, apenas a exposição diferenciada do produto no ponto de venda.

Figura 9.6 *Product placement* da marca Apple® na série norte-americana *House*.
Fonte: Product Placement [2014].

>> **CURIOSIDADE**
Você se lembra do aparecimento da marca FedEx® no filme Náufrago? Tecnicamente, não se trata de um *product placement*, visto que a empresa não pagou por ele. Após o lançamento do filme, houve um significativo aumento da popularidade da marca na Ásia e na Europa, onde era pouco conhecida.

Figura 9.7 Aparecimento da marca norte-americana FedEx® no filme *Náufrago*, de 2000.
Fonte: Business Insider [2014].

Para usar essa técnica, a empresa deve ter clareza de quem é seu público-alvo, como ele se comporta e o que prefere. Só então é possível escolher quais as ferramentas do composto promocional são mais adequadas à realidade e aos objetivos da comunicação – e que se encaixem no orçamento da empresa, logicamente.

Na próxima seção, serão abordados os diferentes tipos de mídia/meios de comunicação utilizados pelas ferramentas do composto promocional.

>> **IMPORTANTE**

Quando se trata de comunicação em massa, as empresas preferencialmente optam por propaganda, publicidade, relações públicas e *product placement*. Quando se trata de comunicação direcionada/segmentada, a ordem de preferência é promoção de vendas, marketing direto, *merchandising* e venda pessoal.

>> Meios de comunicação

Depois de planejar a mensagem – seu objeto, natureza, apelo, abordagem, objetivo e conceito – e determinar a modalidade/ferramenta que melhor responde à situação, é o momento de escolher o **meio de comunicação** mais adequado e, consequentemente, determinar o **veículo** a ser utilizado para transmitir a comunicação. Vamos analisar os seguintes meios de comunicação: televisão, rádio, jornal, revista, *outdoor*, cinema, e internet, além de algumas mídias alternativas.

>> Televisão

A televisão conjuga imagem, som e movimento, chegando o mais próximo de uma comunicação pessoal, porém com um alto alcance de público. São limitações da televisão:

- O elevado custo de veiculação.
- A baixa seletividade do público, já que a televisão é um meio massivo e pode atingir pessoas que não fazem parte do público-alvo.
- Saturação elevada de comunicação.
- A exposição transitória, uma vez que, dada a rapidez da veiculação, pode não atingir o público a que se destinaria.

>> Rádio

Peças de comunicação veiculadas no rádio têm custo de investimento muito mais baixo, se comparado à televisão, e permitem ter um nível mais alto de frequência da repetição da mensagem. O rádio é uma fonte de diversão, entretenimento, informação e cultura. Trata-se de um meio de comunicação de massa, com apelo popular. Por utilizar som, pode ser uma música ou uma entonação de voz, sensibilizando mais o público, se comparado a um texto ou imagem impressa.

São limitações desse meio de comunicação:

- Oferece apenas mensagem sonora, atraindo, geralmente, menor grau de atenção do que a televisão.
- Também apresenta exposição transitória, ou seja, o público tem que estar com o rádio ligado na estação específica em um momento também específico, e não pode ser ouvido novamente em qualquer instante.

>> Jornal

Comunicações veiculadas em jornais beneficiam-se de diversas vantagens, como a flexibilidade para inserção de peças criativas, boa cobertura do mercado local e alta credibilidade.

Como limitações, reconhecem-se as seguintes:

- Vida útil curta, pois o jornal é, geralmente, expedido diariamente.
- Baixa qualidade de reprodução das peças.
- Pequeno público leitor para cada exemplar.
- Número decrescente de leitores de jornal impresso, devido ao aumento do acesso às notícias pela internet.

>> **DICA**
Os anúncios em jornal podem variar desde alguns centímetros até espaços de meia página, página inteira, duas páginas, sequência de páginas ou inserção de capas comerciais que cobrem a capa do dia.

Figura 9.8 Exemplo de anúncio em jornal.
Fonte: Informe Especial (2014).

» Revista

Peças veiculadas em revistas beneficiam-se da alta seletividade demográfica e geográfica, em função da possibilidade de inserção de anúncios conforme o CEP postal, além da segmentação temática própria de cada revista.

Outras vantagens dos anúncios nessa mídia são: credibilidade e prestígio – relacionados ao reconhecimento da marca da própria revista –, reprodução das peças com alta qualidade, longa exposição da comunicação, visto que a revista costuma ter periodicidade mensal e, muitas vezes, é guardada por mais tempo e elevado número de leitores por exemplar.

Como desvantagens da utilização de revista para os anunciantes, apontam-se:

- Os anúncios devem ser entregues com muito tempo de antecedência.
- É inapropriado veicular promoções que tenham um período de validade curto, já que as revistas circulam por bastante tempo.

Figura 9.9 Exemplo de anúncio em revista.
Fonte: Rei do Mate [c2014].

» *Outdoor*

O *outdoor* é um painel de comunicação exterior, de grandes dimensões, disposto em locais de grande visibilidade e circulação de pessoas e/ou veículos. As principais vantagens deste meio de comunicação são a flexibilidade para criação de peças, a rápida instalação, o baixo custo e a taxa elevada de exposição – em função de ser uma mensagem fixa, com exposição 24h/7d.

São limitações do *outdoor*:

- Baixa seletividade do público.
- Permite apenas a inserção de uma mensagem com poucos caracteres.

Figura 9.10 Exemplo de comunicação em *outdoor*.
Fonte: Argate [2014].

>> Cinema

A inserção de vídeos nos *trailers* do cinema pode ser um meio complementar de comunicação. O público presta atenção, pois está em silêncio esperando o início do filme. Tem, naturalmente, uma cobertura mais lenta.

>> Internet

A internet, como meio de comunicação, permite a transmissão de grande quantidade de informação com baixo custo, além de permitir flexibilidade na criação das comunicações e estimular à interatividade. São soluções/formas de comunicação pela internet: *sites*, busca orgânica em buscadores como o Google, links patrocinados (como no Google e no Facebook), redes sociais, *e-mail*, *e-mail* marketing.

Quando se usa esse meio, é necessário que um especialista cuide da campanha, acompanhe as interações e dê, rapidamente, retorno para o público. A rapidez das interações pode ser uma desvantagem para a empresa, caso não consiga acompanhar e dar o retorno solicitado pelo público online.

>> Mídias alternativas

São consideradas mídias alternativas:

- Adesivagem em metrô, táxis e elevadores.
- *Busdoor* (para-brisa traseiro de um ônibus).
- Mobiliário urbano, como telefones públicos e paradas de ônibus.
- TV fechada em elevadores e restaurantes.
- Faixas carregadas por aviões e helicópteros.
- Placas de esquina.

Figura 9.11 Exemplo de comunicação em *busdoor*.
Fonte: Aires [20--?].

>> PARA REFLETIR

Os meios de comunicação que mais ativam os diferentes sentidos humanos são considerados mais ricos e mais efetivos na transmissão da mensagem. A capacidade de um meio de comunicação sensibilizar os sentidos humanos é chamado de *media richness*. A Teoria *Media Richness* descreve como e por que uma determinada mídia é selecionada para transmitir uma mensagem. De acordo com essa teoria, a riqueza é medida segundo a capacidade do meio:

- Enviar e receber mensagens verbais e não verbais, faladas e escritas, com símbolos e figuras.
- Receber *feedback* imediato.
- Permitir um alto grau de personalização.

Assim, num curso online de línguas, por exemplo, uma mensagem composta por um texto puramente escrito, assíncrono, seria um meio de comunicação menos rico, enquanto uma videoconferência síncrona seria muito rica.

Comunicação integrada de marketing

>> **DEFINIÇÃO**
Comunicação integrada de marketing é o processo de desenvolvimento e de implementação de várias formas de comunicação persuasiva com clientes.

Após a discussão sobre as ferramentas do composto promocional e sobre os meios de comunicação, surge a oportunidade de amarrarmos todos esses conceitos por meio do que se chama **comunicação integrada de marketing** (CIM). Não basta criar e divulgar diversas e diferentes comunicações, sem que se tenha organização e integração entre elas – é esforço desperdiçado. É necessário planejamento e execução conjunta, ordenada e coordenada, para que o público entenda as comunicações como uma campanha, transmitindo a mesma mensagem e identidade para o mercado.

>> **IMPORTANTE**
Além de proporcionar uniformidade para a imagem da empresa, a CIM ajuda a construir relacionamentos com os clientes, pois faz com que eles mantenham sempre a marca em sua lembrança.

A CIM tem o esforço de combinar diversas formas de comunicação e de contato da empresa com seu público, buscando aplicar sinergia em todas as ações, a fim de influenciar o comportamento do cliente. O objetivo é não depender apenas da propaganda e da força de vendas, articulando as diversas ferramentas do composto promocional para proporcionar uma imagem de marca consistente aos clientes a cada contato que eles tiverem com a marca (KOTLER, 2000).

Para a compreensão do que é a filosofia da CIM, propomos o desafio de responder às seguintes questões relacionadas por Odgen e Crescitelli (2007):

- O que faz uma pessoa escolher uma marca em especial de molho de tomate na prateleira de um supermercado?
- É a embalagem?
- Ou talvez o próprio nome da marca?
- Ou será a posição do produto de tal marca na prateleira?
- Ou a pessoa leu sobre o produto no jornal?
- Ou a viu na TV?
- Foi um amigo que recomendou?
- Ou um amigo disse que não tinha gostado de uma ou duas das outras marcas ao lado da escolhida?
- O supermercado tem a marca procurada?
- O preço está atraente?

>> **ATENÇÃO**
Em função da realidade competitiva do mercado, é importante que a empresa que deseja comunicar-se com seu público mantenha os esforços centrados em uma comunicação clara, concisa e integrada, valorizando todos os pontos de contato com o público.

Não há apenas uma resposta certa. Mais de uma, ou todas as razões, fizeram com que aquele molho específico fosse escolhido. Muitas variáveis podem ter influenciado a decisão, e essa é a visão da CIM.

Por fim, vale ressaltar de que é imprescindível definir o orçamento a ser investido nas ações de comunicação e as metas/resultados a serem atingidos em cada ação – por exemplo: quantas pessoas foram atingidas, qual a dimensão da repercussão positiva e qual o reflexo nas vendas da empresa.

>> EXEMPLO

Aplicação de CIM

Um laboratório de análises clínicas completa 10 anos de empresa e decide criar uma campanha de marketing. São organizadas ações nas unidades de atendimento (ponto de venda), como o uso de uniforme especial pelos atendentes, móbiles e adesivos para nas janelas. Para os médicos, um dos *stakeholders*, foi enviado um brinde; para os clientes em geral, foram criados anúncios para o jornal, a rádio e a TV – tanto pautando serviços exclusivos e diferenciais, quanto a própria marca (propaganda institucional) – e também foi alterado o *site* da empresa. Todos os pontos de contato entre público-alvo e empresa foram incorporados nessa campanha.

>> RESUMO

Neste capítulo, verificamos todas as formas de promover a empresa e de comunicação com seus públicos. É importante cuidar de todos os detalhes da comunicação, pois é a partir da utilização das ferramentas do composto promocional (propaganda, publicidade, RP, promoção de vendas, marketing direto, venda pessoal, merchandising e *product placement*) e dos diferentes meios de comunicação (televisão, rádio, jornal, revista, *outdoor*, cinema, internet e algumas mídias alternativas) que o cliente conhece a empresa. A partir do conhecimento dessas ferramentas, é necessário pensar a comunicação em todas as suas facetas, integrando cada etapa, a fim de produzir uma imagem única da empresa e da mensagem que se pretende transmitir.

>> Agora é a sua vez!

1. Defina comunicação.
2. Explique e exemplifique o processo básico de comunicação.
3. Qual é a diferença entre propaganda e publicidade?
4. Faça um quadro com o resumo das vantagens e desvantagens de cada uma das ferramentas do composto promocional.
5. Compare a utilização da TV e da internet como meios de comunicação.
6. Busque um exemplo de aplicação real da filosofia da comunicação integrada de marketing.

REFERÊNCIAS

AIRES, B. [*Site*]. [20--?]. Disponível em: <http://betoaires.wordpress.com/>. Acesso em: 13 ago. 2014.

ARGATE. [*Site*]. [2014]. Disponível em: < http://www.argate.com.br/>. Acesso em: 13 ago. 2014.

BUSINESS Insider. [*Site*]. [2014]. Disponível em: < http://www.businessinsider.com/>. Acesso em: 13 ago. 2014.

EXTRA. *Esquadrão anti-bombas explode caixa em Ipanema*. 24. nov. 2011. Disponível em: <http://extra.globo.com/casos-de-policia/esquadrao-anti-bombas-explode-caixa-em--ipanema-359787.html#ixzz37CPHKo3G>. Acesso em: 13 ago. 2014.

FONSECA, C. Exposição na internet amplia debate sobre proteção da vida privada. *Zero Hora*, Porto Alegre, 28 jul. 2012. Disponível em: < http://zh.clicrbs.com.br/rs/noticias/noticia/2012/07/exposicao-na-internet-amplia-debate-sobre-protecao-da-vida-priva-da-3835513.html>. Acesso em: 13 ago. 2014.

FRACASSO. *Zero Hora*, Porto Alegre, 05 ago. 2014.

O GLOBO. *Procter & Gamble diz que caixas suspeitas faziam parte de ação promocional da empresa*. 24. nov. 2011. Disponível em: <http://oglobo.globo.com/rio/procter--gamble-diz-que-caixas-suspeitas-faziam-parte-de-acao-promocional-da-empresa--2921790#ixzz37COB38l0>. Acesso em: 13 ago. 2014.

IMAGINABILIS. [Site]. [2014]. Disponível em: < http://www.imaginabilis.com.br/corporativo/imaginabilis/default.aspx>. Acesso em: 13 ago. 2014.

INFORME especial. *Zero Hora*, Porto Alegre, 06 ago. 2014.

KOTLER, P. *Administração de marketing*. 10. ed. São Paulo: Prentice Hall, 2000

ODGEN, J. R.; CRESCITELLI, E. *Comunicação integrada de marketing*: conceitos, técnicas e práticas. São Paulo: Pearson Prentice Hall, 2007.

OLIVETTE, C. Dona de loja de acessórios adere ao Facebook e faturamento cresce 20% em menos de um ano. *Estadão PME*, São Paulo, abr. 2012. Disponível em: < http://pme.estadao.com.br/noticias/noticias,dona-de-loja-de-acessorios-adere-ao-facebook-e-faturamento-cresce-20-em-menos-de-um-ano,1659,0.htm>. Acesso em: 13 ago. 2014.

PDV PRO. [*Site*]. [2014]. Disponível em: < http://www.pdvpro.com.br/>. Acesso em: 13 ago. 2014.

PRODUCT Placement. *Exemples of product placement*. [2014]. Disponível em: < http://product-placement-advertising.blogspot.com.br/>. Acesso em: 13 ago. 2014.

[PROPAGANDA GVT]. *Zero Hora*, Porto Alegre, 25 jun. 2014. Encarte.

REI DO MATE. [*Site*]. [c2014]. Disponível em: < http://www.reidomate.com.br./>. Acesso em: 13 ago. 2014.

SINAPRO Paraná. *Sushiaki inova a sua comunicação*. 28 maio 2014. Disponível em: < http://www.sinapro.org.br/noticias/noticia.aspx?vs=1&nt=1499>. Acesso em: 13 ago. 2014.

URDAN, F. T.; URDAN, A. T. *Gestão do composto de marketing*. 2. ed. São Paulo: Atlas, 2013.

capítulo 10

Marketing integrado e modelos de negócio

O objetivo deste capítulo é interligar todos os conceitos trabalhados até aqui por meio da análise da forma como o marketing atua para criar ou reformular modelos de negócios. Vamos apresentar de forma sucinta os principais elementos e a importância de se repensar os modelos de negócio sob a ótica do marketing, indo além dos tradicionais modelos de planos de negócios.

Objetivos de aprendizagem

» Conceituar tendência e justificar por que ela faz parte de um processo de transformação.

» Discutir as mudanças sociais e econômicas que têm afetado os mercados nos últimos vinte anos.

» Identificar as principais tendências do mercado hoje.

» Definir plano de marketing e desenvolver as habilidades específicas necessárias para implementá-lo.

» Aplicar a estrutura típica e respeitar os elementos básicos na elaboração de um plano de marketing.

» Avaliar e melhorar modelos de negócios utilizando as ferramentas disponíveis.

» Reconhecer a estrutura de um modelo de negócio.

» PARA COMEÇAR

Um novo modelo de negócio para comercialização de água: o caso da Brastemp Água.

Qualquer empreendimento que se preze necessita, em algum momento, analisar se seus negócios estão alinhados com as transformações que vêm ocorrendo nos mercados. E isso serve para qualquer empresa, independentemente do porte ou do segmento em que atue.

As empresas estão expostas a muitas transformações. Uma das mais importantes diz respeito ao fato de os consumidores estarem buscando soluções mais amplas para suas necessidades. Tais soluções, por vezes, passam pela agregação de serviços aos produtos tradicionalmente vendidos.

A Brastemp percebeu essa mudança no comportamento dos consumidores e propôs um novo modelo de negócio para a comercialização de purificadores de água. A inovação consiste em vender uma assinatura mensal para uso dos aparelhos, garantindo, assim, além do consumo de água purificada, a oferta de serviços de instalação e manutenção incluídos no preço.

A Brastemp oferece quatro modelos diferentes de purificadores, com *design* e funcionalidades distintas, com propostas de valor igualmente diferenciadas. Os planos mensais vão de R$ 49,90 a R$ 69,90 e incluem instalação e manutenção dos aparelhos, além de um plano de troca dos elementos filtrantes a cada seis meses. A Brastemp também lançou um programa de relacionamento com os clientes intitulado Programa +qÁgua, que funciona por meio de indicação de novos clientes: os cadastrados sugerem amigos e podem acumular pontos para a troca de produtos a cada indicação convertida em assinatura. O consumidor pode, ainda, reverter sua pontuação por mensalidades grátis do purificador.

Iniciativas como a demonstrada no *case* da Brastemp reforçam a importância de as empresas estarem atentas às alterações produzidas no mercado. Mas tais mudanças precisam ser adequadamente planejadas e implementadas, e é sobre isto que vamos tratar neste capítulo: planejar, de forma integrada, ações de marketing.

»Principais mudanças no ambiente de marketing

A partir dos anos 1980, uma série de estudos relataram diversas tendências de modificação dos mercados. Estudos como *Megatrends*, de John Naisbitt, ou *O Relatório Popcorn*, elaborado pela consultora Faith Popcorn, ajudaram os profissionais de marketing a observar as mudanças recentes no cenário dos negócios. Esses dois autores são paradigmáticos, pois de certa forma apresentaram a diferença entre uma tendência e uma megatendência, e representam uma amostra do esforço no sentido de antever o futuro. (POPCORN, 1993; NAISBITT; ABURDENE, 1990).

Para Popcorn (1993), uma **tendência** permanece ativa por muito tempo (em média por dez anos) em diferentes áreas do mercado e pode ser confirmada por diversos indicadores que surgem ao longo do período. Uma tendência é parte do todo. Assim, um profissional de marketing não deve seguir exclusivamente uma tendência, mas compreender que ela faz parte de um processo maior de transformação.

As tendências devem ser vistas como uma forma de leitura das **macromudanças** que ocorrem no mercado. Se a empresa puder relacionar o surgimento de uma tendência e seu impacto no ambiente de negócios, ela poderá ajustar seus produtos e serviços a essa tendência, o que certamente lhe dará uma vantagem sobre a concorrência.

Por outro lado, as **megatendências** são, para Naisbitt e Aburdene (1990), grandes mudanças sociais, econômicas, políticas e tecnológicas que se formam de maneira lenta e atingem as pessoas por um longo período de tempo (por mais de dez anos). Na visão dos autores, essas "[...] megatendências não aparecem e desaparecem de uma hora para outra [...]" (NAISBITT; ABURDENE, 1990, p. 22). Ambos os autores acreditam que, sem um quadro de referência, é impossível compreender a imensa quantidade de informações a que as pessoas são expostas todos os dias. Assim, as megatendências exigem que os profissionais de marketing observem as mudanças a partir de um **pensamento sistêmico**.

Algumas mudanças sociais e econômicas têm afetado os mercados de maneira marcante nos últimos vinte anos. Entre as principais, podemos citar:

Aceleração do ritmo de mudança econômica: a crise de 1929 levou cerca de dez anos para apresentar sinais de recuperação. Três anos após a crise americana de 2008, por outro lado, os Estados Unidos já apresentavam sinais claros de uma tendência de retomada do crescimento econômico.

Intensificação da pressão competitiva em diversos setores: um forte exemplo dessa questão é o desempenho competitivo dos fabricantes de computadores e telefones celulares, que além de ofertar produtos com forte conteúdo tecnológico e inovador, precisam reduzir os custos e os preços finais a cada novo lançamento.

> **» NO SITE**
> Diversos estudos sobre mudanças na sociedade e no comportamento dos consumidores são elaborados a partir de pesquisas desenvolvidas em instituições de ponta nessas áreas. Para saber mais, acesse o ambiente virtual de aprendizagem Tekne: www.bookman.com.br/tekne.

> **» DEFINIÇÃO**
> Pensamento sistêmico é a capacidade de avaliar os acontecimentos ao redor e suas possíveis implicações no intuito de chegar a uma solução única que contemple as expectativas de todas as partes envolvidas.

» PARA REFLETIR

Você consegue pensar em um exemplo para diferenciar tendência de megatendência?

» **ATENÇÃO**
Além dos aspectos sociais e econômicos, há outros fatores que influenciam a tomada de decisões dos gestores de organizações públicas e privadas, como a temática ambiental.

Internacionalização dos processos produtivos: é comum que os processos produtivos estejam espalhados pelo mundo, e muitas empresas buscam obter vantagens competitivas a partir desse tipo de estratégia.

Surgimento de novas estruturas organizacionais: nos últimos vinte anos, tem crescido o número de fusões, aquisições e parcerias estratégicas entre empresas, dando origem a novas organizações e novos formatos organizacionais.

No nível macro, essas mudanças não se relacionam apenas aos aspectos econômicos e sociais, mas são influenciadas por questões demográficas, culturais, políticas/legais, tecnológicas, naturais, etc. Tais aspectos são conhecidos como **fatores macroambientais** e estão esquematicamente representados na Figura 10.1.

Figura 10.1 Fatores macroambientais.
Fonte: dos autores.

Poucas empresas têm a habilidade de influenciar significativamente os processos políticos, econômicos, sociais e tecnológicos. Grande parte delas precisa se assegurar que consegue compreender e prever minimamente as mudanças em andamento. A compreensão dessas mudanças define as escolhas estratégicas das empresas. As empresas do setor da construção civil, por exemplo, geralmente não conseguem influenciar a economia de um país, mas precisam compreender as mudanças econômicas e os impactos sobre os padrões de consumo das pessoas.

Muitas tendências nos mercados atuais ainda vão estar presentes nos próximos anos, e, por isso, merecem uma análise mais detalhada:

Consumidores exigentes: os consumidores estão se tornando cada vez mais exigentes com relação aos produtos e serviços que consomem. As exigências recaem sobre produtos duráveis e confiáveis, com serviços rápidos e eficientes, a um preço razoável. Por conta disso, os mercados estão se tornando cada vez mais segmentáveis, ou seja, as empresas estão selecionando segmentos homogêneos de consumidores cada vez menores, buscando atender de forma eficiente seus diferentes desejos e necessidades.

Consumidores conscientes: os consumidores estão menos dispostos a pagar um preço elevado por grupos de produtos e serviços que não ofereçam benefícios claramente definidos. Trata-se de uma elevação da sofisticação e consciência dos consumidores. Isso se deve, em grande parte, ao advento da internet e das tecnologias de informação e comunicação (TIC).

Concorrência acirrada: a concorrência está se tornando mais intensa, além de globalmente dispersa. Na era das comunicações instantâneas, tempo e distância estão encolhendo rapidamente. Cada vez mais os profissionais de marketing devem estar atentos para alargar suas visões acerca das fronteiras dos negócios. E assim como os mercados se tornam mais competitivos e difíceis, as empresas que atuam nesses mercados – e que sobrevivem – são competidores mais preparados e ágeis.

Cooperação mercadológica: nesses mercados competitivos, um paradoxo parece surgir, pois as empresas estão cada vez mais interessadas em estabelecer relações de cooperação e colaboração. Assim, surgem ações de colaboração entre fornecedores, consumidores e até mesmo concorrentes.

As grandes tendências esboçadas anteriormente levam as organizações a reavaliar a estratégia de negócios, em geral, e as estratégias de marketing, em particular. As estratégias de sucesso serão aquelas que primem pela flexibilidade da análise desses cenários futuros em constante mudança. O ponto principal será a criação de um contexto organizacional em que o aprendizado possa acontecer, as mudanças nos mercados possam ser percebidas e identificadas e as capacidades possam ser estruturadas para garantir uma elevada aderência entre as ações estratégicas da empresa e os mercados em que atue. É nesse contexto que o plano de marketing se estabelece, como uma ferramenta de planejamento da ação futura das empresas.

» Plano de marketing

O **plano de marketing** de uma empresa é um documento de ação. É um manual de implementação, avaliação e controle do marketing de uma organização, e geralmente é um dos elementos que compõem o seu planejamento estratégico. Também pode ser compreendido como o plano da área funcional ou do departamento de marketing de uma empresa.

> **» IMPORTANTE**
> O plano de negócios é mais amplo que o plano de marketing e o engloba. Para muitas empresas, especialmente as de pequeno porte, o plano de negócios substitui o planejamento estratégico.

> **PARA SABER MAIS**
> **Planejamento estratégico** é o processo de analisar uma organização sob vários ângulos, definindo seus rumos por meio de um direcionamento que possa ser monitorado em suas ações concretas. Para saber mais sobre estratégia, consulte o Capítulo 1 da obra *Fundamentos de Estratégia*, que foi colocado à disposição do leitor no ambiente virtual de aprendizagem Tekne.

Um plano de marketing bem sucedido – assim como o planejamento estratégico e o plano de negócios – depende fundamentalmente de uma grande quantidade de informações, oriundas de diversas fontes confiáveis. Isso requer do profissional de marketing o desenvolvimento de habilidades específicas, como análise, síntese e previsão. Um plano de marketing bem desenvolvido e implantado é aquele que tem a capacidade de realizar as metas e os objetivos declarados.

A seguir, trataremos da estrutura típica de um plano de marketing. É importante não perder a noção de que um plano de marketing pode ser redigido de várias maneiras, não havendo uma única forma correta de elaborá-lo. Os planos podem ser desenvolvidos para produtos, marcas, públicos-alvo ou até mesmo setores específicos. De igual modo, um plano de marketing pode focalizar um elemento em especial do composto mercadológico, como o plano promocional, o planejamento dos canais de distribuição ou o plano de precificação.

» Estrutura de um plano de marketing

Os planos de marketing devem ser bem organizados, de forma a garantir que todas as informações pertinentes tenham sido consideradas e incluídas no momento da sua análise. O Quadro 10.1 mostra a estrutura básica de um típico plano de marketing, embora existam outras diversas formas.

Independentemente da estrutura que se utilize, é importante ter em mente que um plano de marketing eficaz é:

Consistente: possui aderência aos demais planos funcionais estabelecidos pela empresa (plano financeiro, plano de produção, plano de manutenção, etc.). Também, nos casos das empresas maiores, consistência significa que o plano de marketing dialoga com o planejamento estratégico da firma.

Flexível: ainda que o plano de marketing exija certa formalização e estrutura, a flexibilidade não pode ser esquecida. O plano de marketing deve ser minimamente flexível a ponto de possibilitar modificações e adequações necessárias a cada situação e ao longo de tempo.

Abrangente: o plano não irá permitir que alguma informação relevante seja omitida. Isso quer dizer que as fontes de dados devem ser valorizadas e consideradas, da forma mais ampla possível, no momento de elaboração do plano.

Além da estrutura, é importante que alguns elementos sejam respeitados no momento da elaboração de um plano de marketing. Veja o Quadro 10.2.

Quadro 10.1 » Estrutura típica de um plano de marketing

Conteúdo de um plano de marketing

Seção	Propósito
Resumo executivo	Apresenta um breve resumo das principais metas e recomendações do plano para ser revisado pela administração, o que ajuda os profissionais da empresa a encontrar os principais pontos do plano rapidamente.
Atual situação do marketing	Descreve o mercado-alvo e a situação da empresa. Além disso, contém informações sobre o mercado, o desempenho do produto, a concorrência e a distribuição. Pode-se encontrar nesta seção: • Uma descrição de mercado, definindo seus principais segmentos e analisando as necessidades dos clientes e os fatores do ambiente de marketing que podem afetar suas compras. • Uma análise do produto, apontando as vendas, os preços e o lucro bruto dos principais itens da linha de produtos. • Uma análise da concorrência, identificando os principais concorrentes e avaliando a posição de cada um no mercado, suas estratégias referentes à qualidade do produto, determinação de preços, distribuição e promoção/comunicação. • Uma análise da distribuição, que avalia as recentes tendências das vendas e outros avanços nos principais canais de distribuição.
Análise das ameaças e das oportunidades	Avalia as principais oportunidades e ameaças com as quais o produto pode se deparar, ajudando a administração a prever importantes acontecimentos, tanto positivos como negativos, que poderiam causar impacto na empresa e em suas estratégias.
Objetivos e questões essenciais	Declara os objetivos de marketing que a empresa gostaria de conquistar durante o período de realização do plano e discute as principais questões que afetarão essa conquista. Por exemplo: suponhamos que a meta seja conquistar uma participação de mercado de 5%; essa seção examina como essa meta poderia ser conquistada.
Estratégia de marketing	Resume a lógica por meio da qual a unidade de negócios espera alcançar seus objetivos de marketing e as estratégias específicas para os mercados-alvo, o posicionamento e os níveis de despesa com marketing. Resume, ainda, as estratégias para cada elemento do *mix* mercadológico e explica como cada uma delas responde as ameaças, oportunidades e questões essenciais descritas anteriormente no plano.
Programas de ação	Descreve como as estratégias de marketing serão transformadas em programas de ação que responderão às seguintes questões: • O que será feito? • Quando será feito? • Quem é o responsável por fazê-lo? • Quanto custará? Também são conhecidos como **modelos 5W2H**.

WWWo

» NO SITE
Para saber mais sobre o modelo 5W2H, acesse o ambiente virtual de aprendizagem Tekne.

Quadro 10.1 » Estrutura típica de um plano de marketing (*continuação*)

Conteúdo de um plano de marketing

Seção	Propósito
Orçamentos e cronogramas	Especifica o orçamento de marketing, que é essencialmente um relatório projetado de perdas e lucros. Uma vez aprovado pelos gestores da empresa, o orçamento se torna a base para compra de material, o escalonamento da produção, o planejamento de pessoal e as operações de marketing. Ao final do orçamento e plano de marketing, é importante que estejam claramente definidas as etapas da implementação do plano, expressas por meio de um cronograma.
Controles	Resume o controle que será utilizado para monitorar o progresso do plano e para permitir que os gestores analisem os resultados das implementações, identificando os produtos que não estão alcançando suas metas.

Quadro 10.2 » Elementos do plano marketing

Planejamento	Escrever um plano de marketing consistente, flexível e abrangente requer tempo, sobretudo na análise da situação atual e futura da empresa. Planos bem-sucedidos despendem uma parcela de tempo considerável nessa fase.
Revisão	Dificilmente um plano fica pronto na sua primeira versão. Planos precisam ser revisados. Uma estratégia inteligente é, após a primeira redação, deixar o plano de lado, e retomá-lo alguns dias depois – esse distanciamento irá qualificar as análises feitas. Outra estratégia interessante é fazer com que o plano circule por entre vários setores da empresa, a fim de que haja a contribuição de outros olhares sobre o documento.
Criatividade	Um plano de marketing de sucesso é aquele que usa de criatividade nas análises das informações obtidas, bem como nas propostas elaboradas.
Bom senso	O profissional de marketing deve ser criativo, mas não deve abrir mão do discernimento e da sensatez. Todas as informações devem ser tratadas com bom senso.
Atualização regular	Todo o plano deve ser regularmente atualizado, com novas coletas de dados e informações.
Disseminação da informação	De nada serve um plano de marketing se ele ficar guardado na gaveta. Os aspectos críticos de um plano de marketing devem ser comunicados a todos os funcionários da empresa, a fim de garantir adesões nas etapas de implementação e controle.

Todos os esforços de planejamento de marketing repercutem em um melhor desempenho financeiro e mercadológico da empresa.

> » **DICA**
> Diversas pesquisas apontam que organizações que desenvolvem planos formais de marketing tendem a apresentar maior integração entre as áreas funcionais, além de serem mais especializadas e descentralizadas nos processos de tomada de decisão.

» Modelos de negócio

Qualquer organização precisa saber qual é seu modelo de negócio. É necessário ter um plano que explicite a missão, a visão e os pressupostos estratégicos principais, além de apresentar a forma de estruturação dos seus recursos (humanos, financeiros, materiais, etc.), dos seus processos e da sua proposta de valor. A maneira como vai acessar e se apresentar aos clientes, de modo que consiga cumprir com os seus objetivos de forma sustentável, é crucial.

Existem vários instrumentos que permitem a avaliação e a melhoria de modelos de negócio. Algumas ferramentas, como os **mapas estratégicos**, permitem uma visão mais ampliada daquilo que é o modelo de negócio da empresa. Elas podem ser combinadas com ferramentas que possibilitam medir o desempenho como, por exemplo, o **balanced scorecard**, além de outras metodologias de âmbito mais operacional.

> » **DEFINIÇÃO**
> Mapa estratégico consiste numa representação visual da história da estratégia, evidenciando os desafios que a instituição terá que superar para concretizar sua missão. Seu objetivo é auxiliar a empresa a traçar o melhor caminho para atingir os objetivos de curto, médio e longo prazo.

No entanto, o que se percebe é que tais ferramentas tem um elevado grau de sofisticação, o que impede que inúmeras empresas, especialmente as de pequeno porte, apliquem seus conhecimentos e obtenham os resultados esperados. Isso acontece, em parte, porque esses instrumentos demandam muita informação e uma elevada capacidade de análise. É preciso considerar também que tais ferramentas, para serem produzidas e implementadas, dependem de um considerável investimento de tempo e recursos, dos quais as empresas geralmente não dispõem.

Dessa forma, verificou-se a necessidade de desenvolvimento de um modelo de análise capaz de avaliar de forma integrada todas as áreas do modelo de negócio e suas respectivas interligações. Uma das propostas mais recentes é o modelo desenvolvido por Alexander Osterwalder e Yves Pigneur: o **Business Model Generation** (BMG, também conhecido como BMG Canvas), utilizado por empreendedores em todo o mundo, que prima por colocar em evidência a interação entre todos os principais elementos envolvidos em um negócio. (OSTERWALDER; PIGNEUR, 2011).

> » **PARA SABER MAIS**
> Para saber mais sobre balanced scorecard, leia o Capítulo 2 do livro Gestão Estratégica de Custos, 3.ed. (Bookman, 2007).

Em termos de caracterização, essa metodologia de análise se organiza em cinco seções distintas, conforme o Quadro 10.3.

Quadro 10.3 » Seções do *Business Model Generation*

Quadro (ou *canvas*)	É a fase principal para a compreensão de um modelo de negócio. O quadro do modelo de negócio permite a visualização gráfica do modelo, bem como a sua descrição em termos dos elementos principais de interação, possibilitando uma visão ampla e relacional entre os processos e o propósito do negócio. De certo modo, a proposta do quadro é a grande inovação desse modelo de análise, pois permite que qualquer empresário pense o seu modelo de negócios sem a necessidade de grandes recursos e sofisticações.
Padrões	Especificação de alguns conceitos-chave que podem ser aplicados à análise dos negócios.
Projeto	É a seção que permite a interpretação visual dos modelos de negócio presente no quadro. É o ponto essencial para o desenho de um quadro inicial, envolvendo cenários de prototipagem e apresentação visual do modelo.
Estratégia	Permite a avaliação do meio em que a empresa está inserida, possibilitando a identificação de pontos fortes e fracos em relação à concorrência. Nessa seção, também acontece – de maneira relacionada ou autônoma – a análise da gestão de múltiplos modelos de negócio e a aplicação do conceito de estratégia do oceano azul, que relaciona a criação de valor com a redução dos custos.
Processo	Metodologia de implementação do *Business Model Canvas*, com as cinco fases de implementação dinâmica e evolutiva dos pontos anteriores: mobilizar, compreender, projetar, implementar e gerir.

www.

» NO SITE
Para saber mais sobre a estratégia do oceano azul, acesse o ambiente virtual de aprendizagem Tekne.

Essa metodologia permite descrever a lógica de criação, de entrega e de captura de valor por parte de uma organização. A partir desse entendimento, o modelo de negócios pode ser descrito com nove componentes básicos, que mostram a lógica de como uma organização pretende gerar valor e cobrem as quatro áreas principais de um negócio: clientes, oferta, infraestrutura e viabilidade financeira.

» Estrutura do modelo de negócios

O modelo de negócios é formado por nove componentes, esquematizados na Figura 10.2.

Figura 10.2 Componentes principais de um modelo de negócios.
Fonte: dos autores.

Como se pode perceber, essa relação abrange nove áreas distintas:

- Segmentos de clientes.
- Propostas de valor.
- Canais.
- Relacionamento com os clientes.
- Fontes de receita.
- Recursos principais.
- Atividades-chave.
- Parceiros principais.
- Estrutura de custos.

De acordo com a tipologia de negócio, com os mercados em que se insere e com os seus processos principais, alguns desses elementos podem ser mais importantes sob a perspectiva estratégica. Por exemplo, em um negócio de âmbito industrial, o foco está nas parcerias, recursos e processos. Já em um negócio no setor de serviços, o relacionamento com os clientes e os segmentos de mercados assume um papel mais relevante.

A Figura 10.3 apresenta a distribuição visual do quadro inicial que dá suporte ao modelo de negócios. No quadro, estão presentes os nove componentes principais do modelo descritos anteriormente. A seguir, apresentamos cada um dos componentes de forma mais detalhada.

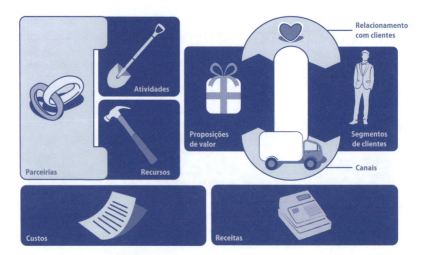

Figura 10.3 Esquema visual do quadro.
Fonte: Adaptado de Osterwalder e Pigneur (2011).

Segmentos de clientes

Qualquer negócio, independentemente do seu âmbito ou porte, existe para satisfazer uma necessidade ou um conjunto de necessidades identificadas em um determinado grupo de clientes. O público-alvo poderá ser:

Genérico: qualquer pessoa, independentemente das suas características, pode ser um potencial cliente de um negócio. Exemplo: um negócio de canetas comuns.

Restrito: focado em grupos de clientes mais restritos, com características específicas. Exemplo: o negócio de canetas nankin, utilizadas por artistas, desenhistas e arquitetos.

Assim, um dos principais pontos para se conhecer um negócio passa pelo conhecimento dos clientes, sejam eles atuais ou potenciais (esse ponto foi amplamente discutido no capítulo sobre segmentação de mercado). Trata-se da segmentação, ou seja, quando existem grupos distintos dentro da totalidade do público-alvo da organização. São prerrogativas para a segmentação:

- As necessidades dos clientes justificam a existência de uma oferta diferenciada.
- Os canais de distribuição utilizados são diferentes.
- As relações com os clientes são diferentes.
- Os fluxos de rendimentos provenientes de cada um dos grupos de clientes são substancialmente distintos.
- Os clientes estão dispostos a pagar por atributos diferenciados da oferta.

» EXEMPLO

Um exemplo bem visível de segmentação nos dias atuais são os varejistas. É o caso dos hipermercados, que determinam na sua estrutura vários segmentos de perfil de compras.

Além do mercado de massas e de segmentos, existem também os nichos de mercado, que são grupos restritos e altamente especializados. Um nicho é um modelo de negócios que, em geral, está associado a relações mais intensivas entre fornecedores e compradores. É o caso de alguns segmentos, como a indústria de cosméticos, alimentos e bebidas.

Propostas de valor

A **proposta de valor**, em linhas gerais, diz respeito à forma como a organização satisfaz as necessidades dos seus clientes e obtém a sua preferência em relação à concorrência.

> » **DEFINIÇÃO**
> A proposta de valor consiste em um conjunto selecionado de produtos e serviços que satisfaz as exigências de um segmento de clientes específico.

A proposta de valor pode ser inovadora, apresentando soluções a necessidades diferentes, como no surgimento de novas tecnologias, ou ser equivalente a outras existentes no mercado, aumentando apenas a capacidade de desempenho do produto ou serviço, por exemplo. A qualidade, o preço, o *design*, a marca ou a personalização são outros dos aspectos que surgem como base da proposta de valor e ligam as áreas de processos com a de relacionamento com os clientes.

Canais de distribuição

Para uma oferta relativa a uma determinada proposta de valor, é necessário que se encontre os canais de distribuição para conectar produtos e serviços aos segmentos de clientes identificados e definidos como principais para o negócio. A área de canais de distribuição, além do planejamento da distribuição física e da entrega de valor, também deve englobar os aspectos relacionados à comunicação com o cliente e os canais de vendas, de forma que seja possível:

- Marcar presença junto ao mercado e aos clientes.
- Apresentar ao cliente a proposta de valor, para que ele possa compará-la com a oferta já existente.
- Permitir que o cliente usufrua da oferta.
- Proporcionar um apoio pós-venda.

Algumas ferramentas, como a internet, permitem que o contato com o cliente seja bastante simplificado. Lojas *online* que cumprem diversos requisitos exigidos pelo cliente, incluindo o apoio na fase pós-venda, são facilmente encontradas. Para mais informações, veja o capítulo sobre canais de distribuição.

Cada canal pode cobrir uma ou várias fases do desenvolvimento do processo referente aos canais de distribuição. Durante esse processo, podem ser identificadas cinco fases distintas, conforme o Quadro 10.4.

A conjugação dessas fases e dos diferentes canais deve levar em conta a eficiência e eficácia, isto é, a garantia de satisfação do cliente. É importante não deixar de lado a consideração de toda a estrutura de custos relativa ao negócio, optando, sempre que possível, por sua redução.

Quadro 10.4 » Fases dos canais de distribuição

Consciência	Trata-se da forma como a proposta de valor é levada ao cliente.
Avaliação	É a fase de apoio ao cliente na avaliação da proposta de valor em relação às propostas já existentes no mercado.
Aquisição	Define a forma como o cliente pode adquirir o produto/serviço inerente à proposta de valor.
Entrega	Estipula a forma como a proposta de valor é entregue ao cliente.
Pós-venda	Trata-se do apoio prestado ao cliente na fase posterior à aquisição do produto/serviço.

Relacionamento com os clientes

O componente relacionamento com os clientes estabelece os vínculos que a organização cria com os seus segmentos. Se por um lado alguns desses vínculos já estão estabelecidos no processo de canais, outros devem ser desenvolvidos, considerando a proposta de valor, visando à retenção ou fidelização de clientes atuais e à captação de novos.

Além de produzir fluxos de receitas para o negócio, esse parâmetro permite conhecer os clientes e melhorar a resposta às suas necessidades. No caso da oferta de serviços, esse ponto pode ajudar a definir o posicionamento do negócio ao nível do mercado e possibilitar a reestruturação dos segmentos futuros a serem explorados.

» EXEMPLO

Em negócios mais dirigidos a nichos, como nas marcas de vestuário de luxo, de cosméticos e de automóveis, é comum haver um acompanhamento de assistência personalizada à compra. Já nas empresas de telefonia celular, por se tratar de um mercado mais saturado e maduro, as políticas comerciais são geralmente baseadas na oferta de descontos exclusivos para produtos ou serviços, com o objetivo de reter ou fidelizar os clientes já existentes.

» PARA REFLETIR

As empresas deveriam investir mais em políticas e práticas mercadológicas que visem à retenção de clientes ou à conquista de novos clientes? Que estratégias de fidelização parecem ser mais efetivas para você?

Fluxos de receitas

Os fluxos de receitas estão relacionados à obtenção de recursos financeiros, fruto da atividade principal do negócio. Podem ser associados ao faturamento da empresa.

Essa parte do modelo de negócio pode se originar de duas fontes distintas:

- Da obtenção de rendimentos diretos, oriundos da atividade principal da empresa, que geralmente se concretizam em uma única transação.
- Das receitas que se prolongam durante um determinado período, resultantes de pagamentos continuados. Também podem estar relacionadas com a fase pós-venda, como as recargas de créditos nos celulares pré-pagos ou as mensalidades pagas à Brastemp pelo uso dos purificadores de água, como visto no caso no início deste capítulo.

Existem, no entanto, outras formas de gerar fluxos de receitas que podem ajudar na sustentabilidade do negócio quando a estrutura de custos já não pode ser reduzida. Dentre elas estão:

Alienação de ativos: venda de imobilizado que não é mais regularmente utilizado, por exemplo.

Criação de taxas de utilização: como o pagamento de uma taxa básica para utilização de planos de saúde, ainda que não haja utilização de consultas ou exames em determinado período.

Empréstimo, arrendamento e *leasing*: quando ocorre a cedência temporária de um determinado ativo para outro usuário, mediante um pagamento definido entre as partes.

Assinaturas: prática comumente utilizada pelas revistas, jornais ou pelos serviços de música *online*.

Licenciamento: forma usual entre os detentores de marcas ou patentes tecnológicas na qual um rendimento é exigido em troca da utilização de direitos de autoria ou propriedade intelectual.

>> **ATENÇÃO**
Os fluxos não devem ser confundidos com lucro: o lucro resulta da diferença entre a estrutura de custos e os fluxos de receitas.

Recursos-chave

Entende-se por recursos-chave os ativos estritamente necessários ao funcionamento do negócio. Podem pertencer em exclusivo à organização ou ser objeto de partilha entre os parceiros de um negócio. Geralmente estão divididos em quatro diferentes tipos de recursos:

Recursos físicos: instalações, máquinas e equipamentos.

Recursos intelectuais: marcas, tecnologias, patentes ou *know-how* decorrente do tempo de atividade.

Recursos humanos: quantidade de funcionários ou seu grau de especialização.

Recursos financeiros: opções de financiamento ou garantias financeiras que viabilizam a sustentabilidade do negócio.

Atividades-chave

As atividades-chave correspondem aos processos denominados *core business*. São as atividades e processos que estão na base da criação da oferta e que geram valor aos clientes. Elas fazem a conexão entre os recursos e o relacionamento com os clientes e variam de negócio para negócio.

>> EXEMPLO

No caso dos varejistas, todo o componente logístico que envolve a seleção de fornecedores, a armazenagem e o transporte é visto como uma atividade-chave. Já para uma editora, a escolha e publicação de bons títulos de livros são sua atividade-chave.

>> IMPORTANTE
A conjugação entre atividades-chave e recursos-chave permite, paralelamente às atividades de relacionamento com os clientes, a geração e criação de valor pela empresa.

As atividades-chave podem ser classificadas de três formas:

Produção: envolvem a concepção, a fabricação, o *design*, etc. Está mais intimamente ligada à indústria de transformação.

Resolução de problemas: atividades em que a gestão de conhecimento é um dos pontos principais para o sucesso do negócio, como no caso das consultorias.

Plataforma/rede: geram uma extensa plataforma de serviços externos, integrados à empresa, constituindo uma rede específica de atividades que influenciam o desempenho de suas atividades-chave. Exemplo: lojas virtuais, redes de varejo e empresas de serviços financeiros.

Parcerias-chave

As parcerias geralmente são criadas com o objetivo de dispensar um investimento considerável para obtenção de recursos ou fornecer atividades que poderão acrescentar na proposta de valor da empresa.

No *Business Model Canvas*, quatro tipos distintos de parcerias são considerados (OSTERWALDER; PIGNEUR, 2011, p. 28):

>> DICA
A criação de parcerias possibilita a concretização de um modelo de negócio já instituído, a aquisição de recursos ou até a redução de riscos.

- Alianças estratégicas entre organizações não concorrentes.
- Estratégias de cooperação entre empresas concorrentes.
- Empreendimentos conjuntos para criação de novos modelos de negócio.
- Relações do tipo fornecedor-comprador que garantam abastecimentos confiáveis e regulares.

Faz parte das motivações para o desenvolvimento de parcerias a intenção de se utilizar economias de escala, segundo as quais a produção eficiente é um ponto fundamental, além de se buscar a redução do risco e da incerteza. A aquisição de recursos ou atividades por meio da formação de parcerias também pode melhorar as atividades já existentes, criando mais valor.

> **» PARA REFLETIR**
>
> Você consegue perceber a importância do estabelecimento de parcerias como uma estratégia que garante o sucesso de um empreendimento? Explique alguma estratégia de aliança entre empresas que você identifica na sua cidade.

Estrutura de custos

A estrutura de custos reflete os custos associados ao negócio, tendo a sua base nos recursos-chave, atividades-chave e, quando aplicável, nas parcerias-chave. Geralmente, nos setores em que a competitividade se dá pelo baixo custo, esse parâmetro é altamente influenciado pelas atividades-chave, com a busca constante de processos eficientes e de minimização dos custos. .

Para a maioria das pequenas e médias empresas, a redução dos custos é o ponto essencial na sobrevivência da organização, devido às constantes pressões competitivas.

Os custos podem ser classificados em:

Custos fixos: salários e custos associados ao funcionamento de máquinas, que independem do volume de produção.

Custos variáveis: associados, em geral, à variação dos volumes de produção e de vendas.

Economias de escala: custos médios proporcionalmente decrescentes, em relação ao aumento da produção.

Economias de escopo: caracterizam-se, geralmente, pela utilização de recursos-chave ou atividades-chave dentro de uma mesma organização para diferentes ofertas. Exemplo: vários produtos de uma empresa recorrem à mesma equipe de marketing e finanças.

» NO SITE
Para saber mais sobre economias de escala, acesse o ambiente virtual de aprendizagem Tekne.

» DICA
Uma adequada estrutura de custos auxilia a empresa a garantir sua sustentabilidade.

>> EXEMPLO

Como exemplo de aplicação do modelo de negócios, observe o quadro referencial da aplicação para o caso da Azul Linhas Aéreas.

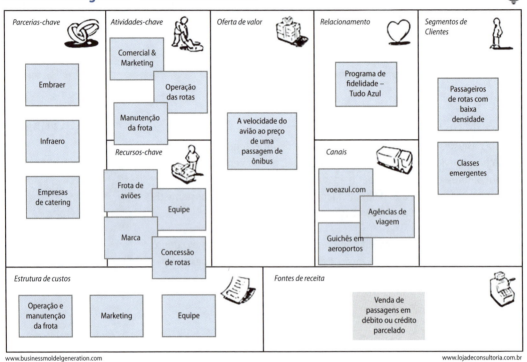

Figura 10.4 Modelos de negócio da companhia aérea Azul.
Fonte: BLOG.LUZ.VC (2011).

Uma das grandes vantagens do uso dessa metodologia é a flexibilidade e a rápida aplicação. A coleta e análise de informações para um plano de negócios – ou até mesmo um plano de marketing – costuma ser demorada. Por vezes, ao final desse processo, muitas das informações obtidas já estão desatualizadas ou não representam com precisão as características do mercado. Ao se empregar o modelo de negócios, pode-se gerar rapidamente uma análise completa e ampla do negócio, explorando os pontos fundamentais para o sucesso do empreendimento. O modelo pode ser periodicamente revisado, sem dispêndios elevados de recursos financeiros ou de tempo.

>> RESUMO

Neste capítulo, abordamos a importância do planejamento integrado de marketing em uma organização. Demonstramos que as atividades do *mix* de marketing necessitam estar interligadas e apresentamos duas ferramentas de planejamento (o plano de marketing e a metodologia do modelo de negócios). Ambas as ferramentas geram benefícios significativos aos seus usuários. Não existe um método de planejamento melhor do que outro. O importante é planejar o negócio e colocar esse planejamento em execução.

>> Agora é a sua vez!

1. Explique o conceito de tendência e o diferencie do conceito de megatendência.
2. Pesquise e explique as 16 tendências apresentadas no Relatório Popcorn.
3. Em sua opinião, que tendências atuais têm maior impacto no ambiente de marketing das empresas?
4. Pesquise na internet sobre o conceito de "Organizações de Aprendizagem" e discuta com seu colega sua importância na atual dinâmica das empresas e mercados.
5. Defina plano de marketing.
6. Qual é a estrutura básica de um plano de marketing?
7. Como você define o método modelo de negócios?
8. Explique cada um dos nove componentes de um modelo de negócios.
9. Qual é a principal vantagem de se aplicar a metodologia do modelo de negócios?
10. Liste pelo menos três negócios em que seja possível a aplicação do modelo apresentado no exemplo da Azul Linhas Aéreas.
11. Como o pensamento sistêmico pode ser empregado no estudo de tendências dos mercados?
12. Diferencie plano de negócios de plano de marketing.

REFERÊNCIAS

BLOG. LUZ.VC. *Modelo de negócios inovador e curva de valor #12*. 2011. Disponível em: < http://blog.luz.vc/inovacao/modelo-de-negocios-inovador-e-curva-de-valor-12--%E2%80%93-azul-linhas-aereas/. Acesso em: 04 ago. 2014.

OSTERWALDER, A.; PIGNEUR, Y. *Business model generation*: inovação em modelos de negócios. Rio de Janeiro: Alta Books, 2011.

POPCORN, F. O relatório Popcorn: centenas de ideias de novos produtos, empreendimentos e novos mercados. Rio de Janeiro: Elsevier, 1993.

NAISBITT, J.; ABURDENE, P. *Megatrends 2000*. São Paulo: Amana Key, 1990.

LEITURAS RECOMENDADAS

SENGE, P. *A quinta disciplina*: arte, teoria e prática da organização de aprendizagem. 10. ed. São Paulo: Best Seller, 1995. 351 p.

SUTTON, H. *The marketing plan in the 1990s*. New York: Conference Board Inc. 1990.

CLAYBOMB, C.; GERMAIN, R.; DROGE, C. The effects of formal strategic marketing planning on the industrial firm's configuration, structure, exchange paterns and performance. *Industrial Marketing Management*, n. 29. may/2000. p. 219-234.

capítulo 11

Marketing de serviços

Neste capítulo, trataremos da abordagem do marketing para empresas de serviços. Para isso, discutiremos as características dos serviços e apresentaremos os chamados momentos da verdade – os pontos de contato do cliente com a empresa, formando o ciclo de serviços. A necessidade de verificar a percepção do cliente em relação à qualidade, medindo a sua satisfação, é outro ponto importante a ser explorado, assim como a administração de eventuais erros e suas consequências.

Objetivos de aprendizagem

» Conceituar serviço.

» Listar características importantes dos serviços e das organizações prestadoras de serviços.

» Explicar o papel do marketing de serviços e cada um dos Ps de seu *mix*.

» Discutir sobre momentos da verdade, processos e formas de comunicação que transmitam a identidade da empresa.

» Identificar os sinais de um bom serviço prestado, que geram satisfação no cliente.

» Apresentar ferramentas para medir a satisfação do cliente.

» Verificar formas de detectar e corrigir os eventuais erros e alcançar a excelência em serviços.

➤➤ PARA COMEÇAR

Inovação é o segredo do sucesso de pizzarias

O que faz uma pizza de mozarela ser vendida a R$ 17,00 e outra do mesmo sabor custar R$ 50,00? As respostas dessa pergunta estão na qualidade dos ingredientes, no conforto, no bom atendimento dado aos clientes, no uso de inovações e na gestão do estabelecimento, que é o responsável pelo *status* do nome da empresa e por agregar valor ao produto.

As cerca de 15 mil pizzarias brasileiras são formadas, em sua maioria, por pequenas empresas (99% são optantes do Super Simples) e movimentam R$ 22 milhões por dia. Para superar a concorrência, é preciso se destacar, seja nas receitas, nas embalagens, nos serviços ou no uso de tecnologias.

"A primeira pergunta que o empresário deve responder para analisar seu negócio é a seguinte: por que comprariam da minha empresa e não da concorrência? Uma pizza é facilmente copiada, mas o serviço oferecido pela pizzaria é mais difícil, pois depende de pessoas bem treinadas e de um bom planejamento de marketing", orienta o presidente do Sebrae, Luiz Barretto.

Inovar foi a solução encontrada pela pizzaria Run Sun (Santos/SP) que apostou na tecnologia como ferramenta para aumentar a competitividade e assegurar a sobrevivência no mercado. A empresária Liliana Higushi trocou os cardápios de papel por iPads, por meio dos quais o cliente acessa o menu com 42 variedades de pizzas. "Assim, os fregueses podem escolher o que vão consumir, consultar a conta ou mesmo navegar pela internet por meio dos garçons digitais", ressalta. O restaurante ainda oferece um serviço de entrega, utilizando a Hot Box – pequena caixa que pode ser recarregada na energia elétrica, e a cada três minutos dispara um choque a uma temperatura de 80°C. "Esse sistema mantém os pedidos quentes como se tivessem recém saído do forno. Com isso, os clientes que estão em casa podem saborear uma pizza com a mesma qualidade do restaurante", avalia.

Outro exemplo de inovação pode ser encontrado na Tomanik Pizzas (SP). Com 20 anos de atividades, a pizzaria desenvolveu receitas diferenciadas, que atraíram novos clientes. A empresa tem uma linha *light*, com massa integral e recheios com brócolis, escarola, ervilha, palmito, tomate e cebola. "Uma parcela do mercado começou a pedir alimentos mais saudáveis, com fibras de mais fácil digestão. A linha *light* é um diferencial que encontramos. Também fazemos qualquer receita com massa integral", conta o proprietário Ricardo Barros, que teve orientação do Sebrae para colocar as mudanças em prática.

A Holly's Pizza (SP) procura aliar tradição e inovação. A casa explora receitas consagradas, mas está sempre atenta às novidades. O proprietário Cedric Manzini participou em março de 2014 da Pizza Expo, uma feira em Las Vegas (Estados Unidos) voltada especialmente para pizzarias. "Estamos há 32 anos em atividade, mas precisamos sempre estar atentos às novidades do mercado. Os empresários americanos estão bem à nossa frente. Tivemos a oportunidade de conhecer novas formas de fazer propaganda e marketing e novos equipamentos. Eles têm uma máquina de espalhar molho no disco da pizza, coisas que ainda não temos aqui", conta o empresário.

Já a 1900 Pizzeria resolveu apostar em qualificação e melhoria dos processos de gestão. O negócio, que começou como uma empresa familiar, controla hoje sete unidades na capital paulista. O empresário Eric Momo, filho do criador da marca, assumiu a gestão da empresa em 2011 e, com o apoio do Sebrae, introduziu o aprimoramento e a renovação dos processos no negócio. "Tínhamos começado a fazer uma expansão sem planejamento. Com o Sebrae, fizemos um plano de negócios, aprendemos a fazer um controle de qualidade e novas formas de nos relacionar com a equipe e com os clientes. Hoje somos uma das casas mais conhecidas da cidade e ganhamos um prêmio como a melhor pizza de São Paulo", diz o empresário.

Reportagem extraída de Agência Sebrae de Notícias (2014).

Após conhecer esses exemplos de inovação em empresas de serviços, percebemos a importância de investir em estratégias que agreguem valor e melhorem o atendimento ao cliente, diferenciando a empresa dos concorrentes. A seguir, detalharemos a temática entre cliente, serviços, estratégia, marketing e satisfação.

» Caracterização dos serviços

No Capítulo 1, apresentamos brevemente as características do marketing de serviços do setor em si. Neste capítulo, vamos abordá-las em detalhes. Em função da importância dos serviços para a economia brasileira e mundial, é necessário aprofundar a empregabilidade das noções de marketing para essa atividade econômica, que não oferece um bem tangível. Ao entender a dinâmica desse mercado, a empresa pode obter vantagens competitivas.

Bancos, restaurantes, hotéis, consultorias, salões de beleza, escolas, companhias aéreas, empresas de logística, hospitais, clínicas e consultórios médicos são exemplos de empresas de serviços. **Serviço** é algo imaterial, ou seja, traz os benefícios sem a propriedade, está vinculado à locação: pagamento para o uso ou acesso a algo, por um determinado período de tempo, em vez da compra.

O serviço pode resultar da combinação de dois ou mais itens: locação de produtos, locação de mão de obra e experiência, locação de lugares, acesso a ambientes físicos compartilhados, acesso e uso de sistemas e redes. Por meio das empresas de serviço e da troca de dinheiro, tempo e esforço, o cliente espera obter acesso a bens, mão de obra, utilidades, habilidades profissionais, redes e sistemas.

As empresas de serviço sofrem o impacto de forças e pressões do ambiente como:

Políticas governamentais: novos serviços estimulados por privatizações ou por mudanças na legislação para proteção aos clientes, aos empregados e/ou ao ambiente.

Mudanças sociais: os tempos atuais são marcados pelo rápido acesso à informação e pelo desejo que os consumidores têm de adquirir novas experiências de compra, não apenas novos bens. Isso acaba originando carências de mercado, que são percebidas como oportunidades pelas empresas. A evolução no mercado *pet*, por exemplo, que conta com serviços como creche, hotéis e de babá, é um dos exemplos de como a mudança comportamental abre oportunidades de negócios para as empresas (veja o exemplo a seguir).

WWW.

> **» NO SITE**
> No Brasil, aproximadamente 70% do produto interno bruto (PIB) é decorrente das atividades vinculadas ao setor de serviços. Saiba mais acessando o ambiente virtual de aprendizagem Tekne: **www.bookman.com.br/tekne**.

capítulo 11 » Marketing de serviços

Tendências de negócios: fabricantes agregam valor ao bem por meio da oferta de serviços. Há um maior foco na qualidade e na satisfação do cliente, bem como um crescimento do número de franquias.

Avanço das tecnologias da informação (TI): crescimento da internet, incluindo a móvel, e das redes de comunicação sem fio (*wireless*).

Globalização e internacionalização: mais companhias operam com bases transnacionais, por meio, inclusive, de fusões e alianças internacionais. Cresce o número de viagens internacionais. Aumenta a terceirização de serviços de atendimento ao consumidor (especialmente para empresas americanas e europeias, que passaram a utilizar centrais de *call center* instaladas na Índia e China). Competidores internacionais invadem os mercados domésticos.

>> EXEMPLO

Serviços como creche, hotéis e até agência de babás sustentam avanço do mercado *pet*

A gaúcha Adriane Silveira gostava de cachorros e queria ser veterinária, mas fez carreira como dona de uma agência de recursos humanos para empresas de tecnologia. O tempo passou, Adriane começou a ganhar dinheiro, mas não parou de pensar nos animais de estimação. Por isso, voltou para a universidade, fez o curso que sempre quis e montou uma espécie de agência de babás para cachorros na cidade de São Paulo, a Nanny Dog.

Um ano após o início da operação, Adriane já tinha 25 clientes ativos, mas recusava, com frequência, as sondagens de interessados que moravam fora de seu raio de ação (da Avenida Paulista ao bairro da Lapa). Mesmo seletiva, a empresária colocava no bolso entre R$ 6 mil e R$ 8 mil por mês.

"Trabalho de domingo a domingo, umas 12 horas por dia, pelo menos", disse Adriane, que pensava em transformar sua ideia em franquia. "A procura é grande e quase não tenho concorrência. Tem gente que se oferece para sociedade, gente que deseja trabalhar comigo. Acho que a franquia é a saída para crescer sem perder a qualidade", projeta.

O exemplo de Adriane é sintomático em um mercado que cresce dois dígitos ao ano e, em proporção idêntica, atrai grande número de empreendedores. Segundo a Associação da Indústria de Produtos para Animais de Estimação (Abinpet), muitas pessoas costumam empreender nesse mercado quase sempre apostando na venda de ração, produtos de tratamento e acessórios. Um erro crasso, afirmam especialistas do setor. Diante de tanto crescimento e concorrentes, as melhores oportunidades do setor – como comprova Adriane – estão no segmento de serviços.

"As famílias ficaram menores, as pessoas moram sozinhas, e o *pet* tem substituído o filho em alguns casos. Isso gera um novo modelo de mercado, que conta com empresas de atendimento odontológico, especialistas em obesidade, hotéis e até lugares para deixar o animal enquanto o dono está no trabalho", afirma Ligia Amorim, diretora-geral da Nürnberg Messe Brasil, empresa que organiza a feira Pet South America.

>> EXEMPLO

A bióloga Renata Caetano integra essa ala do mercado – era adestradora de cães. Instigada pela procura, passou a oferecer também o serviço de passeio com os animais. Em 2009, contudo, ela agregou mais uma função ao seu portfólio de especialidades: o cuidado e a recreação dos bichos durante o horário comercial. "Montei com meu irmão uma creche para cachorros", resume. A Dogtown fatura cerca de R$ 30 mil por mês e opera no limite da capacidade, com 70 cães fixos. Em geral, os animais passam dois dias por semana no local. Os animais são chamados de alunos, os cuidadores são professores, e os donos dos *pets*, como autênticos pais, costumam deixar o animal pela manhã e buscá-los quando voltam do trabalho, no fim da tarde. "Os clientes pagam, em média, R$ 400,00 por mês e estamos procurando imóveis para montar uma segunda unidade", afirma Renata.

Além da "educação", oferecer tratamento estético para os bichinhos também pode garantir bom retorno financeiro para o empresário. Segundo levantamento realizado pela consultoria Gouvêa de Souza, uma em cada três pessoas que entram em uma *petshop* busca por serviços de higiene e embelezamento para o animal de estimação. Assim, o banho, a tosa e tudo aquilo que se pode agregar nesse momento incrementam em até 19% o faturamento do empreendimento. É o que ocorre com Daniela Motta, que mantém a Aqualife, que mescla comércio para *pets*, clínica veterinária, importação de peixes e creche canina. "Desde que montamos a área de banho e tosa e contratamos um profissional conhecido no setor, nosso resultado cresceu muito", afirma a empreendedora, contente com o desempenho do negócio nos últimos tempos. "A venda de produtos é menos rentável, cerca de 3% de lucro. A área de beleza consegue ser bem mais interessante", conclui a empreendedora.

Reportagem extraída de Jakitas (2012).

Essas forças e pressões do ambiente acabam estimulando a transformação do mercado de serviços, gerando incremento de demanda, novos negócios e intensificando a competição. Um exemplo concreto da ação dessas forças é a inovação em serviços de entrega decorrentes do avanço da tecnologia.

Eis algumas características importantes das empresas de serviços e dos serviços:

- *São organizações baseadas em conhecimento*. Empresas de serviço atendem diretamente ao público, então sua equipe necessita de treinamento e qualificação.
- *As empresas de serviços não oferecem aos clientes a posse dos serviços*, diferentemente do que acontece com bens físicos adquiridos.
- Os serviços devem ser compreendidos a partir da perspectiva de processo, isto é, podem ser entendidos como um ciclo ou uma ação que avança e tem um método e um conjunto sequencial de passos com um objetivo comum.
- Embora os serviços geralmente incluam elementos tangíveis, como o assento em um voo ou o conserto de um equipamento danificado, *a performance dos serviços propriamente dita é intangível*. Serviços não podem ser vistos, tocados ou embrulhados.

>> DICA
É difícil para o cliente avaliar e distinguir o serviço de outras empresas competidoras. Lovelock et al. (2004) sugerem uma metáfora para ilustrar a intangibilidade dos serviços. Segundo os autores, a prestação de serviços seria a encenação de uma peça teatral, em que o pessoal de serviço são os atores, e os clientes, a audiência.

>> EXEMPLO

A locação de um automóvel é distinta da sua compra – poder usufruir o bem a qualquer momento é a principal diferença. Consequentemente, os esforços de marketing para a locação são diferentes daqueles empregados para a venda. Esse é um exemplo de performance intangível. Para tornar mais palpável esse negócio, é importante enfatizar as indicações físicas e imagens que representem adequadamente o serviço.

Na Figura 11.1, fica clara a escala entre produtos tangíveis dominantes num extremo, apenas bens físicos, e o gradativo aumento da dominância de itens intangíveis, passando por um negócio como um restaurante, que é a oferta de um serviço de alimentação juntamente com um bem físico (o alimento), até chegar a um negócio completamente intangível, que é a oferta de *internet banking*.

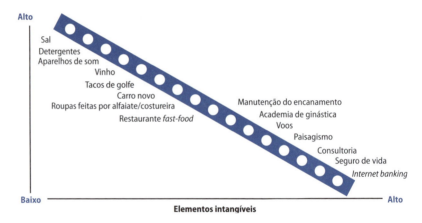

Figura 11.1 A criação de valor é dominada por elementos intangíveis.
Fonte: Adaptada de Lovelock e Wirtz (2007).

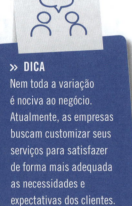

>> DICA
Nem toda a variação é nociva ao negócio. Atualmente, as empresas buscam customizar seus serviços para satisfazer de forma mais adequada as necessidades e expectativas dos clientes.

- *Os serviços são heterogêneos*, pois a presença de funcionários e clientes na operação dificulta a padronização e controle da variabilidade das performances. Bens físicos podem ser produzidos sob condições de controle, mas os serviços dependem da interação entre cliente e equipe de atendimento. Assim, os resultados podem variar em cada situação, o que pode não agradar ao público.
- *Os serviços são perecíveis*, pois são atos ou desempenhos em vez de um item tangível que o cliente mantém. Portanto, não podem ser estocados para venda posterior. Logicamente, as instalações, os equipamentos e a mão de obra necessários devem estar disponíveis para gerar o serviço; porém, esses

fatores representam simplesmente a capacidade produtiva, e não o produto/resultado em si. A empresa deve gerenciar a capacidade de atendimento e usar questões de precificação, promoção e reservas para suavizar a demanda, adequando a velocidade da operação dos serviços e, talvez, oferecendo horários estendidos.

>> EXEMPLO

Um exemplo da perecibilidade é o serviço de urgência de um hospital, no qual a capacidade de atendimento é limitada. Ou seja, se não houver pacientes em uma noite, não haverá leitos extras na noite seguinte. Se houver pacientes em demasia, não haverá como atender a todos ao mesmo tempo, e as pessoas terão de esperar, o que pode causar insatisfação.

- *O consumo não pode ser separado da produção*, visto que muitos serviços são entregues em tempo real. Os clientes devem estar fisicamente presentes para receber os serviços de organizações como companhias aéreas, hospitais, cabeleireiros e restaurantes. Há um grande envolvimento dos clientes no processo de produção. Assim, a empresa deve desenvolver equipamentos e sistemas de fácil utilização para o atendimento, treinar equipe e clientes, reforçando o conceito do serviço, e fornecer um bom suporte.

>> **DICA**
A concepção do marketing de serviços integra outras áreas da administração, como gestão de operações (processos) e gestão de recursos humanos (pessoas).

>> Compreensão do marketing de serviços

As características dos serviços mostram que a atuação do profissional de marketing nas empresas prestadoras de serviços é diferente daquela desempenhada em organizações que lidam predominantemente com produtos físicos.

O **marketing de serviços** é a aplicação dos conhecimentos de marketing para as empresas cujo negócio principal (*core business*) é a prestação de serviços. É entender as sutilezas da atividade e o comportamento do cliente considerando o *mix* de marketing composto por 8 Ps: produto, preço, praça, promoção (os 4 Ps tradicionais), pessoas, *physical evidences* (evidências físicas), produtividade/qualidade e processos. (Veja a Figura 11.2.)

>> **DICA**
O marketing de serviços não deve ser confundido com o marketing através de serviços, quando empresas buscam aumentar o valor percebido dos seus bens físicos ao ofertarem serviços complementares, de pós-vendas.

213

Figura 11.2 Os 8 Ps do marketing de serviços.
Fonte: dos autores.

❯❯ Produto

Neste contexto, produto é considerado de uma forma ampla. É o serviço em si, é o resultado da performance, do ato, da ação. Trata-se da especialidade da empresa e refere-se à solução para as necessidades dos clientes, considerando seus benefícios. É preciso estar atento a serviços que agreguem valor para os clientes, que facilitem o seu dia a dia. Quais serviços são necessários na sua região? Tele-entrega de padaria? Lavagem de carro no *shopping* ou que busca e entrega seu carro em casa? Mais detalhes podem ser vistos no Capítulo 6.

❯❯ Preço

São os custos que os clientes tiveram de despender para obter os benefícios do serviço contratado. Devem ser considerados todos os benefícios entregues, a conveniência e a comodidade de sua utilização e a experiência criada. Sons? Cheiros? Lembranças ativadas ou geradas? Você encontra a discussão completa sobre preço no Capítulo 7.

❯❯ Praça

A praça está ligada à distribuição do serviço. Como será feita a entrega? Somente na loja ou também na casa do cliente? Entrega física ou digital? A conveniência do local e o tempo de entrega são determinantes para a escolha do cliente e, consequentemente, devem estar incluídos nas estratégias de marketing. O Capítulo 8 aprofunda esse tema.

» Promoção

A promoção torna a firma conhecida, auxilia a persuadir os clientes ou a educá-los. Em marketing de serviços, é comum a comunicação de natureza educacional, que ensina sobre os benefícios dos serviços e sobre onde e quando obtê-los. Como os serviços são perecíveis, a promoção pode auxiliar a empresa a organizar a demanda, estimulando a sua utilização em horários e dias diferenciados. Você pode retomar o Capítulo 9 para ver mais sobre promoção.

» Pessoas

Como os serviços são muito variáveis, é importante treinar adequadamente as pessoas – a equipe é uma parte fundamental quando se trata de uma empresa de serviços. No entanto, esse item do *mix* de marketing de serviços está relacionado a todos os agentes humanos que desempenham um papel no processo de execução de um serviço e, nesse sentido, influenciam as percepções do comprador. Assim, entende-se que não apenas os prestadores do serviço entram nessa categoria, mas também os clientes, uma vez que também participam do processo de operação, são coprodutores, cocriadores, coautores do serviço.

As habilidades física, mental e emocional do pessoal da linha de frente, que lida diretamente com os clientes, bem como o conhecimento que o cliente tem sobre o serviço prestado são de suma importância. Além disso, um cliente pode influenciar outro cliente no ambiente de serviços. Exemplos: uma pessoa que aguarda na fila do banco para atendimento e começa a reclamar, afeta negativamente outros indivíduos que também esperam pelo serviço; um cliente que elogia em voz alta um vendedor pode influenciar positivamente outros clientes que estão ao redor.

> **wwwo**
>
> **» NO SITE**
> Para saber mais sobre cocriação e engajamento/ participação do cliente no processo produtivo, acesse o ambiente virtual de aprendizagem Tekne.

» Evidências físicas

As evidências físicas (*physical evidences*) são tentativas de tangibilizar o serviço e reforçar a experiência positiva do cliente, facilitando o desempenho ou a comunicação do serviço. Também estão relacionadas ao ambiente no qual o serviço é executado e onde a empresa interage com o cliente. Aparência da loja, aparência da frota da empresa, uniforme dos funcionários, logomarca, placas, *banners*, cartões de visita, materiais impressos em geral e outras formas visíveis de evidenciar a qualidade do serviço da firma são exemplos de evidências físicas.

> **IMPORTANTE**
> A operação deve seguir padrões de atendimento; porém, não deve ser exageradamente rígida a ponto de não acolher as necessidades do cliente. Processos mal desenhados deixam os clientes insatisfeitos e resultam em baixa produtividade.
> • Exemplo de sucesso em processos: um cartório em que não há fila, e o cliente é rapidamente atendido, saindo satisfeito com o atendimento que recebeu.
> • Exemplo de processos não alinhados aos clientes: operações de telemarketing.

» Produtividade e qualidade

A produtividade se refere ao alcance das melhores práticas na execução dos serviços. O objetivo é maximizar recursos, reduzir despesas e otimizar o tempo das equipes. A qualidade é a garantia de entrega nas condições acordadas e, de preferência, deve exceder às expectativas para alcançar a satisfação dos clientes. A produtividade gera o resultado, que pode ser avaliado pelo cliente como de alta ou baixa qualidade.

» Processos

Os serviços devem ser interpretados a partir da perspectiva de um processo, isto é, de um ciclo de atividades. São os procedimentos, os mecanismos e o roteiro efetivo de atividades por meio das quais o serviço é executado, bem como os sistemas de execução e de operação dos serviços. O profissional de marketing deve auxiliar para que esses processos sejam amigáveis e orientados/voltados para as necessidades dos clientes. Em um laboratório de análises clínicas, por exemplo, não é apenas o pessoal da linha de frente que deve pensar no cliente; a equipe técnica também deve flexibilizar seus processos para atender a determinadas urgências.

Vamos agora falar de ciclo de serviços e momentos da verdade – uma extensão da compreensão dos processos.

> **» CURIOSIDADE**
> O termo momentos da verdade foi cunhado em 1987 por Jan Carlzon, autor de livro homônimo. Na ocasião, ele era CEO de uma grande companhia aérea sueca.

» Momentos da verdade e a formação de ciclos de serviços

Momentos da verdade são aqueles momentos em que o cliente entra em contato com a empresa e verifica, a partir de seu ponto de vista, a verdade da empresa. Ou seja, são aqueles momentos em que o cliente percebe, avalia e mede a qualidade de um serviço.

Que momentos são esses em que o cliente entra em contato com a empresa? Pode ser por meio de um anúncio na internet ou jornal impresso, de uma telefonista ou da central de atendimento, de um balconista, vendedor ou caixa, ou ainda por meio do pós-vendas. O profissional de marketing deve atentar para todos esses contatos (ciclo de serviços) e criar processos e formas de comunicação que transmitam a identidade e o posicionamento da empresa, e representem a preocupação com seus clientes.

Quando um erro é cometido na execução das tarefas, como parte de todo um ciclo de serviços, de toda a experiência do cliente com a empresa, é muito provável que ele afete negativamente as percepções do cliente quanto ao atendimento recebido. Porém, se acertar, a empresa tem a chance de corrigir todos os erros que por acaso tenham sido cometidos no passado com esse cliente.

É durante os momentos da verdade que o cliente forma sua imagem da empresa, e é essa experiência que define se ele voltará a procurar os seus serviços.

A Figura 11.3 exemplifica um ciclo de serviços de uma imobiliária. O ciclo inicia com a propaganda em jornal e na internet e termina, temporariamente, com a finalização da venda e do pós-venda. O contato com o cliente e, consequentemente, o ciclo de serviços, pode e deve ser retomado pelo vendedor em novas oportunidades de negócio.

>> **DEFINIÇÃO**
Ciclo de serviços é a visualização de todos os pontos de contato do cliente com a empresa, ou seja, a visualização de todos os momentos da verdade.

>> **IMPORTANTE**
Gerenciar serviços significa fazer com que todos os momentos da verdade para o cliente sejam positivos.

CICLO DE SERVIÇOS

- Fim
- Início
- Finalização da venda e do pós-vendas
- Anúncio no jornal e na internet
- Vendedor acompanha o cliente até o banco
- Cliente é atendido pela telefonista
- Nova visita ao imóvel com mais parentes
- Cliente é atendido pelo corretor
- Vendedor liga para o cliente
- Cliente visita o imóvel com o corretor

Figura 11.3 Exemplo de ciclo de serviços de uma imobiliária.
Fonte: dos autores.

A avaliação da produtividade e dos processos e momentos da verdade da empresa levam à discussão sobre satisfação do cliente.

>> Satisfação do cliente

>> **DEFINIÇÃO**
Qualidade é um indicador do quanto um objeto ou experiência atende a uma necessidade, resolve um problema ou cria valor para alguém. Reflete um julgamento sobre o valor recebido, abrangendo critérios subjetivos e objetivos. Já **satisfação** é o resultado da avaliação da qualidade, isto é, avaliação do desempenho *versus* a expectativa do cliente.

A **satisfação do cliente** está diretamente ligada à sua percepção de qualidade. Quando o cliente percebe qualidade, torna-se satisfeito em relação à empresa e seus produtos, serviços ou processos. A satisfação do cliente é a força motriz de uma empresa, é o que a faz manter seus clientes e ter lucro.

Se o desempenho for igual ao nível de expectativa, o cliente fica satisfeito. Se o desempenho for aquém das expectativas, surge a insatisfação. Se o desempenho for acima do esperado, o cliente se encanta com a empresa.

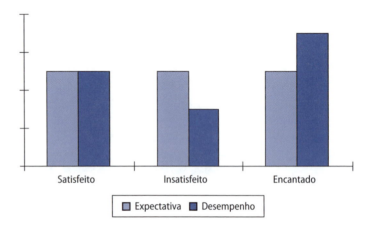

Figura 11.4 Níveis de satisfação.
Fonte: Adaptado de Kotler e Armstrong (1998).

>> **DICA**
Preço, qualidade, simpatia do pessoal da linha de frente e customização são pontos críticos na avaliação de serviços.

Clientes tomam decisões baseadas nas suas intenções e comportamentos anteriores. Os satisfeitos voltam à empresa, tornando-se leais e gerando mais lucro para a empresa. Esses clientes acabam fazendo boca a boca positivo, o que é uma forma de publicidade – propaganda gratuita. Em função de o cliente voltar à loja, a empresa acaba gastando menos com propaganda e também acaba conhecendo mais profundamente seu público, o que faz com que a oferta de produtos e serviços seja mais assertiva. E isso acaba levando a um ciclo virtuoso.

São sinais de um bom serviço prestado, que geram satisfação:

- **Interessar-se** pelos serviços que foram prestados em ocasiões prévias. Exemplo: checar se uma máquina foi bem instalada, se todas as peças foram recebidas.
- **Usar a imaginação** para reduzir os problemas causados por um incidente na relação comercial. Exemplo: a concessionária disponibilizar um carro substituto quando um 0 Km estraga.

- **Renunciar a vender algo que seja inconveniente** ao consumidor, recusando um lucro imediato. Isso traz ganhos a longo prazo na lealdade. Exemplo: vendedora percebe que a camisa está com o botão frouxo e sugere outra para o cliente.
- **Evitar atitudes como ignorar as reclamações do cliente**, deixando-as para o SAC. Se a reclamação tem a ver com uma determinada loja ou profissional, o responsável deverá responder. Exemplo: gerentes de unidades de laboratório clínico que passam a responder às reclamações, não deixando por conta da central de atendimento ao cliente.
- **Recusar pedidos acima da capacidade produtiva**. É uma ação que respeita o consumidor, fazendo-o ter uma imagem positiva da companhia. Exemplo: um restaurante que rejeita um evento para 300 pessoas, pois sua capacidade de atendimento estaria extrapolada e não teria tempo hábil para treinar pessoas para atender ao cliente.

» Pesquisa de satisfação

Para entender o que o cliente deseja e de que ele gosta, é necessário escutá-lo. A pesquisa de satisfação deve ser um hábito da empresa, com aplicação rotineira. Os resultados encontrados devem direcionar os esforços da empresa para a melhoria contínua, como a reorganização de processos e o treinamento de pessoas. A ferramenta deve ser realmente um item gerencial e não apenas um indicador de desempenho solicitado por programas de qualidade e selos ISO.

> » **DEFINIÇÃO**
> A **pesquisa de satisfação** é uma ferramenta gerencial que facilita escutar a voz do cliente, o qual pode indicar o que é mais importante para o seu atendimento e quão satisfeito está com a empresa.

Você já deve ter tido contato com diversas pesquisas de satisfação, sejam impressas, em lojas físicas, sejam eletrônicas, por meio de *sites* ou enviadas por *e-mail*. É comum que se responda sobre a satisfação utilizando-se as seguintes escalas de resposta:

Tipo Likert: representada com números de 1 a 5. O número 1 significa que o cliente está totalmente insatisfeito (ou péssimo), 2 equivale a insatisfeito (ruim), 3 é indiferente (regular), 4 é satisfeito (bom) e 5, totalmente satisfeito (excelente).

Carinhas: expressam emoções. O sorriso representa a satisfação, outra é neutra – significando uma satisfação regular –, e uma terceira esboça decepção – indicando insatisfação em relação ao atendimento.

Figura 11.5   Escala de satisfação utilizando carinhas.
Fonte: dos autores.

>> EXEMPLO

Sistema identifica a satisfação do cliente por meio de reconhecimento facial

Como avaliar a satisfação do cliente depois de uma venda ou de um serviço prestado? O varejo já possui ferramentas para isso, como um pequeno aparelho na boca do caixa em que o consumidor pode dar uma nota para o atendimento. Para a *startup* russa Synqera, porém, essa ferramenta está obsoleta. Com sede na Rússia e nos Estados Unidos, a empresa está apostando em seu novo serviço para ganhar o mercado internacional: um sistema que permite identificar a satisfação do cliente por meio de reconhecimento facial. O produto está sendo testado em 280 lojas da rede de cosméticos Ulybka Radugi, do Leste Europeu.

O sistema vem com um dispositivo e um *software* que são instalados no caixa e que, segundo seus desenvolvedores, são capazes de identificar as emoções dos consumidores. A tecnologia também cruza informações sobre o histórico de compras do cliente e o avisa, seja pessoalmente, via SMS ou pelo *site* da empresa, sobre promoções interessantes e programas de fidelização.

De acordo com a *startup*, o *software* de reconhecimento identifica atributos como idade e gênero, consegue detectar elementos externos, como condição do tempo, e tem uma precisão de 85% nas leituras.

Fundada há três anos por Kirill Gorynya, a Synqera oferece soluções de atendimento para pontos de venda e *business intelligence* para o varejo. A empresa possui hoje cerca de 500 funcionários, mais de 2,5 milhões de clientes e faturamento de US$ 200 milhões.

Reportagem extraída de Cid (2013).

Às vezes, o cliente pode sair insatisfeito da empresa, pois houve erros no seu atendimento. Assim, o cliente que indica a sua insatisfação deve ser valorizado, pois despendeu tempo para mostrar à empresa as suas falhas e oportunidades de melhoria. A recuperação de serviços, baseada também nas informações de insatisfação do cliente, é o assunto que abordaremos a seguir.

>> Recuperação de serviços

Erros acontecem em qualquer situação, especialmente em serviços, dada sua variabilidade. Para que o cliente fique satisfeito, é necessário que os erros, e a consequente reclamação ou insatisfação sejam tratadas.

As reclamações ocorrem por inúmeros motivos: o serviço pode estar indisponível no prazo em que foi prometido, pode ter sido fornecido atrasado ou de modo excessivamente lento, o resultado pode não ser o desejável, os funcionários podem ter sido rudes ou desatenciosos, entre outras situações.

O ajuste entre a falha do serviço e o esforço de recuperação é importante para a satisfação do cliente. Os principais impulsionadores da satisfação do cliente em serviço são as respostas de empregados a falhas na entrega do serviço.

Para fazer esse ajuste, é necessário conhecer os tipos de clientes, que podem ser classificados em quatro tipos, de acordo com suas reações às falhas das empresas fornecedoras. (Veja o Quadro 11.1.)

Além de acompanhar os meios de comunicação disponíveis para que o cliente entre em contato com empresa (central telefônica de atendimento, *site*, SAC, entre outros), é importante também monitorar a marca na internet, para saber o que seus clientes estão falando ou reclamando.

> **WWWo**

> **» NO SITE**
> Para conhecer o Reclame Aqui, *site* que deve ser acompanhado para auxiliar na administrar as falhas de serviço junto aos clientes, acesse o ambiente virtual de aprendizagem Tekne.

Quadro 11.1 » Tipos de clientes

Passivos	Têm menor chance de partir para a ação. É pouco provável que digam qualquer coisa ao fornecedor ou que façam boca a boca negativo a terceiros. Em geral, duvidam que a reclamação dará resultados, imaginando que as consequências de tudo não recompensará o tempo e o esforço que terão de despender.
Tagarelas	Reclamam ativamente ao prestador de serviços, mas são menos propensos a disseminar informação negativa por meio de boca a boca e a dirigir-se a terceiros para reclamar. Eles reclamam ativamente e concedem uma segunda chance à empresa, acreditando que as reclamações trazem benefícios sociais, e não hesitam em verbalizar suas opiniões.
Irados	São os mais propensos a iniciar um boca a boca negativo junto a amigos e familiares, principalmente por meio das redes sociais. Tendem a mudar de fornecedor e dificilmente dão uma segunda chance à empresa. Reclamam diretamente para o fornecedor, mais do que a terceiros, pois também acreditam que a reclamação trará benefícios sociais.
Ativistas	Caracterizam-se pela propensão acima da média de reclamar em todas as instâncias. Eles reclamam à empresa, a outras pessoas e, mais que outros grupos, têm uma grande chance de reclamar junto a terceiros – na justiça. Têm uma percepção muito otimista das consequências de todos os tipos de reclamação. Acreditam em alguma espécie de compensação pela falha do serviço.

> **DICA**
> Outro tipo específico de recuperação de serviços são os serviços de garantia, como manutenção, troca ou reembolso, prestados pelas empresas. Embora exigidos pela legislação de defesa do consumidor, esses serviços devem ser organizados de modo que satisfaçam o consumidor, possibilitando que, em uma nova oportunidade de compra, ele escolha novamente a empresa.

Para recuperar os serviços, é necessário que a empresa tome ações em resposta a uma falha. O pessoal da linha de frente deve estar disposto a escutar o cliente e a buscar soluções para os problemas apresentados. A equipe deve ter espontaneidade e flexibilidade para dirimir esses erros, pois a recuperação dos serviços está ligada à capacidade de corrigi-los. Ao terem seus problemas efetivamente solucionados, os clientes tornam-se mais fiéis.

Se a empresa não conseguir fazer certo da primeira vez – primeira regra da qualidade –, existem estratégias para tentar recuperar o cliente. Essas estratégias são cumulativas e devem ser combinadas, não sendo eficazes se utilizadas isoladamente. A empresa deve (ZEITHAML; BITNER, 2003):

- Acolher e estimular reclamações.
- Agir rapidamente.
- Tratar clientes de forma justa.
- Aprender com as experiências de recuperação.
- Aprender com os clientes perdidos.
- Assegurar-se de que não haja falhas ou, no mínimo, que não se repetirão.

Excelência em serviços

Para que uma empresa alcance excelência em serviços, é necessário investimento em treinamento e em relacionamento. É preciso que o funcionário saiba o que a empresa espera dele e também conheça o modo de agir esperado pela empresa.

Em muitos casos, o cliente se encanta não pelo produto ou serviço, mas pela forma como é atendido. Pessoas que demonstram simpatia, cordialidade e disposição estimulam os clientes a comprarem mais ou a retornarem ao estabelecimento. As pessoas gostam de ambientes agradáveis, onde se sintam bem, e a postura de quem atende pode favorecer essa sensação.

A excelência é atingida a partir de um conjunto de pequenos detalhes que faz a diferença. É quando o cliente se dá conta de que tudo foi pensado e organizado para ele. São exemplos desses detalhes:

- Enviar para o cliente um item extra, entre aqueles preferidos, junto à compra do mês.
- Enviar o manual digital de um equipamento para um comprador, antes mesmo que chegue o equipamento encomendado, para que ele já possa ir estudando as características da máquina.

Com isso, chegamos ao triângulo do marketing de serviços, concebido por Zeithaml, Bitner e Gremler (2014), conforme Figura 11.6.

Figura 11.6 Triângulo do marketing de serviços.
Fonte: Zeithaml, Bitner e Gremler (2014).

O marketing de serviços precisa da gerência da empresa desenvolvendo estratégias que foquem o cliente. A partir disso, são desenhados processos executados pelos funcionários, com os quais os clientes interagem. A empresa escuta o cliente, processa essa informação internamente, formata sua oferta (essência do conceito de marketing) e, então, promove essa oferta a partir do "marketing externo". Para que haja sincronia entre as ações e para elas sejam realizadas conforme o esperado, a empresa precisa motivar seu pessoal, estimulando um excelente nível de prestação de serviço – nesse caso, emprega estratégias de "marketing interno" (ou endomarketing), para possibilitar que a promessa ao cliente seja cumprida. A interação entre funcionários e clientes, peça-chave das empresas de serviço, deve ser organizada para a efetividade do cumprimento dessa promessa – é nesse momento da verdade que a entrega acontece – é o marketing interativo, permitindo que o serviço seja prestado, que o processo seja realizado. Forma-se, assim, o triângulo do marketing de serviços: empresa (estratégia, processos) – clientes (desejos, interação) – funcionários (realização dos processos, interação).

> **» IMPORTANTE**
> Excelência não está ligada apenas à amabilidade ou gentileza no momento em que o serviço é prestado. A noção de serviço valoriza o trabalho da empresa: trata-se de agregar valor aos clientes. Ou seja, atender às necessidades dos consumidores é a razão de ser da empresa, que lhe permite gerar lucros e pagar salários aos seus empregados.

> **» IMPORTANTE**
> A excelência em serviços requer a compreensão dos momentos da verdade, estratégias de serviços bem concebidas para atender todo o ciclo de serviço, processos amigáveis aos clientes e pessoas preparadas e dispostas a atender na linha de frente.

» RESUMO

Neste capítulo, aprofundamos a aplicação do marketing no setor de serviços. Mostramos as características específicas dos serviços, que diferem dos bens físicos. Em função de suas peculiaridades, o marketing de serviços exige cuidados diferenciados. Também abordamos a questão da satisfação do cliente e a recuperação de falhas, indicando caminhos para atingir a excelência em serviços.

» Agora é a sua vez!

1. Explique com as suas palavras o que são serviços.
2. Quais são as principais características dos serviços e como isso afeta o marketing?
3. O que são os momentos da verdade?
4. Esboce um ciclo de serviços para uma companhia aérea.
5. Explique o que é o nível de satisfação de encantamento. Exemplifique.
6. Quais são os benefícios de se ter clientes satisfeitos?
7. Exemplifique o triângulo do marketing de serviços.

REFERÊNCIAS

AGÊNCIA SEBRAE DE NOTÍCIAS. Inovação é o segredo de sucesso de pizzarias. PEGN, São Paulo, 09 jul 2014. Disponível em: < http://revistapegn.globo.com/Noticias/noticia/2014/07/inovacao-e-o-segredo-do-sucesso-de-pizzarias.html>. Acesso em: 14 ago. 2014.

CID, T. Sistema identifica a satisfação do cliente por meio de reconhecimento facial. *PEGN*, São Paulo, 11 jul. 2013. Disponível em: < http://revistapegn.globo.com/Startups/noticia/2013/07/sistema-identifica-satisfacao-do--cliente-por-meio-de-reconhecimento-facial.html>. Acesso em: 14 ago. 2014.

JAKITAS, R. Serviços como creche, hotéis e até agências de babás sustentam avanço do mercado pet. *Estadão PME*, São Paulo, 26 set. 2012. Disponível em: < http://pme.estadao.com.br/noticias/noticias,servicos-como-creche-hoteis-e-ate-agencia-de-babas-sustentam-avanco-do-mercado-pet,2259,0.htm>. Acesso em: 14 ago. 2014.

KOTLER, P.; ARMSTRONG, G. Princípios de Marketing. Rio de Janeiro: Prentice-Hall do Brasil, 1998.

LOVELOCK, C.; WIRTZ, J. *Services marketing*: people, technology, strategy. 6th ed. New Jersey: Pearson Prentice Hall, 2007.

LOVELOCK, C. et al. *Services marketing*. Edinburgh: Edinburg Business School, Heriot-Watt University, 2004.

ZEITHAML, V. A.; BITNER, M. J. *Marketing de serviços*: a empresa com foco no cliente. 2. ed. Porto Alegre: Bookman, 2003.

ZEITHAML, V.; BITNER, M. J.; GREMLER, D. D. *Marketing de serviços*: a empresa com fico no cliente. Porto Alegre: AMGH, 2014.

LEITURAS RECOMENDADAS

CARLZON, J. *Momentos da verdade*. Rio de Janeiro: Sextante, 2005.

FERREIRA, G. S. Indústria perde espaço e serviços já são quase 70% do PIB. Radar Eletrônico. *Estadão*, São Paulo, 27 fev. 2014. Disponível em: <http://blogs.estadao.com.br/radar-economico/2014/02/27/industria-perde-espaco-e-servicos-ja-sao-quase-70-do-pib/>. Acesso em: 14 ago. 2014.

KUNZ, Werner; HOGREVE, Jens. Toward a deeper understanding of service marketing: the past, the present, and the future. *International Journal of Research in Marketing*, v. 28, 2011, p. 231-247.

LOVELOCK, Christopher; WRIGHT, Lauren. *Principles of Service Marketing and Management*. 2. ed. New Jersey: Prentice Hall, 2002.

capítulo 12

Design thinking

O design thinking é um processo de desenvolvimento de produtos e serviços cuja ênfase são as pessoas, em vez dos desejos efêmeros ou artificialmente manipulados. Novas estratégias de resolução de problemas e criação de produtos e serviços baseadas em uma plataforma mais voltada para o ser humano tornam questões como a análise de mercados e o comportamento do consumidor ainda mais importantes para a detecção e a antecipação dos fatores decisivos para o consumo. Isso inclui o design thinking, um método de trabalho em equipe dinâmico para soluções coletivas e criativas. Neste capítulo, abordaremos o conceito, as estratégias e os resultados do design thinking nas empresas que o utilizam.

Objetivos de aprendizagem

» Explicar os conceitos de obsolescência programa e obsolescência percebida e a razão de seu surgimento.

» Discutir como a busca dos consumidores pelo inédito tem alterado o ritmo de produção das empresas e o planejamento de muitos negócios.

» Definir *design thinking* e justificar a importância de seu uso no planejamento de marketing.

» Agir como um *designer* na resolução de problemas.

❯❯ PARA COMEÇAR

O *design thinking* modernizou os táxis de Nova York

O burburinho que os novos táxis de Nova York estão provocando demonstra o interesse dos nova-iorquinos pelo seu espaço público e também os resultados efetivos da metodologia de *design thinking*. O projeto "Táxi do amanhã", que resultou em um novo veículo fabricado pela Nissan, foi definido a partir de uma parceria entre a comunidade de táxis da cidade (NYC Taxi e Limousine Commission) e a comunidade de *design* (Design Trust for Public Space e Smithsonian's Cooper-Hewitt National Design Museum). Os táxis, em fase final de testes nas ruas da cidade (em 2014), são fruto de um trabalho de pesquisas que durou mais de sete anos e vem sendo considerado inovador pela imprensa local.

O "Táxi do amanhã", apresentado em sua versão final durante o New York International Auto Show de 2012, usou o *design thinking* como base para resolver os problemas complexos do antigo sistema de táxis da metrópole norte-americana e para capturar a imaginação coletiva da cidade, trazendo muitas melhorias para passageiros e motoristas. O modelo NV200 NYC, da Nissan, deverá transportar 600 milhões de passageiros por ano.

Ao longo de sete anos, foram realizados estudos de *design*, pesquisas e convocação de interessados, como motoristas, planejadores urbanos, autoridades municipais e usuários de táxis, para debater e desenvolver ideias que melhorassem os antigos táxis da cidade. Foram observados aspectos como segurança, conforto, eficiência, acessibilidade e sustentabilidade ambiental. A japonesa Nissan, vencedora do concurso que definiu o fabricante dos novos "NYC cab", definiu o NV200 como um veículo "projetado de dentro para fora", utilizando informações coletadas com motoristas de táxi, proprietários do modelo, frotistas e passageiros.

O veículo passou por várias fases de testes e resultou em um modelo com amplo espaço interno, pensado para agradar os passageiros, com teto solar panorâmico e carregadores para celular. As portas de correr foram pensadas de modo a evitar que pessoas, motociclistas ou outros carros sejam atingidos quando forem abertas. O motor 2.0 de quatro cilindros, à gasolina, foi desenvolvido para melhorar os níveis de emissões e de consumo de combustível dos táxis e tem garantia de 150 mil milhas (mais de 241.000 quilômetros).

A complexidade do projeto "Táxi do amanhã", que significou mudar um clássico da cidade, demonstra o poder do *design* para promover mudanças. Outras cidades ao redor do mundo estão considerando adotar o mesmo projeto como novo sistema de táxis usando o ditado "se você pode fazer em Nova York, pode fazer isso em qualquer lugar". Mas, embora seja uma celebração que o *design* exclusivo de Nova York criou, há um ingrediente fundamental: o que faz o sucesso do projeto é justamente o fato que ele foi projetado para Nova York e só funciona nessa cidade. É essa a lógica do *design thinking*, pela qual o modelo foi idealizado.

Reportagem extraída de Stuber (2013).

> **PARA REFLETIR**
> Você conhece formas criativas e colaborativas de cuidar do bem comum? Quais?

» As raízes do *design thinking*

Logo após a Segunda Guerra Mundial, nos anos 1950, a capacidade ociosa da indústria e a capacidade de consumo da numerosa classe média norte-americana inaugurou um novo tempo no consumo de produtos de massa. Foi um período de grande estímulo ao *design* industrial, cuja consequência foi o surgimento de um grande número de novidades nas prateleiras e lojas.

Na época, as cozinhas, salas de estar e garagens foram tomadas por objetos que traziam a tecnologia desenvolvida para as pessoas comuns. Um dos produtos que conquistou a simpatia dos consumidores foi o nylon. Desenvolvido pela indústria química Dupont, a fibra elástica e multicolorida era quase indestrutível. Um carro poderia puxar outro com o auxílio de uma meia amarrada entre os para-choques. Algo absolutamente espantoso em um mundo ainda acostumado com o couro, tecidos de fibras naturais e nenhum plástico.

Pouco tempo depois, contudo, as vendas em declínio promoveram a seguinte reflexão no departamento comercial: "de quantas meias indestrutíveis e que podem ser usadas para sempre as pessoas precisam?". Apenas uma, obviamente. Os engenheiros, assim, mudaram a fórmula do produto, o que permitia que a meia tivesse seu fio "puxado" ao menor descuido. Trata-se da **obsolescência programada**, que não se restringe a meias de nylon. Computadores e *gadgets*, por exemplo, são planejados para atenderem a um determinado número de solicitações e, depois disso, deixarem de responder. De modo semelhante, muitos objetos eletrônicos apresentam falhas na realização de suas tarefas com o passar do tempo.

Se a obsolescência programada auxilia a dinâmica da economia pela substituição de equipamentos por falhas, a **obsolescência percebida** fomenta a substituição dos produtos antes mesmo que eles estraguem. A obsolescência percebida também é planejada.

> » **NO SITE**
> Para saber mais sobre a Design Trust for Public Spaces, acesse o ambiente virtual de aprendizagem Tekne: www.bookman.com.br/tekne.

> » **DEFINIÇÃO**
> Obsolescência programada é o nome dado à durabilidade cientificamente planejada dos produtos. Já obsolescência percebida é o nome dado à sensação de que algo está fora de moda ou já não é bom suficiente.

> » **ASSISTA AO FILME**
> Para saber mais sobre a obsolescência programada, acesse o ambiente virtual de aprendizagem Tekne.

» Consumo e mudança de paradigmas

» **ATENÇÃO**
A mudança comportamental interfere no modo como as empresas desenvolvem seus produtos.

A dinâmica de produtos que rapidamente se tornam obsoletos porque estragam ou se tornam esteticamente desinteressantes ajuda a manter a economia aquecida e os consumidores satisfeitos. A **efemeridade de produtos e serviços** é cada vez maior, e a busca dos consumidores pelo inédito tem alterado o ritmo de produção das empresas e o planejamento de muitos negócios. Até mesmo os debates sobre sustentabilidade e consumo consciente, que poderiam se opor ao padrão de rapidez contemporâneo, respondem ao desejo pelo inusitado.

Além da velocidade com a qual produtos e serviços são adotados e depois deixados de lado, há outros fenômenos que afetam a relação do consumidor com as firmas. A possibilidade de conhecer mais sobre o produto e serviço por canais independentes, que não têm relação com a mídia tradicional, transforma a maneira como o consumidor se relaciona com as empresas. As escolhas são feitas, muitas vezes, por meio da interação entre consumidores que compartilham suas experiências publicamente ou por meio de diálogos diretamente travados com os responsáveis das companhias, a maior parte delas virtualmente. A troca de informação pode tornar obsoleto o comercial de televisão típico – 30 segundos no horário nobre, no intervalo de um programa que costumava ser chamado de "novela das oito", e que também sofreu mudanças.

» **DICA**
O novo consumidor quer causas, quer participar da criação de algo maior e mais significativo, quer colaborar no desenvolvimento dos produtos e quer ser instruído nesse sentido.

A produção por meio de uma linha de produção, em que cada funcionário tem sua posição fixa e sua tarefa constante, talvez não responda ao crescimento do consumo, à demanda por novidades e ao desejo de colaborar disseminado no mercado. Uma visão tecnocêntrica é menos sustentável hoje, embora os mercados em países emergentes, com sua demanda de centenas de milhões de consumidores, mantenha o *status quo* por um longo período.

» PARA REFLETIR

Quanto você consome por conta da obsolescência percebida?

Os avanços inovadores do passado se tornam rotineiros à medida que empresas em muitos polos têm acesso às mesmas matérias-primas, ao mesmo *design* e às mesmas teorias de gestão.

Mas afinal: o que importa para o consumidor neste "novo mundo"?

A resposta está em criar alternativas que equilibrem a necessidade do indivíduo e da sociedade. São necessárias ideias que lidem com impasses globais – saúde, pobreza e educação – ao mesmo tempo em que assegurem ao consumidor a realização dos seus desejos. Essa é a percepção de Tim Brown, que oficializou o termo *design thinking* e tem aplicado essa estratégia holística a departamentos diversos em grandes empresas ao redor do mundo.

Além de Tim Brown, empresas como a Google e a Nasa somam esforços para se anteciparem ao mercado. Ambas convidam pessoas ao redor do mundo para participar de uma escola de inovação em um instituto que mantêm juntas no Norte da Califórnia, a Singularity University. A escolha dos alunos é feita com base em sua relevância no meio em que atuam. Empresários, estudantes, cientistas, ativistas sociais e profissionais de áreas distintas passam alguns meses colaborando entre si para proporem produtos e serviços de impacto mundial.

A inovação proposta deve ser poderosa, eficaz e acessível, sobretudo em regiões onde o mercado de consumidores é acentuadamente heterogêneo e os cenários de alta tecnologia e carência se mesclam, como nos países emergentes, incluindo o Brasil. Nesses mercados, necessidades básicas não supridas se confundem com o consumo de produtos não essenciais que sugerem certo *status*.

> » **CURIOSIDADE**
> A Singularity University funciona como um termômetro que mede tendências entre formadores de opinião de todo o globo, e pode indicar caminhos a seguir para diversos segmentos da indústria. Há alguns anos, por exemplo, os projetos desenvolvidos na escola têm indicado que a sustentabilidade social é tão importante quanto o cuidado com os recursos naturais. Para saber mais sobre a Singularity University, acesse o ambiente virtual de aprendizagem Tekne.

» Pensando como um *designer* na resolução de problemas

Como um *designer* pensa? Como resolve problemas? O primeiro passo do processo de resolução de problemas por um *designer* é a **coleta de dados** que possam fazê-lo pensar sobre o problema sob outra perspectiva. Esse esforço inicial de captura de informações leva-o para perto do consumidor, de modo que entenda, da maneira mais apropriada possível, qual é o verdadeiro impasse.

A partir da **pesquisa do cenário** e das reais dificuldades enfrentadas pelo homem comum, alvo de seus produtos, é iniciado outro tipo de pesquisa, de referências que podem ou não ter relação com o caso. É uma etapa aparentemente caótica, desorganizada e que assusta muitos gestores. Contudo, o que o *designer* está buscando é o **insight** – aquela "lâmpada" que acende de repente, como que espontaneamente.

> » **DEFINIÇÃO**
> *Insight* é uma ideia aparentemente repentina e simples que desencadeia o processo de solução dos problemas.

» CURIOSIDADE

O flanar inútil (um pensamento supostamente não objetivo) do qual muitas vezes são acusados os profissionais do *design*, é elemento essencial para que novas soluções brotem, promovendo a inovação. O desafiador é que essa experiência pode ser transportada para outras atividades profissionais, o que acrescenta aos processos já estabelecidos uma dose de ousadia, criatividade e colaboração.

O processo, entretanto, não tem nada de espontâneo. Ele é provocado justamente pela interação com outras pessoas, objetos, sensações e situações diversas e pouco lineares. Desse processo de criação surgiram grandes inovações com impacto em diversas indústrias.

As etapas que um *designer* segue para alcançar seus objetivos contam, via de regra, com dispositivos visuais e táteis, objetos incorporados pelo *design thinking*. Veja na Figura 12.1 um breve resumo do processo de desenvolvimento de um *designer*.

» **DICA**
O alvo das pesquisas de *design thinking* é revelar oportunidades de negócios focadas no ser humano.

Figura 12.1 Esquema do processo de desenvolvimento em *design*.
Fonte: dos autores.

» **ATENÇÃO**
O processo de empatia está diretamente relacionado a tomar o lugar do outro, sentir suas angústias, seus medos e seus desejos. A partir dessa imersão, é possível perceber as oportunidades de atuar de um modo diferente, mais integrado e mais centrado nas pessoas.

» Empatia: a arte de compreender as pessoas a quem você quer servir

A verdadeira inovação é aquela que é considerada relevante pelas pessoas. Portanto, tudo começa com as **pessoas** – e um dos tópicos mais importantes no *design thinking* trata da utilização de técnicas de pesquisas com foco nas pessoas.

A pesquisa fundada no ser humano ajuda as pessoas a **articular necessidades** que muitas vezes nem elas sabem que têm. Assim o *design thinker* deve ter uma postura de empatia, ou seja, colocar-se no lugar do outro, de modo a experimentar o que realmente é desejado. O objetivo primordial é aprender com a vida do próximo, deixando de lado as soluções óbvias e tradicionais.

Esse esforço iniciado pela empatia deve resultar em um *insight*, decorrente da observação de comportamentos de consumidores, consumidores potenciais e mesmo dos concorrentes.

» EXEMPLO

Um bom exemplo de *insight* é o *case* de um hospital nos Estados Unidos que queria mudar o conceito do seu público-alvo sobre os serviços de saúde. A relação entre dor, sofrimento e instituições de saúde havia sido pouco alterada, apesar do colorido de algumas paredes e da ampliação de espaços sociais para os acompanhantes.

Para entender melhor o que estava faltando, uma das executivas entrou no hospital como uma paciente em busca de ajuda e atravessou todo o processo, da emergência até o quarto, anotando mentalmente tudo aquilo que causara desconforto. O primeiro ponto percebido foi a falta de humanização do serviço. Segundo ela, em momento algum foi olhada nos olhos.

O segundo item foi a ausência de informação suficiente disponível. Toda a informação que ela recebia era um "aguarde aqui um minuto" seco e impessoal. Outros itens se somavam a esse, como o vai e vem aparentemente desinteressado de todos os profissionais dentro do hospital.

No final da experiência, a executiva estava assustada e triste: "como podemos tratar as pessoas assim?". Baseada nessa experiência, foi criada uma sala de desenvolvimento de novos processos. A sala reunia profissionais ligados ao hospital conforme suas áreas, além de *designers* e arquitetos. Desse esforço conjunto, surgiu um novo processo, uma nova maneira de pensar o tratamento de saúde que tinha como alvo não só o cliente (os pacientes e suas famílias), mas também os profissionais de "casa".

O resultado se tornou um referencial para muitos hospitais nos Estados Unidos, com um tratamento mais focado no ser humano como um todo.

Fonte: Brown (2010).

No exemplo apresentado, a executiva se envolveu como cliente no negócio, vivendo na pele os sentimentos de impotência e de fragilidade que caracterizam as pessoas enfermas. A esperança de receber um olhar menos formal por parte dos profissionais do hospital foi frustrada, e as conclusões e *insights* que surgiram só foram possíveis por conta dessa imersão total.

As etapas para a pesquisa de imersão baseada em empatia podem ser elencadas da seguinte maneira:

- Definição do local de atuação (inclusive virtual).
- Estabelecimento, baseado em um estudo prévio, das hipóteses a serem observadas. Por exemplo: um gestor público decidido a propor formas alternativas de mobilidade urbana infere que há espaços de difícil circulação para pedestres no centro de uma cidade qualquer e que o local possui acidentes geográficos que dificultam a locomoção por bicicletas. Com essas duas observações, o gestor vai a "campo" perceber as dificuldades reais e as alternativas possíveis.

- Observação de pessoas, lugares e reações.
- Envolvimento com as pessoas por meio de conversas. É preciso expor-se como igual, e não como um pesquisador. A pesquisa por imersão exige que o pesquisador se confunda com o objeto, o que envolve mudança de hábitos e até de vestimenta, se necessário.
- Viver verdadeiramente a situação para identificar emoções.

O passo a passo proposto pode ser executado para a investigação de soluções para produtos e serviços de qualquer empresa, de qualquer porte. O foco são as pessoas, e por isso esse processo pode ser um pouco mais demorado que pesquisas quantitativas normais, feitas a partir de grupos de foco, por exemplo. O resultado, contudo, é mais perene.

A etapa de empatia pode contar com pesquisadores de diversos perfis, a fim de promover um debate mais rico. A reunião das observações e vivências deve dar início à construção de um painel onde as informações serão agrupadas. Nesse quadro, os elementos fundamentais são:

- O que cada pesquisador sabe do tema antes da pesquisa de imersão.
- Ideias relacionadas ao tema, "sem filtro".
- Hipóteses iniciais de solução.
- O que não se sabe.

> » **CURIOSIDADE**
> Uma das premissas do *design thinking* é criar referências visuais coletivas às quais todos os envolvidos, em todas as etapas, tenham acesso. O que pode parecer desordenado em uma primeira instância, cumpre um papel importante de "desarmamento" lúdico.

Ao preencher o painel com os dados escritos em pedaços de papel adesivos (*post--its*), os envolvidos expressam suas ideias, o que ajuda no processo de criação, sem que haja reservas ou timidez.

As informações que compõem o painel inicial, de pré-abordagem ou pré-pesquisa, deve ocupar um quarto do espaço destinado ao projeto. O painel inicial deve ser caracterizado por uma cor, a qual corresponde às etiquetas a serem posteriormente fixadas. Os *post-its* podem ser preenchidos com desenhos ou símbolos representativos antes de serem colocados no painel.

Figura 12.2 Exemplo de quadro onde as informações são expostas em *post-its*.
Fonte: Design Thinking (c2014).

Com os dados iniciais agrupados, é iniciada a etapa de conversação entre os pesquisadores. Nessa etapa, novos *insights* vêm à tona e são distribuídos sobre os adesivos – colocados anteriormente – que relatavam dúvidas, hipóteses ou impressões pouco precisas.

A fase de empatia, então, pode ser assim resumida:

- Levantamento dos conhecimentos, hipóteses e impressões iniciais.
- Imersão na realidade do cliente.
- Reunião para o compartilhamento das experiências e superação das questões iniciais.

>> Mapa mental

O problema está definido: hipóteses e premissas dirigiram a fase de empatia até que o problema fosse de fato percebido. A fase de empatia, com a pesquisa por meio de imersão e a primeira parte do painel preenchido por adesivos coloridos, auxilia a equipe a desvendar as verdadeiras questões a serem resolvidas. Como foi possível notar no exemplo do hospital, os problemas se tornam muito mais evidentes com a vivência experimentada pelos pesquisadores.

Um mapa mental construído de modo multidisciplinar deve dar formas iniciais à solução seguindo as seguintes premissas:

- Que seja desejável.
- Que seja factível.
- Que seja viável.

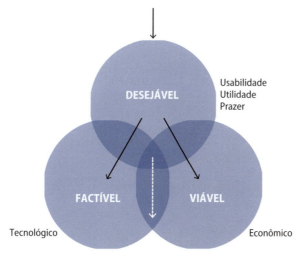

Figura 12.3 Modelo de mapa mental.
Fonte: dos autores.

» DICA
A solução proposta no processo de mapa mental deve ser factível, tecnologicamente exequível e viável do ponto de vista econômico.

Os limites estabelecidos na Figura 12.3 são importantes para que a solução comece a deixar a etapa de *insight* e passe para a fase de prototipagem (fase seguinte). Por isso, é importante que a solução:

Seja desejável: possua utilidade, respondendo de modo satisfatório ao desafio encontrado.

Tenha usabilidade: seja de fácil manuseio por parte do usuário, mesmo que se trate de um serviço.

Seja prazerosa: conquiste o indivíduo a quem se destina, dando-lhe satisfação durante o processo, e não apenas na sua conclusão.

Essas três balizas conduzirão a solução a um conceito e, então, à prototipagem.

» Prototipagem: dando forma às respostas

Nessa etapa do *design thinking*, a resposta é construída de forma visual para permitir ajustes e correções. É a hora de tirar as ideias do papel, eliminar as dúvidas e alinhar os processos de desenvolvimento e de criação.

A ideia de criar **protótipos** é válida para produtos, o que parece óbvio, mas também é útil para o desenvolvimento de serviços. Habitualmente usada por *designers*, a criação de modelos ajuda a perceber de maneira visual e tátil a viabilidade dos projetos e permite que pequenos detalhes, que surpreenderão o cliente, sejam adicionados.

» EXEMPLO

Cenário: Um clube de viagem com cerca de 20 mil associados obtinha receita apenas a partir das mensalidades. Existiam alguns problemas: o risco associado ao fato de ter uma única fonte de recursos, a ociosidade de parte da equipe e da infraestrutura e a "rotina" do serviço prestado, que fazia com que muitos contribuintes questionassem a manutenção das mensalidades.

Oportunidades: uma boa relação comercial com uma extensa rede de fornecedores no trade turístico, incluindo operadoras, consolidadoras, meios de hospedagem e companhias aéreas.

Desafio: descobrir novas formas de entreter o associado, além das diárias às quais tinha direito e, de quebra, aumentar a receita da empresa.

Depois de pesquisas de imersão, que incluíram viagens acompanhando associados e clientes ocultos feitos nas lojas da empresa espalhadas pelo Brasil, uma grande parede de vidro foi usada como mural para o exercício de *design thinking*.

> ### » EXEMPLO
>
> As impressões iniciais deram lugar aos relatos das experiências, soluções reais foram apresentadas e uma espécie de fluxograma foi usada como protótipo. Sobre o mural, foram colados adesivos sugerindo soluções de "custo zero" que otimizavam recursos humanos e materiais já existentes.
>
> A solução final foi uma série de pacotes exclusivos para sócios, com preços diferenciados e condição de pagamento especial. A partir dessa solução, foram sugeridas pequenas ações que aumentaram a simpatia dos clientes em relação à empresa, fazendo-os sentirem-se mais "donos" do negócio.

A prototipagem toma algumas formas antes de tornar-se solução final. Ela pode ser um projeto piloto que é desenvolvido por parte da empresa que gradualmente torna-se padrão. Essa etapa é chamada de **teste**. Nela, as seguintes perguntas devem ser feitas:

- Há erros? Como corrigi-los?
- A empatia foi criada?
- O usuário compreendeu a forma de usar/consumir (usabilidade)?
- A solução é econômica e tecnicamente viável?

A resposta a essas perguntas permite perceber se o protótipo em teste poderá ter seu uso ampliado. Mais uma vez é bom enfatizar o poder que há na visualização de uma solução por parte de uma equipe multidisciplinar que a construiu em conjunto. Um dos méritos do *design thinking* é promover a sinergia da equipe envolvida na resolução de desafios, o que acarreta aumento da capacidade produtiva da empresa.

» *Design thinking* e marketing

> **» DEFINIÇÃO**
> O *design thinking* é uma metodologia de trabalho que permite aos participantes observarem a mesma situação sob óticas distintas, evoluindo até que alcancem o produto ou estratégia final.

Mas o que tem o marketing a ver com o *design thinking*, afinal? Bem, no começo deste capítulo, foi descrita a forma como a cultura de consumo atual tomou corpo e vem sendo impulsionada. Também foi dito que a busca por significado é o próximo alvo das indústrias, o que demanda produtos mais próximos dos consumidores e que são obtidos, segundo alguns teóricos, pelo processo criativo proposto pelo *design thinking*.

>> **ATENÇÃO**
O *design thinking* ajuda a equipe envolvida com o planejamento de marketing a focar nas pessoas, em vez de apenas se concentrar no produto.

O *design thinking* serve como um instrumento facilitador da inovação baseada no relacionamento com o cliente (ou o "próximo"), que também é alvo dos profissionais de marketing. Portanto, os processos de desenvolvimento de soluções propostos neste capítulo podem ser executados também nos planejamentos de marketing.

A adoção do método, a começar por seu caráter multidisciplinar, pode derrubar barreiras entre setores que podem ser hostis entre si como o marketing e o departamento comercial, o *design* e a engenharia. As tarefas desenvolvidas conjuntamente ajudam as equipes a conhecerem umas as outras e a solucionar mais rápido os desafios propostos.

A velocidade do desenvolvimento do mercado de bens e serviços exige das empresas respostas igualmente rápidas. O processo de *design thinking* cria estratégias que podem ser adotadas com menos entraves, uma vez que as correções são feitas durante a construção do projeto.

O *design thinking* cria um processo sequencial e estimulante a novas ideias. Essa metodologia propõe a criação coletiva de soluções baseada em ideias não necessariamente convergentes, em um primeiro momento. Essa tempestade organizada de ideias ajuda a encontrar saídas pouco usuais para as questões propostas.

Figura 12.4 Fases do *design thinking*.
Fonte: dos autores.

>> RESUMO

Este capítulo apresentou o conceito de *design thinking*, um método de trabalho em equipe para soluções coletivas e criativas, e sua origem, enraizada na necessidade de criar alternativas que equilibrem a necessidade do indivíduo e da sociedade. Vimos que hoje são necessárias ideias que lidem com impasses globais (saúde, pobreza e educação) ao mesmo tempo em que assegurem ao consumidor a realização dos seus desejos.

» Agora é a sua vez!

1. Escolha em um setor que você conheça e saiba que está carente de inovação (um comércio do seu bairro ou a microempresa de um parente) e implemente um processo de *design thinking* do seguinte modo:

    1.1. Divida um painel em seis quadrantes: hipóteses, respostas baseadas na pesquisa, *insights*, estratégias de prototipagem, testes e correções.

    1.2. Reúna-se com alguns colegas e levante hipóteses sobre o "problema" percebido. Anote em papéis adesivos e coloque sobre o quadrante "hipóteses".

    1.3. Elabore uma estratégia de imersão no desafio suposto, para testá-lo e descobrir se realmente é o problema da empresa.

    1.4. Reúna as informações obtidas por meio da pesquisa por imersão e compare-as às suposições anteriores.

    1.5. Baseado no cruzamento das suposições e dos dados obtidos por meio da pesquisa, dê início ao processo de *insights*.

    1.6. Crie um protótipo do produto ou serviço, desenhe o processo e anexe à sua *timeline* ou painel.

    1.7. Teste e corrija.

    1.8. Demonstre o resultado para o restante dos colegas e verifique se houve soluções inovadoras.

REFERÊNCIAS

BROWN, T. *Design thinking*. Rio de Janeiro: Campus, 2010.

DESIGN thinking: workshop class. c2014. Disponível em: < http://design-thinking.org/en/index.html>. Acesso em: 04 ago. 2014.

STUBER, E. C. *O design thinking modernizou os táxis de Nova York*. 2013. Disponível em: <http://ecsinova.com/o-design-thinking-modernizou-os-taxis-de-nova-york/>. Acesso em: 04 ago. 2014.

capítulo 13

Marketing digital e mídias sociais

Nos últimos anos, as empresas, por meio de suas marcas, ampliaram seu trabalho de marketing com o objetivo de estabelecer relacionamentos mais eficazes com seus clientes. Com o crescimento da internet e o desenvolvimento de ferramentas que mudaram completamente a interação entre as pessoas, surgiram novos espaços de troca de informação e maneiras de mediar e facilitar os relacionamentos. As redes sociais estão mudando muitas regras do jogo entre consumidores e empresas. Essa transformação e suas consequências para o marketing é o que estudaremos neste capítulo.

Objetivos de aprendizagem

» Discutir o papel do marketing hoje, uma época de interatividade total.

» Explicar a influência das redes sociais na mudança de paradigma que o planejamento de marketing sofreu para acompanhar as ações na internet.

» Definir conteúdo e identificar que tipo de conteúdo o público de determinada empresa consome.

» Diferenciar a comunicação tradicional do diálogo estabelecido nas redes sociais, reconhecendo a importância de analisar com cuidado tudo o que será publicado.

» Aplicar a sequência de ações desejáveis na gestão do marketing nas redes sociais.

>> PARA COMEÇAR

A Coca-Cola sabe que seus comerciais fazem sucesso no Super Bowl, a final do campeonato de futebol americano. Nos últimos anos, eles sempre têm estado entre os mais comentados nas redes sociais. Porém, a marca não estava satisfeita "apenas" com essa influência entre os meios, e resolveu, em 2012, gerar uma interação de verdade entre TV e internet.

Resgatando seu urso polar como personagem, a Coca-Cola criou a campanha nas redes sociais ao vivo durante um dos principais jogos, em um domingo de fevereiro de 2012. No Facebook – cokepolarbowl.com – os ursos reagiam de acordo com o que acontecia durante a partida.

Cada personagem representou, por meio da cor do cachecol, uma das equipes – New York Giants e New England Patriots. Os ursos tinham centenas de reações programadas, que eram controladas pela equipe da agência de publicidade contratada.

Os ursos podiam levantar os braços, fazer figa, comemorar, abrir um refrigerante e até mesmo interagir com outros comerciais que passavam na TV em tempo real. Ao transformar uma ação de *social media* em evento ao vivo, a Coca-Cola aproveitou ao máximo o seu investimento de 3,5 milhões de dólares por cada 30 segundos no intervalo do SuperBowl. De acordo com a marca, esse foi apenas um modelo para outras campanhas interativas – conectando TV e internet – que surgirão no futuro.

Fonte: Adaptado de Beltrone (2012).

O que reúne as pessoas?

Redes sociais são comunidades. Olhe ao redor: neste momento, se você está em uma sala de aula, em uma biblioteca ou no trabalho, você está cercado de outras pessoas com interesses comuns aos seus e que fazem alguma coisa em relação a esses interesses. O nome disso é **comunidade**.

Pessoas são capazes de muitas atitudes motivadas pelo desejo de serem aceitas ou de conquistar amigos: adotam um corte de cabelo, praticam determinado esporte, frequentam lugares e até assumem comportamentos diferentes. A grande questão sobre relacionamento humano é que ele não pode ser embalado, colocado em uma gôndola de supermercado ou precificado. O que fazer então para que o relacionamento seja um bom negócio – inclusive do ponto de vista financeiro?

Uma das maneiras é sendo um facilitador de relacionamentos. E é isto o que tem mudado radicalmente nos últimos anos: o papel do marketing em um tempo de conectividade total.

Isso tudo é muito entusiasmante, ainda mais se você se interessa por marketing. Pense só nas oportunidades de comunicação, de fidelização e de segmentação. Pense na quantidade de pessoas que jamais teriam acesso a um determinado produto e que, a partir dessa transformação, podem conhecê-lo e comprá-lo. Pense em quantas pessoas são capazes de gerar conteúdo relevante e ter sua voz ouvida.

» PARA REFLETIR

Pense por um instante no clube de futebol para o qual torce. Agora pense em um clube social ou uma associação de estudantes ou de profissionais da qual você faça parte. Pense também em um bar que frequenta e quantos amigos fez por ali. Então, o que todas essas entidades têm em comum, além do entretenimento?

A **social media**, ou redes sociais, como são chamadas no Brasil, são facilitadores e mediadores desse novo cenário. São os *hubs* (ou ponto de encontro) em que pessoas se agrupam, compartilham experiências, desenvolvem projetos, apresentam seus produtos ou simplesmente se divertem jogando conversa fora. Pouco importa se o espaço é meramente social (como o Facebook, Tinder, etc.), se quer promover relações de trabalho e de negócios (como o LinkedIn), ou se facilita o deslocamento das pessoas nas cidades (Waze); se tem um apelo mais visual (Pinterest, Tumblr e Instagram), ou se facilita a localização e o encontro das pessoas (Foursquare).

> » **DICA**
> As redes sociais tratam de pessoas e de conteúdo.

As redes sociais são baseadas em relacionamentos. E no que é mesmo que os relacionamentos estão baseados? Quer dizer, o que mantém um relacionamento? A resposta é uma só: assuntos em comum, conteúdo. O que mantém as pessoas ligadas umas as outras é o **conteúdo**. Daí a mudança de paradigma que o planejamento de marketing sofreu para acompanhar as ações na internet.

O *case* abaixo é um exemplo de transformação de uma campanha publicitária em que o consumidor é uma figura passiva, que apenas assiste o comercial, para uma nova forma de se aproximar do consumidor, usando elementos de opinião para compor a campanha.

> » **DEFINIÇÃO**
> Conteúdo é toda a comunicação elaborada com um propósito. Isso inclui texto e toda a forma de expressão audiovisual nas suas diversas aplicações no meio virtual ou físico.

241

» EXEMPLO

Ação da C&A integra Facebook com cabides na loja física

A coleção de Dia das Mães da C&A foi exibida no app Fashion Like, e os *likes* dados em cada peça no Facebook foram atualizados em tempo real em um cabide especialmente feito para a ação.

A loja propôs uma integração bem interessante entre uma campanha comercial e as redes sociais, cujo intuito era mostrar quais eram as roupas preferidas das pessoas na internet, ajudando na compra das consumidoras no "mundo real". A ação aconteceu em 2012, em uma loja da C&A de um *shopping center* em São Paulo. Nesse caso, a opinião expressa pelas pessoas que seguiam a página da loja na rede social serviu de parâmetro para consumidores dentro da loja física.

Texto extraído de Brainstorm9 (2012).

» DEFINIÇÃO

Timeline (linha do tempo) é basicamente a forma gráfica e linear de representar uma sequência de eventos em ordem cronológica. Nas redes sociais, o formato é muito utilizado para exibir o fluxo de informações compartilhadas por usuários.

É o conteúdo, portanto, que identifica a marca nas redes sociais. É ele que retém as pessoas e que, no fim das contas, leva o consumidor a decidir pela compra. Tudo o que é publicado nas *timelines* é conteúdo.

É de suma importância que o profissional de marketing identifique que tipo de conteúdo o público da empresa consome – e também o que ele não consome. Como definir o que vai e o que não vai ser publicado? Para responder a essa questão, deve-se pensar na integração de profissionais de diversas áreas. Além de analistas capazes de ler as entrelinhas das interações com a empresa no seu dia a dia, serão necessários, também, jornalistas e *designers*.

A comunicação tradicional é unilateral ou dialogada com a mediação exclusiva da empresa. Nela, a empresa responde se e quando quiser. Na comunicação da era das redes sociais, é necessário reconhecer que não há mais mediação. O diálogo é franco, e exige das empresas respostas rápidas e satisfatórias. Isso porque o consumidor também é um gerador de conteúdo. Toda a comunicação malfeita e todo o produto que não corresponde às expectativas tem um potencial de alcance muito grande. Da superação dessas expectativas depende a imagem da marca, ou seja, sua reputação.

Em um tempo em que muitas decisões de compra são feitas após pesquisas em redes sociais, a **reputação** é um item muito valioso. Um exemplo de conteúdo que criou polêmica foi o caso do concurso cultural da Pom Pom (veja o exemplo abaixo), que sugeria aos clientes o envio das fotos de seus bebês. No entanto, a empresa recebeu, também, fotos de animais de estimação, o que gerou muita controvérsia e tomadas de decisões distintas para amenizar possíveis efeitos nocivos a sua imagem.

>> EXEMPLO

Revolta nas redes sociais faz Pom Pom doar 2 mil fraldas a animais deficientes

Uma mobilização nas redes sociais fez com que a Pom Pom doasse duas mil fraldas a dois animais deficientes. Tudo começou com o concurso cultural "Mostre ao mundo o amor pelo seu bebê", promovido pela marca. No Facebook, a Pom Pom pedia que os interessados enviassem uma foto de seu bebê. As fotos mais curtidas receberiam prêmios, como seis meses de fraldas Pom Pom.

Duas pessoas inscreveram seus animais de estimação: Léo, um gato, e Bruce Lee, um cachorro. Ambos são deficientes e têm que usar fraldas 24 horas por dia. As duas fotos foram aprovadas e, após certo tempo, passaram a ser as mais votadas no site do concurso.

Em seguida, a Pom Pom postou em seu Facebook que Léo e Bruce Lee haviam sido desclassificados, pois as fraldas da marca eram para humanos. O post recebeu vários comentários. Alguns eram a favor da decisão, mas a maioria se posicionou contra. A publicação original foi deletada e uma nova foi feita, gerando mais revolta dos usuários que discordaram da decisão da empresa.

Algumas pessoas se uniram e criaram uma página no Facebook contra a marca e uma *hashtag* para o Twitter (#naocomprepompom). A união fez a força. Após alguns dias, a Pom Pom se pronunciou novamente sobre o ocorrido em sua página oficial no Facebook. Lá, informou que Bruce Lee e Léo estavam eliminados, mas iriam doar mil fraldas especiais para animais para cada um deles. Comovida com o ocorrido, a empresa Dog's Care, especializada em produtos para animais, afirmou que iria doar seis meses de fraldas para os dois animais de estimação. Mais uma vez, a mobilização de usuários em redes sociais provou ser algo poderoso.

Texto extraído de Pom Pom (2012).

O conteúdo muda conforme a rede social. Redes com públicos mais heterogêneos podem usar textos e ações com temáticas mais amplas, enquanto aquelas cujo público tem características mais homogêneas podem desenvolver trabalhos com conteúdos mais orientados e focados nesses segmentos. Outro elemento importante são as características de cada *site*. No Quadro 13.1, é possível identificar as características de cada uma das principais redes sociais.

> **>> DICA**
> Cada uma das redes sociais é abastecida com um tipo de conteúdo. Porém, na maioria delas, o que faz mais sucesso são as postagens com imagens ou vídeos.

Quadro 13.1 » Características das principais redes sociais

Ask.fm	Usada para troca de informações, no formato de perguntas e respostas.
Blip.fm	Com temática musical. Seus usuários são tratados como DJs.
Facebook	Maior rede social do mundo, usada para compartilhamento de fotos e de conteúdos e bate-papo.
Flickr	Compartilhamento de fotografias.
Formspring	Permite que os usuários recebam perguntas de outros usuários ou de pessoas não cadastradas. As perguntas são enviadas para a caixa de entrada, e o usuário pode escolher entre respondê-las ou excluí-las. Todas as respostas são armazenadas no perfil do usuário e qualquer um pode vê-las.
Foursquare	Rede social e de *microblogging*, uma forma de publicação de *blog* que permite que usuários façam atualizações breves de texto (geralmente com menos de 200 caracteres) e publiquem-nas para que sejam vistas por todos ou apenas por um grupo restrito escolhido pelo usuário. Tem base na geolocalização.
Google+	Compartilhamento de conteúdo.
Instagram	Compartilhamento de fotos.
Last.fm	Rede social voltada para a música, com forte presença brasileira (mais de 30.000 usuários se declaram brasileiros).
LinkedIn	Focada nas relações profissionais e de negócios.
MySpace	Rede social que utiliza a internet para comunicação *online* através de uma rede interativa de fotos, *blogs* e perfis de usuário. Criada em 2003, inclui um sistema interno de *e-mail*, fóruns e grupos.
Tumblr	*Microblogging*.
Tinder	Relacionamentos.
Twitter	*Microblogging*.
Waze	Colaborativa. Permite compartilhar informações sobre trânsito, baseando-se em localização geográfica.

❯❯ O passo a passo do marketing na rede

Tendo entendido a importância do conteúdo na manutenção do funcionamento das relações entre empresa e público, é preciso investigar a sequência de ações desejáveis na gestão do marketing nas redes sociais. A Figura 13.1 exemplifica o modelo de ações primárias de marketing na rede.

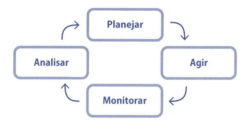

Figura 13.1 Modelo de ações primárias de marketing na rede.
Fonte: dos autores.

O primeiro passo é **planejar**. E planejar em um tipo de negócio tão dinâmico pode ser desafiador. É o planejamento, contudo, que dá sentido ao conjunto de ações, que dá às publicações uma sequência capaz de manter o público atento e participativo. O planejamento envolve um conhecimento profundo do público a ser atingido, um conhecimento do *core* da empresa, isto é:

- O que ela faz.
- Por que faz o que faz.
- Como faz o que faz.

O conhecimento do cenário em que a empresa está inserida é muito importante, também. Concorrentes diretos e indiretos, suas políticas, seus posicionamentos, a fatia que ocupam nas redes sociais, a empatia que despertam, são todos elementos que precisam ser analisados. Nesse quesito, é importante também estar atento ao que acontece no mundo ao redor, mesmo que aparentemente não haja relação direta com a empresa. Lembre-se do *case* da Coca-Cola, em que os personagens reagiam em tempo real com o jogo – as empresas presentes na rede devem reagir com rapidez ao que acontece à sua volta. São inclusive elementos cotidianos que são usados como combustível para a geração de conteúdo relevante.

A etapa de planejamento inclui também os planejamentos para situações de crise. O que responder quando houver críticas? Quando e de que forma responder?

> » **IMPORTANTE**
> Deve-se planejar bem as ações antes de começar, definindo o responsável por cada etapa, a linha editorial, o tipo de imagens que serão usadas e o que a empresa realmente quer comunicar.

Como se relacionar quando as situações parecem difíceis? No caso das fraldas Pom Pom, por exemplo, é possível perceber que a empresa não estava preparada para reveses como os que aconteceram. Quando a comunicação é feita com diálogo, e este diálogo é feito com muitas pessoas simultaneamente, é bom pensar em muitas variáveis, tanto boas quanto ruins.

O planejamento tem que contemplar todas as plataformas em que a empresa pretende se lançar, respeitando a característica de cada uma delas. Não é inteligente entrar em uma rede social e não participar dela com publicações efetivas.

A **ação** em si é relativamente rápida. Se a pré-produção – o planejamento – foi bem feito, então a produção de material, ainda que demande criatividade, pode ser feita de modo ágil. Mais uma vez, é importante saber quem é o responsável por cada etapa, em cada uma das redes. Trabalhar com um cronograma é muito importante.

Deve-se, também, **monitorar** o quanto do conteúdo foi absorvido e o quanto ele alcançou os resultados planejados em cada um dos *sites*. Muitas estatísticas são disponibilizadas pelas próprias redes sociais e por *software* especializado. Trataremos, no decorrer do capítulo, especificamente dos dados e de sua importância para o marketing nas redes sociais.

> » **IMPORTANTE**
> Monitorar significa acessar os dados de maneira constante, reunindo-os de modo organizado a fim de facilitar a etapa de análise.

Analisar de modo estratégico e crítico os dados reunidos na etapa de monitoramento é a última fase do modelo. Nessa etapa, é necessário cruzar as informações e aplicá-las sobre os diversos contextos em que a empresa está inserida. Para isso, é interessante pensar na utilização de uma equipe multidisciplinar, conforme sugerido no capítulo sobre *design thinking*. Uma ótica multidisciplinar pode proporcionar interpretações variadas e tomadas de decisões mais integradas, como é necessário no marketing voltado às redes sociais.

A análise deve envolver o trato com números, sua interpretação e a expressão das conclusões de modo claro para que diversos setores da empresa tenham acesso aos resultados e possam ajudar na retomada do planejamento. A análise leva de volta ao planejamento e permite que o processo seja recomeçado.

» Rotinas e funções

Todo o trabalho exige algum tipo de rotina e disciplina para que possa ser executado com regularidade, alcançando os objetivos propostos. A administração mercadológica em redes sociais exige dedicação contínua. A seguir, é proposto um quadro com uma sugestão de tarefas a serem desenvolvidas em um período de 40 horas pela área de marketing de uma empresa na rede.

Quadro 13.2 » Sugestão de funções para empresa que atue em redes sociais

Função	Detalhamento	Duração
Atualizar	Postar textos, fotos, vídeos e comentários	4 horas
Blogar	Planejar, escrever e publicar	7,5 horas
Pesquisar e planejar	Avaliar recursos internos e conteúdo externo	4 horas
Ouvir	Monitorar as menções e buscar palavras-chave	2,5 horas
Dialogar	Responder menções, perguntas e comentários	4 horas
Resolver problemas	Solucionar eventuais situações problemáticas decorrentes do trabalho nas redes.	5 horas
Construir comunidades	Medir o alcance e aquisição de audiência	2,5 horas
Campanhas	Desenvolver enquetes e promoções	2,5 horas
Analisar	Mensurar e reportar as atividades	2,5 horas
Criar estratégias	Planejar taticamente e idealizar as estratégias	2,5 horas

> » **IMPORTANTE**
> A atualização pode parecer uma tarefa simples, mas não é. Ler comentários e respondê-los exige bom senso e paciência. O tempo sugerido (4 horas) não inclui o tempo gasto com a produção do material. A produção de vídeos, por exemplo, pode se estender por várias horas ou dias.

> » **DICA**
> A categoria blogar pode incluir *posts* mais elaborados em alguma rede social. Planejar o que você deseja escrever, de acordo com os assuntos considerados relevantes pelos seus clientes, é essencial.

» Tempo e resultados

Apesar da rapidez com que a informação se propaga no meio digital, os resultados do investimento nas redes sociais podem demorar um pouco a aparecer. Entre o investimento e a ação, existe o tempo de planejamento, que varia de acordo com o tamanho do projeto.

Contudo, é interessante sinalizar que a reação do público nas redes sociais, com seu engajamento ou protesto, não resulta necessariamente em vendas. Pelo menos não na mesma velocidade. A reação esperada pelo empresário, no caixa, demora um pouco mais para surgir, e é resultado da continuidade das ações.

Assim, o impacto não financeiro – a visibilidade da marca e do produto – ou seja, a percepção do cliente a respeito da empresa, que gera um lucro não contábil significativo, precede o impacto financeiro. Porém, uma vez que o plano de marketing é acionado, os resultados são sucessivos e os resultados financeiros são mais visíveis.

Figura 13.2 Estratégias de ação e formas de mensuração.
Fonte: dos autores.

Para ilustrar como os resultados podem surgir ao longo do tempo, no que se refere ao uso de redes sociais, citamos o caso de uma ação realizada em uma pequena vila Suíça que teve um alcance surpreendente, alavancando as finanças locais. Obermutten saiu do anonimato para se tornar um sucesso mundial graças a uma campanha para curtir a página do Facebook em troca da postagem da foto do seguidor na *timeline* da localidade. Veja mais detalhes no exemplo a seguir.

» EXEMPLO

Obermutten, do anonimato para o sucesso no Facebook

Você já ouviu falar de Obermutten, na Suíça? Essa pequena vila era, até há pouco tempo, uma ilustre desconhecida do resto do mundo. Isso mudou, entretanto, com uma ação de comunicação bem planejada, que soube explorar da melhor maneira possível a identidade do lugarejo.

Obermutten saiu do anonimato para se tornar um sucesso mundial no Facebook graças a uma campanha da Jung von Matt/Limmat para o Departamento de Turismo de Graubunden. A vila, com 78 habitantes, uma igreja, um hotel e algumas vacas, lançou sua *fan page* no Facebook com a seguinte promessa: curta e nós colocaremos sua foto no nosso mural de informações.

E não é que a galera começou a curtir? Em quatro semanas, eles conquistaram milhares de fãs de 32 países. A página de Obermutten se tornou a mais ativa da Suíça, e todo mundo é recepcionado pelos donos da *fan page*, que fazem questão de responder a todas as perguntas dos internautas – coisa que muita marca deveria fazer e não faz.

Com isso, o movimento no *site* oficial da vila teve um aumento de 250% em seu tráfego, enquanto a mídia espontânea alcançou mais de 60 milhões de pessoas. O caso de Obermutten fez com que a gente lembrasse de Miravete, conhecida como o lugar onde nada acontece. Em 2008, a agência espanhola Shackleton resolveu testar a eficiência da TV paga e, para isso, escolheu um produto que fosse completamente desconhecido e nunca anunciado na televisão. Foram produzidos, então, quatro comerciais com 12 dos 47 moradores da vila, que mostravam o lugar e convidavam o público para visitar Miravete e seu *site*. No final, a campanha levou inúmeros prêmios, inclusive sete leões de ouro em Cannes, em 2009.

Texto extraído de Brainstorm9 (2011).

>> PARA REFLETIR

Pense nas redes sociais das quais você participa. Como elas têm afetado seus hábitos de consumo?

>> *Social media* e CRM

As pessoas estão sedentas por relacionamentos autênticos, por conexões face a face, olho no olho. Essa é mais uma oportunidade para que as marcas empreendam relacionamento com seus consumidores em um nível mais íntimo e autêntico. As empresas estão reconhecendo rapidamente o valor das conexões humanas no século XXI, e as redes sociais têm um papel preponderante nisto.

A cultura de relacionamento das pessoas está mudando. Não só os relacionamentos "físicos" são importantes, mas também aqueles desenvolvidos em ambientes virtuais. As expectativas em relação a essas interações são confusas, já que a fronteira entre o virtual e o real é indefinida.

> **>> DICA**
> Pessoas querem contato com pessoas e empresas reais, mas querem liberdade para mediar essa relação.

As pessoas querem relacionamentos, mas querem liberdade para encerrar diálogos quando bem entenderem. Querem liberdade de acesso à informação sobre todos e tudo, mas querem escolher o que as pessoas sabem a seu respeito. Querem acesso à informação sobre produtos e serviços, bem como o poder para interferir na maneira como eles são desenvolvidos, promovidos e vendidos. As pessoas querem personalização, mas também querem preços cada vez mais baixos. Esse é o contexto das redes sociais, um contexto de engajamento em muitas direções, no qual as transações monetárias não são explícitas. O relacionamento é o ponto, e não a venda de produtos e serviços.

>> EXEMPLO

Treatings, um Tinder para buscar conselhos sobre carreira e negócios

Uma das principais dicas da maioria dos grandes executivos do mercado é buscar conselhos profissionais com colegas ou mentores. Visando facilitar essa conversa e criar pontes entre pessoas com interesses mútuos, surgiu a Treatings, uma *startup* nova-iorquina que é uma espécie de Tinder para negócios. O intuito básico é conectar na vida real pessoas que estejam trabalhando ou empreendendo em ramos similares.

O funcionamento é razoavelmente simples: você conecta a sua conta do Treatings com o LinkedIn, de onde o serviço puxa o seu currículo e principais habilidades, e depois pode marcar assuntos que te interessem e cafeterias ao redor que sejam as suas favoritas. A partir de então, o usuário pode tanto procurar profissionais específicos – quem sabe um desenvolvedor, ou um especialista em determinada área para avaliar a viabilidade da sua iniciativa – quanto aguardar que o sistema aponte outros profissionais que possam ser seus colaboradores, incentivadores ou "palpiteiros oficiais".

>> EXEMPLO

O Treatings também usa um pouco da ideia de funcionamento de aplicativos de paquera *online* como o Tinder, permitindo marcar pessoas com quem você se interessaria em bater um papo e tomar um café. Se houver interesse recíproco, o sistema coloca as pessoas em contato para agendar o encontro. Por enquanto, o Treatings tem cerca de 3 mil usuários cadastrados, a grande maioria deles dentro dos Estados Unidos.

Uma curiosidade é que a empresa, fundada em 2012 por dois jovens profissionais do setor financeiro, funciona dentro da biblioteca da New York University. Em vez de alugar um espaço caríssimo em Manhattan, Paul Osetinsky e Hayden Williams se tornaram "amigos da biblioteca" e pagam uma taxa anual para poder utilizar o Wi-Fi, as máquinas de fotocópia e as salas de reunião do local.

Quem sabe o Treatings pode ser uma boa pra quem já cansou a orelha dos amigos importunando sobre suas ideias que futuramente renderão milhões de dólares, ou quem está em busca de mentoria, mas não sabe onde buscar.

Texto extraído de Brainstorm9 (2014).

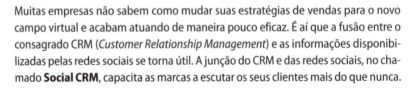

>> **NO SITE**
Exemplos de redes sociais com georreferenciamento são o Tinder e o Foursquare. Para saber mais, acesse o ambiente virtual de aprendizagem Tekne: **www.bookman.com.br/tekne**.

Muitas empresas não sabem como mudar suas estratégias de vendas para o novo campo virtual e acabam atuando de maneira pouco eficaz. É aí que a fusão entre o consagrado CRM (*Customer Relationship Management*) e as informações disponibilizadas pelas redes sociais se torna útil. A junção do CRM e das redes sociais, no chamado **Social CRM**, capacita as marcas a escutar os seus clientes mais do que nunca.

Com a integração de *software* de rastreamento e interpretação de reações, é possível promover um engajamento mais profundo. Mais do que isso: as redes sociais como o Facebook e o Twitter têm como *core* promover interações sociais e manter as pessoas o maior tempo possível em seus *sites*. Todo o tempo gasto em redes sociais está sendo monitorado. Toda a informação – postagens, comentários, opiniões e até o tempo gasto em cada postagem – é armazenada nos servidores das empresas responsáveis. O resultado é que hoje há um banco de dados enorme e crescente com informações detalhadas o suficiente para segmentações precisas.

>> CURIOSIDADE

O estilo antigo de fazer marketing se baseava em repetir exaustivamente as qualidades de determinado produto, seja por meio da mídia ou da equipe comercial. As gerações associadas às redes sociais costumam ignorar com mais vigor as abordagens de venda tradicionais, repudiando as pessoas com um perfil de vendas mais agressivo.

Outro aspecto importante é que todos os dados captados pelas redes sociais são espontaneamente emitidos, isto é, não há pesquisas formais que buscam absorver sutilezas do comportamento humano. As pessoas é que voluntariamente disponibilizam toda a sorte de informações, inclusive aquelas de cunho íntimo.

Para gerenciar esse volume de informações, são necessários **mecanismos de filtragem**. Esses mecanismos são construídos digitalmente por meio de *software* que selecionam e reúnem com algo em comum. Os algoritmos que coordenam a gestão de informação são aperfeiçoados a todo o momento e podem retornar conclusões das análises de dados com uma precisão inédita.

A análise de redes sociais é baseada em análises de textos e no aprendizado das máquinas (inteligência artificial). A partir do material bruto disponibilizado pelas pessoas por meio de seus acessos, são procuradas evidências nas seguintes áreas:

- Emoções e sinais sociais.
- Alcance e influência do indivíduo ou da empresa.
- Perfil de consumo do cliente.

A análise de emoções pretende entender a reação do cliente em relação aos eventos que o cercam, sejam eles de cunho pessoal, profissional, ou na sua relação com as empresas das quais consome. Comparar as reações do indivíduo a cada instante de suas interações fornece argumentos para a composição de estratégias. Assim, é possível perceber a aceitação de determinada ação de marketing, o quanto ela foi espontaneamente espalhada pelas várias redes sociais, quais são as respostas dadas pelos amigos e pessoas que fazem parte do círculo íntimo dos indivíduos que fazem parte do público-alvo, e quais são as respostas segundo cada segmento.

» ASSISTA AO FILME
Saiba mais sobre CRM e marketing acessando o ambiente virtual de aprendizagem Tekne.

» ASSISTA AO FILME
Saiba mais sobre inteligência artificial no ambiente virtual de aprendizagem Tekne.

» NO SITE
Você já ouviu falar sobre *big data*? Acesse o ambiente virtual de aprendizagem Tekne e descubra mais sobre o assunto.

» RESUMO

Neste capítulo, demonstramos a importância, para o profissional de marketing, de conhecer como as redes sociais funcionam e como usá-las a favor da empresa. Compreender e administrar o marketing nas redes sociais já é item indispensável e se tornará ainda mais imprescindível nos próximos anos. O incremento da inteligência artificial e a criação de ferramentas portáteis que permitem a interação global dos indivíduos apontam para novas formas de se relacionar e novas formas de fazer negócios. É bom estar atento para tomar as melhores decisões.

>> Agora é a sua vez!

1. Identifique uma empresa com a qual você tem algum tipo de relacionamento (é empregado, é proprietário, é amigo do proprietário) e analise os esforços feitos por ela nas redes sociais.

2. Baseado na análise da questão 1, elabore um plano de marketing para as redes sociais desse cliente potencial. Comece pela avaliação dos clientes da empresa, de seus hábitos de consumo e de hábitos sociais.

3. Escolha as redes sociais mais apropriadas para o seu cliente, de acordo com o perfil do público estimado no item anterior.

4. Crie o plano definindo planejamento, ações, monitoramento e análise.

5. Defina como organizar a equipe responsável conforme o quadro de funções.

6. Qual você acha que será o próximo passo das interações via rede social? Leve em conta questões como inteligência artificial e banco de dados.

REFERÊNCIAS

BELTRONE, G. Coke's fan-bears will react to super bowl in real-time ads plot of Q2 :60 depends on game: plus, a social live stream. *Adweek*, jan. 2012. Disponível em: < http://www.adweek.com/adfreak/cokes-fan-bears-will-react-super-bowl-real-time-ads-137767>. Acesso em: 04 ago. 2014.

BRAINSTORM9. *Ação da C&A integra Facebook com cabides na loja física*. 2012. Disponível em: < http://www.brainstorm9.com.br/29399/social-media/acao-da-ca-integra-facebook-com-cabides-na-loja-fisica/>. Acesso em: 04 ago. 2014.

BRAINSTORM9. *Obermutten, do anonimato para o sucesso no Facebook*. 2011. Disponível em: < http://www.brainstorm9.com.br/27469/social-media/obermutten-do-anonimato-para-o-sucesso-no-facebook/>. Acesso em: 04 ago. 2014.

BRAINSTORM9. *Treatings, um Tinder para buscar conselhos sobre a carreira e negócios*. 2014. Disponível em: < http://www.brainstorm9.com.br/46829/social-media/treatings-um-tinder-para-buscar-conselhos-sobre-carreira-e-negocios/>. Acesso em 04 ago. 2014.

POM POM doa 2 mil fraldas a animais deficientes após mobilização. *Tribuna Hoje*, 2012. Disponível em: < http://www.tribunahoje.com/noticia/27786/brasil/2012/05/22/pom-pom-doa-2-mil-fraldas-a-animais-deficientes-apos-mobilizacao.html>. Acesso em: 04 ago. 2014.